U0905407

天津外国语大学“求索”文库

WISDOM OF MEDIEVAL
PHILOSOPHERS

西方哲人智慧丛书

佟　立◎主编

中世纪
哲学家的智慧

张洪涛　任悦　等◎编著

天津出版传媒集团
天津人民出版社

图书在版编目(CIP)数据

中世纪哲学家的智慧 / 张洪涛等编著. -- 天津：天津人民出版社,2020.6

(西方哲人智慧丛书：天津外国语大学“求索”文库 / 佟立主编)

ISBN 978-7-201-15683-5

Ⅰ. ①中… Ⅱ. ①张… Ⅲ. ①中世纪哲学-研究 Ⅳ. ①B13

中国版本图书馆 CIP 数据核字(2019)第 272067 号

中世纪哲学家的智慧

ZHONGSHIJI ZHEXUEJIA DE ZHIHUI

出　　版　天津人民出版社
出 版 人　刘　庆
地　　址　天津市和平区西康路 35 号康岳大厦
邮政编码　300051
邮购电话　(022)23332469
网　　址　http://www.tjrmcbs.com
电子信箱　reader@tjrmcbs.com

策划编辑　王　康
责任编辑　林　雨
特约编辑　王　倩　佐　拉
装帧设计　明轩文化·王烨

印　　刷　三河市华润印刷有限公司
经　　销　新华书店
开　　本　710 毫米×1000 毫米 1/16
印　　张　25
插　　页　2
字　　数　260 千字
版次印次　2020 年 6 月第 1 版　2020 年 6 月第 1 次印刷
定　　价　99.00 元

天津外国语大学“求索”文库

天津外国语大学“求索”文库编委会

总序　展现波澜壮阔的哲学画卷

2017 年 5 月 12 日，在 56 岁生日当天，我收到天津外国语大学佟立教授的来信，邀请我为他主编的一套丛书作序。当我看到该丛书各卷的书名时，脑海里立即涌现出的就是一幅幅波澜壮阔的哲学画卷。

一、古希腊哲学：西方哲学的起点

如果从泰勒斯算起，西方哲学的发展历程已经走过了两千五百多年。按照德国当代哲学家雅斯贝斯在他的重要著作《历史的起源与目标》中所提出的“轴心时代文明”的说法，公元前 800—前 200 年所出现的各种文明奠定了后来人类文明发展的基石。作为晚于中国古代儒家思想和道家思想出现的古希腊思想文明，成为西方早期思想的萌芽和后来西方哲学的一切开端。英国哲学家怀特海曾断言：“两千五百年的西方哲学只不过是柏拉图哲学的一系列脚注而已。”[①] 在西方人看来，从来没有一个民族能比希腊人更公正地评价自己的天性和组织制度、道德及习俗，从

---

① 转引自［美］威廉·巴雷特：《非理性的人》，段德智译，上海译文出版社，2012 年，第 103 页。

来没有一个民族能以比他们更清澈的眼光去看待周围的世界，去凝视宇宙的深处。一种强烈的真实感与一种同等强烈的抽象力相结合，使他们很早就认识到宗教观念实为艺术想象的产物，并建立起凭借独立的人类思想而创造出来的观念世界以代替神话的世界，以“自然”解释世界。这就是古希腊人的精神气质。罗素在《西方哲学史》中如此评价古希腊哲学的出现：“在全部的历史里，最使人感到惊异或难以解说的莫过于希腊文明的突然兴起了。构成文明的大部分东西已经在埃及和美索不达米亚存在了好几千年，又从那里传播到了四邻的国家。但是其中却始终缺少着某些因素，直到希腊人才把它们提供出来。”① 亚里士多德早在《形而上学》中就明确指出：“不论现在还是最初，人都是由于好奇而开始哲学思考，开始是对身边所不懂的东西感到奇怪，继而逐步前进，而对更重大的事情发生疑问，例如关于月相的变化，关于太阳和星辰的变化，以及万物的生成。”② 这正是古希腊哲学开始于惊奇的特点。

就思维方式而言，西方哲学以理论思维或思辨思维为其基本特征，而希腊哲学正是思辨思维的发源地。所谓“思辨思维”或者“理论思维”也就是“抽象思维”(abstraction)，亦即将某种“属性”从事物中“拖”(traction)出来，当作思想的对象来思考。当代德国哲学家文德尔班指出：“古代的科学兴趣，尤其在希腊人那里，被称为‘哲学’。它的价值不仅仅在于它是历史研究和文明发展研究中的一个特殊主题。实际上，由于古代思想的

① ［英］罗素：《西方哲学史》，李约瑟译，商务印书馆，1982 年，第 24 页。
② ［古希腊］亚里士多德：《形而上学》，吴寿彭译，商务印书馆，1997 年，第 31 页。

内容在整个西方精神生活的发展过程中有其独特的地位，因此它还蕴含着一种永恒的意义。”的确，希腊人把简单的认知提升到了系统知识或“科学”的层次，不满足于实践经验的积累，也不满足于因宗教需要而产生的玄想，他们开始为了科学本身的缘故而寻求科学。像技术一样，科学作为一种独立事业从其他文化活动中分离出来，所以关于古代哲学的历史探究，首先是一种关于普遍意义上的西方科学之起源的洞察。文德尔班认为，希腊哲学史同时也是各个分支科学的诞生史。这种分离的过程首先开始于思想与行动的区分、思想与神话的区分，然后在科学自身的范围内继续分化。随着事实经验的积累和有机整理，被希腊人命名为“哲学”的早期简单的和统一的科学，分化为各门具体科学，也就是各个哲学分支，继而程度不同地按照各自的线索得到发展。古代哲学中蕴含的各种思想开端对后世整个科学的发展有着非常重要的影响。尽管希腊哲学留下来的材料相对较少，但是它以非常简明扼要的方式，在对事实进行理智性阐述的方面搭建了各种概念框架；并且它以一种严格的逻辑，在探索世界方面拓展出了所有的基本视域，其中包括了古代思想的特质，以及属于古代历史的富有教育意义的东西。

事实上，古代科学的各种成果已经完全渗透到了我们今天的语言和世界观之中。古代哲学家们带有原始的朴素性，他们将单方面的思想旨趣贯彻到底，得出单边的逻辑结论，从而凸显了实践和心理层面的必然性——这种必然性不仅主导着哲学问题的演进，而且主导着历史上不断重复的、对这些问题的解答。按照文德尔班的解释，我们可以这样描绘古代哲学在各个发展阶段上的典型意义：起初，哲学以大无畏的勇气去探究外部世界，然而当它在这里遭遇阻碍的时候，它转向了内部世界，由这个视域出发，它以新的力量尝试去思考“世界-大全”。即使在服务社会和满足宗教需要的方面，古代思想赖以获取概念性知识的这种方式也具有一种超越历史的特殊意义。然而古代文明的显著特征就在于，它具有“容易识别”的精神生活，甚至是特别单纯和朴素的精神生活，而现代文明在相互关联中则显得复杂得多。

二、中世纪哲学：并非黑暗的时代

古希腊哲学的一幅幅画卷向我们展示了古代哲学家们的聪明才智，更向我们显示了西方智慧的最初源头。而从古希腊哲学出发，我们看到的是中世纪教父哲学和经院哲学在基督教的召唤下所形成的变形的思维特征。无论是奥古斯丁、阿伯拉尔，还是托马斯·阿奎那、奥卡姆，他们的思想始终处于理智的扭曲之中。这种扭曲并非说明他们的思想是非理智的，相反，他们是以理智的方式表达了反理智的思想内容，所以中世纪哲学往往被称作“漫长的黑暗时代”。一个被历史学家普遍接受的说法是，“中世纪黑暗时代”这个词是由14世纪意大利文艺复兴人文主义学者彼特拉克所发明的。他周游欧洲，致力于发掘和出版经典的拉丁文和希腊文著作，志在重新恢复罗马古典的拉丁语言、艺术和文化，对自罗马沦陷以来的变化与发生的事件，他认为不值得研究。人文主义者看历史并不按奥古斯丁的宗教术语，而是按社会学术语，即通过古典文化、文学和艺术来看待历史，所以人文主义者把这900年古典文化发展的停滞时期称为“黑暗的时期”。自人文主义者起，历史学家们对“黑暗的时期”和“中世纪”也多持负面观点。在16世纪与17世纪基督教新教徒的宗教改革中，新教徒也把天主教的腐败写进这段历史中。针对新教徒的指责，天主教的改革者们也描绘出了一幅与“黑暗的时期”相反的图画：一个社会与宗教和谐的时期，一点儿也不黑暗。而对“黑暗的时期”，许多现代的负面观点则来自于17世纪和18世纪启蒙运动中的伏尔泰和康德的作品。

然而在历史上，中世纪文明事实上来自于两个不同的但又相互关联的思想传统，即希腊文明和希伯来文明传统，它们代表着在理性与信仰之间的冲突和融合。基督教哲学，指的就是一种由信仰坚定的基督徒建构的、自觉地以基督教的信仰为指导的，但又以人的自然理性论证其原理的哲学形态。虽然基督教哲学对后世哲学的发展带来了巨大的负面影响，但其哲学思想本身却仍然具有重要的思想价值。例如，哲学的超验性在基督教哲学中就表现得非常明显。虽然希腊哲学思想中也不乏超验的思想（柏拉图），但是从主导方面看是现实主义的，而基督教哲学却以弃绝尘世的方式向人们展示了一个无限的超感性的世界，从而在某种程度上开拓并丰富了人类的精神世界。此外，基督教哲学强调精神的内在性特征，这也使得中世纪哲学具有不同于古希腊哲学的特征。基督教使无限的精神（实体）具体化于个人的心灵之中，与希腊哲学对自然的认识不同，它诉诸个人的内心信仰，主张灵魂的得救要求每个人的灵魂在场。不仅如此，基督教的超自然观念也是中世纪哲学的重要内容。在希腊人那里，自然是活生生的神圣的存在，而在基督教思想中自然不但没有神性，而且是上帝为人类所创造的可供其任意利用的“死”东西。基督教贬斥自然的观念固然不利于科学的发展，然而却从另一方面为近代机械论的自然观开辟了道路。当然，中世纪哲学中还有一个重要的观念值得关注，这就是“自由”的概念。因为在古希腊哲学中，“自由”是一个毋庸置疑的概念，一切自主的道德行为和对自然的追求一定是以自由为前提的。但在中世纪，自由则是一个需要讨论的话题，因为只有当人们缺乏自由意志但又以为自己拥有最大自由的时候，自由才会成为一个备受关注的话题。

三、文艺复兴与启蒙运动：人的发现

文艺复兴和思想启蒙运动是西方近代哲学的起点。虽然学界对谁是西方近代哲学的第一人还存有争议，但17世纪哲学一般被认为是近代哲学的开端，中世纪的方法，尤其是经院哲学在路德宗教改革的影响下衰落了。17世纪常被称为“理性的时代”，既延续了文艺复兴的传统，也是启蒙运动的序曲。这段时期的哲学主流一般分为两派：经验论和唯理论，这两派之间的争论直到启蒙运动晚期才由康德所整合。但将这段时期中的哲学简单地归于这两派也过于简单，这些哲学家提出其理论时并不认为他们属于这两派中的某一派。而将他们看作独自的学派，尽管有着多方面的误导，但这样的分类直到今天仍被人们所认可，尤其是在谈论17世纪和18世纪的哲学时。这两派的主要区别在于，唯理论者认为，从理论上来说（不是实践中），所有的知识只能通过先天观念获得；而经验论者认为，我们的知识起源于我们的感觉经验。这段时期也诞生了一流的政治思想，尤其是洛克的《政府论》和霍布斯的《利维坦》。同时哲学也从神学中彻底分离开来，尽管哲学家们仍然谈论例如“上帝是否存在”这样的问题，但这种思考完全是基于理性和哲学的反思之上。

文艺复兴（Renaissance）一词的本义是“再生”。16 世纪意大利文艺史家瓦萨里在《绘画、雕刻、建筑的名人传》里使用了这个概念，后来沿用至今。这是一场从 14 世纪到 16 世纪起源于意大利，继而发展到西欧各国的思想文化运动，由于其搜集整理古希腊文献的杰出工作，通常被称为“文艺复兴”，其实质则是人文主义运动。它主要表现为“世界文化史三大思想运动”：古典文化的复兴、宗教改革（Reformation）、罗马法的复兴运动，主要特征是强调人的尊严、人生的价值、人的现世生活、人的个性自由和批判教会的腐败虚伪。莎士比亚在《哈姆雷特》中赞叹道：“人是多么了不起的一件作品！理想是多么高贵，力量是多么无穷，仪表和举止是多么端正，多么出色。论行动，多么像天使，论了解，多么像天神！宇宙的精华，万物的灵长！”[①] 恩格斯则指出，文艺复兴“是一次人类从来没有经历过的最伟大的、进步的变革，是一个需要巨人而且产生了巨人——在思维能力、热情和性格方面，在多才多艺和学识渊博方面的巨人的时代”[②]。

文艺复兴的重要成就是宗教改革、人的发现和科学的发现。

---

① ［英］莎士比亚：《莎士比亚全集》（第九卷），人民文学出版社，1978 年，第 49 页。

② 《马克思恩格斯全集》（第 3 卷），人民出版社，1960 年，第 445 页。

在一定意义上，我们可以把宗教改革看作人文主义在宗教神学领域的延伸，而且其影响甚至比人文主义更大更深远。宗教改革直接的要求是消解教会的权威，变奢侈教会为廉洁教会，而从哲学上看，其内在的要求则是由外在的权威返回个人的内心信仰：因信称义（路德）、因信得救（加尔文）。

“人文主义”（humanism）一词起源于拉丁语的“人文学”（studia humanitatis），指与神学相区别的那些人文学科，包括文法、修辞学、历史学、诗艺、道德哲学等。到了19世纪，人们开始使用“人文主义”一词来概括文艺复兴时期人文学者对古代文化的发掘、整理和研究工作，以及他们以人为中心的新世界观。人文主义针对中世纪抬高神、贬低人的观点，肯定人的价值、尊严和高贵；针对中世纪神学主张的禁欲主义和来世观念，要求人生的享乐和个性的解放，肯定现世生活的意义；针对封建等级观念，主张人的自然平等。人文主义思潮极大地推动了西欧各国文化的发展和思想的解放，文艺复兴由于“首先认识和揭示了丰满的、完整的人性而取得了一项尤为伟大的成就”，这就是“人的发现”。

文艺复兴时代两个重要的发现：一是发现了人；二是发现了自然，即“宇宙的奥秘与人性的欢歌”。一旦人们用感性的眼光重新观察它们，它们便展露出新的面貌。文艺复兴主要以文学、艺术和科学的发现为主要成就：文学上涌现出了但丁、薄伽丘、莎士比亚、拉伯雷、塞万提斯等人，艺术上出现了达·芬奇、米开朗基罗、拉斐尔等人，科学上则以哥白尼、特勒肖、伽利略、开普勒、哈维等人为代表，还有航海上取得的重大成就，以哥伦布、麦哲伦为代表。伽利略有一段广为引用的名言：“哲学是写在那本永远在我们眼前的伟大书本里的——我指的是宇宙——但是，我们如果不先学会书里所用的语言，掌握书里的符号，就不能了解它。这书是用数学语言写出的，符号是三角形、圆形和别的几何图像。没有它们的帮助，是连一个字也不会认识的；没有它们，人就在一个黑暗的迷宫里劳而无功地游荡着。”①

实验科学的正式形成是在17世纪，它使用的是数学语言（公式、模型和推导）和描述性的概念（质量、力、加速度等）。这种科学既不是归纳的，也不是演绎的，而是假说-演绎的（hypothetico-deductive）。机械论的自然是没有活力的，物质不可能是自身运动的原因。17世纪的人们普遍认为上帝创造了物质并使之处于运动之中，有了这第一推动，就不需要任何东西保持物质的运动，运动是一种状态，它遵循的是惯性定律，运动不灭，动量守恒。笛卡尔说：“我的全部物理学就是机械论。”新哲学家们抛弃了亚里士多德主义的质料与形式，柏拉图主义对万物的等级划分的目的论，把世界描述为一架机器、一架“自动机”（automaton），“自然是永远和到处同一的”。因此，自然界被夺去了精神，自然现象只能用自身来解释；目的论必须和精灵鬼怪一起为机械论的理解让路，不能让“天意成为无知的避难所”。所有这些导致了近代哲学的两个重要特征，即对确定性的追求和对能力或力量的追求。培根提出的“知识就是力量”，充分代表了近代哲学向以往世界宣战的口号。

马克思和恩格斯在《神圣家族》中指出：“18世纪的法国启

① ［美］M. 克莱因：《古今数学思想》（第二册），北京大学数学系数学史翻译组译，上海科学技术出版社，1979年，第33页。

蒙运动，特别是法国唯物主义，不仅是反对现存政治制度的斗争，还是反对现存宗教和神学的斗争，而且还是反对一切形而上学，特别是反对笛卡尔、马勒伯朗士、斯宾诺莎和莱布尼茨的形而上学的公开而鲜明的斗争。”[①] 黑格尔在《哲学史讲演录》中写道：“我们发现法国人有一种深刻的、无所不包的哲学要求，与英国人和苏格兰人完全两样，甚至与德国人也不一样，他们是十分生动活泼的：这是一种对于一切事物的普遍的、具体的观点，完全不依靠任何权威，也不依靠任何抽象的形而上学。他们的方法是从表象、从心情去发挥；这是一种伟大的看法，永远着眼于全体，并且力求保持和获得全体。”[②] 当代英国哲学家柏林在《启蒙的时代》中认为：“十八世纪天才的思想家们的理智力量、诚实、明晰、勇敢和对真理的无私的热爱，直到今天还是无人可以媲美的。他们所处的时代是人类生活中最美妙、最富希望的乐章。”[③] 本系列对启蒙运动哲学的描绘，让我们领略了作为启蒙思想的先驱洛克、三权分立的倡导者孟德斯鸠、人民主权的引领者卢梭、百科全书派的领路人狄德罗和人性论的沉思者休谟的魅力人格和深刻思想。

四、理性主义的时代：从笛卡尔到黑格尔

笛卡尔是西方近代哲学的奠基人之一，黑格尔称他为“现代

① 《马克思恩格斯全集》(第2卷)，人民出版社，1957年，第159页。

② ［德］黑格尔：《哲学史讲演录》(第四卷)，贺麟、王太庆译，商务印书馆，1983年，第220页。

③ ［英］以赛亚·柏林：《启蒙的时代》，孙尚扬译，光明日报出版社，1989年，第25页。

哲学之父”。他自成体系，熔唯物主义与唯心主义于一炉，在哲学史上产生了深远的影响。笛卡尔在哲学上是二元论者，并把上帝看作造物主。但他在自然科学范围内却是一个机械论者，这在当时是有进步意义的。笛卡尔堪称 17 世纪及其后的欧洲科学界最有影响的巨匠之一，被誉为“近代科学的始祖”。笛卡尔的方法论对于后来物理学的发展有重要的影响。他在古代演绎方法的基础上创立了一种以数学为基础的演绎法：以唯理论为根据，从自明的直观公理出发，运用数学的逻辑演绎推出结论。这种方法和培根所提倡的实验归纳法结合起来，经过惠更斯和牛顿等人的综合运用，成为物理学特别是理论物理学的重要方法。笛卡尔的普遍方法的一个最成功的例子是，运用代数的方法来解决几何问题，确立了坐标几何学，即解析几何学的基础。

荷兰的眼镜片打磨工斯宾诺莎，在罗素眼里是哲学家当中人格最高尚、性情最温厚可亲的人。罗素说：“按才智讲，有些人超越了他，但是在道德方面，他是至高无上的。”① 在哲学上，斯宾诺莎是一名一元论者或泛神论者。他认为宇宙间只有一种实体，即作为整体的宇宙本身，而“上帝”和宇宙就是一回事。他的这个结论是基于一组定义和公理，通过逻辑推理得来的。“斯宾诺莎的上帝”不仅仅包括了物质世界，还包括了精神世界。在伦理学上，斯宾诺莎认为，一个人只要受制于外在的影响，他就是处于奴役状态，而只要和上帝达成一致，人们就不再受制于这种影响，而能获得相对的自由，也因此摆脱恐惧。斯宾诺莎还主张“无知是一切罪恶的根源”。对于死亡，斯宾诺莎的名言是：“自

① ［英］罗素：《西方哲学史》(下卷)，马元德译，商务印书馆，1976 年，第 92 页。

由人最少想到死，他的智慧不是关于死的默念，而是对于生的沉思。”① 斯宾诺莎是彻底的决定论者，他认为所有已发生事情的背后绝对贯穿着必然的作用。所有这些都使得斯宾诺莎在身后成为亵渎神和不信神的化身。有人称其为“笛卡尔主义者”，而有神论者诋毁之为邪恶的无神论者，但泛神论者则誉之为“陶醉于神的人”“最具基督品格”的人，不一而足。但所有这些身份都无法取代斯宾诺莎作为一位特征明显的理性主义者在近代哲学中的重要地位。

笛卡尔最为关心的是如何以理性而不是信仰为出发点，以自我意识而不是外在事物为基础，为人类知识的大厦奠定了一个坚实的地基；斯宾诺莎最为关心的是，如何确立人类知识和人的德性与幸福的共同的形而上学基础；而莱布尼茨的哲学兴趣是，为个体的实体性和世界的和谐寻找其形而上学的基础。笛卡尔的三大实体是心灵、物体和上帝，人被二元化了；斯宾诺莎的实体是唯一的神或自然，心灵和身体只是神的两种样式；而莱布尼茨则要让作为个体的每个人成为独立自主的实体，“不可分的点”。按照莱布尼茨的观点，宇宙万物的实体不是一个，也不是两个或者三个，而是无限多个。因为实体作为世界万物的本质，一方面必须是不可分的单纯性的，必须具有统一性；另一方面必须在其自身之内就具有能动性的原则。这样的实体就是“单子”。所谓“单子”就是客观存在的、无限多的、非物质性的、能动的精神实体，它是一切事物的“灵魂”和“隐德来希”(内在目的)。每

① ［荷］斯宾诺莎：《伦理学》，贺麟译，商务印书馆，1997年，第222页。

个单子从一种知觉到另一种知觉的发展，也具有连续性。“连续性原则”只能说明在静态条件下宇宙的连续性，而无法解释单子的动态的变化和发展。在动态的情况下，宇宙这个单子的无限等级序列是如何协调一致的呢？莱布尼茨的回答是，因为宇宙万物有一种“预定的和谐”。整个宇宙就好像是一支庞大无比的交响乐队，每件乐器各自按照预先谱写的乐谱演奏不同的旋律，而整个乐队所奏出来的是一首完整和谐的乐曲。莱布尼茨不仅用“预定的和谐”来说明由无限多的单子所组成的整个宇宙的和谐一致，而且以此来解决笛卡尔遗留下来的身心关系问题。一个自由的人应该能够认识到他为什么要做他所做的事。自由的行为就是“受自身理性决定”的行为。“被决定”是必然，但是“被自身决定”就是自由。这样，莱布尼茨就把必然和自由统一起来了。莱布尼茨哲学在西方哲学史上具有极其重要的历史地位。在他之后，沃尔夫（Christian Wolff）曾经把他的哲学系统发展为独断论的形而上学体系，长期统治着德国哲学界，史称“莱布尼茨—沃尔夫哲学”。黑格尔在他的《哲学史讲演录》中这样评价沃尔夫哲学：“他把哲学划分成一些呆板形式的学科，以学究的方式应用几何学方法把哲学抽绎成一些理智规定，同时同英国哲学家一样，把理智形而上学的独断主义捧成了普遍的基调。这种独断主义，是用一些互相排斥的理智规定和关系，如一和多，或简单和复合，有限和无限，因果关系等等，来规定绝对和理性的东西的。”①

康德哲学面临的冲突来自牛顿的科学和莱布尼茨的形而上学、

① ［德］黑格尔：《哲学史讲演录》（第四卷），贺麟、王太庆译，商务印书馆，1978年，第188页。

理性主义的独断论和怀疑主义的经验论、科学的世界观和道德宗教的世界观之间的对立。因此，康德的努力方向就是要抑制传统形而上学自命不凡的抱负，批判近代哲学的若干立场，特别是沃尔夫等人的独断论，也要把自己的批判立场与其他反独断论的立场区分开来，如怀疑论、经验论、冷淡派（indifferentism）等。在反独断论和经验论的同时，他还要捍卫普遍必然知识的可能性，也就是他提出的“要限制知识，为信仰留下地盘”的口号，这就是为知识与道德的领域划界。他在《纯粹理性批判》中明确指出：“我所理解的纯粹理性批判，不是对某些书或体系的批判，而是对一般理性能力的批判，是就一切可以独立于任何经验而追求的知识来说的，因而是对一般形而上学的可能性和不可能性进行裁决，对它的根源、范围和界限加以规定，但这一切都是出自原则。”

费希特是康德哲学的继承者。他在《知识学新说》中宣称：“我还应该向读者提醒一点，我一向说过，而且这里还要重复地说，我的体系不外就是跟随康德的体系。”[①] 他深为批判哲学所引起的哲学革命欢欣鼓舞，但也对康德哲学二元论的不彻底性深感不满。因此，费希特一方面对康德保持崇敬的心情，另一方面也对康德哲学进行了批评。对费希特来说，康德的批判哲学是不完善的，理论理性和实践理性分属两个领域，各个知性范畴也是并行排列，没有构成一个统一的有机体系。康德不仅在自我之外设定了一个不可知的物自体，而且在自我的背后亦设定了一个不可知的“我自身”，这表明康德的批判也是不彻底的。按照费希特的观点，哲学的任务是说明一切经验的根据，因而哲学就是认识

① 梁志学主编：《费希特著作选集》(卷二)，商务印书馆，1994年，第222页。

论，他亦据此把自己的哲学称为“知识学”(Wissenschaftslehre，直译为“科学学”)。于是费希特便为了自我的独立性而牺牲了物的独立性，将康德的理论理性和实践理性合为一体，形成了“绝对自我”的概念。从当代哲学的角度看，费希特的哲学是试图使客观与主观合一的观念论哲学，与实在论相对立。但他提供了丰富的辩证法思想，包括发展的观点、对立统一的思想、主观能动性的思想等。总之，费希特改进了纯粹主观的唯心论思想，推进了康德哲学的辩证法，影响了黑格尔哲学的形成。

正如周瑜的感叹“既生瑜何生亮”，与黑格尔同时代的谢林也发出了同样的感叹。的确，在如日中天的黑格尔面前，原本是他的同窗和朋友的谢林，最后也不得不承认自己生不逢时。但让他感到幸运的是，他至少可以与费希特并驾齐驱。谢林最初同意费希特的观点，即哲学应该是从最高的统一原则出发，按照逻辑必然性推演出来的科学体系。不过他很快也发现了费希特思想中的问题。在谢林看来，费希特消除了康德的二元论，抛弃了物自体，以绝对自我为基础和核心建立了一个知识学的体系，但他的哲学体系缺少坚实的基础，因为在自我之外仍然有一个无法克服的自然或客观世界。谢林认为，绝对自我不足以充当哲学的最高原则，因为它始终受到非我的限制。谢林改造了斯宾诺莎的实体学说，以自然哲学来弥补费希特知识学的缺陷，建立了一个客观唯心主义的哲学体系。谢林始终希望表明，他的哲学与黑格尔的哲学之间存在着某种根本的区别。这种区别就在于，他试图用一种积极肯定的哲学说明这个世界的存在根据，而黑格尔则只是把思想的观念停留在概念演绎之中。他对黑格尔哲学的批判动摇了唯心主义的权威，费尔巴哈的唯物主义为此要向谢林表示真诚的敬意，恩格斯称谢林和费尔巴哈分别从两个方面批判了黑格尔，从而宣告了德国古典唯心主义的终结。

作为德国古典哲学的最后代表和集大成者，黑格尔哲学面临的问题就是康德哲学的问题。的确，作为德国古典哲学的开创者和奠基人，康德一方面证明了科学知识的普遍必然性，另一方面亦通过限制知识而为自由、道德和形而上学保留了一片天地，确立了理性和自由这个德国古典哲学的基本原则。由于其哲学特有的二元论使康德始终无法建立一个完善的哲学体系，这就给他的后继者们提出了一个亟待解决的难题。黑格尔哲学面临的直接问题是如何消解康德的自在之物，将哲学建立为一个完满的有机体系，而就近代哲学而言，也就是思维与存在的同一性问题。自笛卡尔以来，近代哲学在确立主体性原则，高扬主体能动性的同时，亦陷入了思维与存在的二元论困境而不能自拔。康德试图以彻底的主体性而将哲学限制在纯粹主观性的范围之内，从而避免认识论的难题，但是他却不得不承认物自体的存在。费希特和谢林都试图克服康德的物自体，但是他们并不成功。费希特的知识学实际上是绕过了物自体；由于谢林无法解决绝对的认识问题，因而也没有完成这个任务。当费希特面对知识学的基础问题时，他只好诉诸信仰；当谢林面对绝对的认识问题时，他也只好诉诸神秘性的理智直观和艺术直观。

黑格尔扬弃康德自在之物的关键在于，他把认识看作一个由知识与对象之间的差别和矛盾推动的发展过程。康德对理性认识能力的批判基本上是一种静态的结构分析，而黑格尔则意识到，认识是一个由于其内在的矛盾而运动发展的过程。如果认识是一个过程，那么我们就得承认，认识不是一成不变的，而认识的发展变化则表明知识是处于变化更新的过程之中的，不仅如此，对象也一样处于变化更新的过程之中。因此，认识不仅是改变知识的过程，同样也是改变对象的过程，在认识活动中，不仅出现了新的知识，也出现了新的对象。黑格尔的《精神现象学》所展示的就是这个过程，它通过人类精神认识绝对的过程，表现了绝对自身通过人类精神而成为现实，成为“绝对精神”的过程。换句话说，人类精神的认识活动归根结底乃是绝对精神的自我运动，因为人类精神就是绝对精神的代言人，它履行的是绝对精神交付给它的任务。从这个意义上说，《精神现象学》也就是对于“绝对即精神”的认识论证明。

对黑格尔来说，这个艰苦漫长的“探险旅行”不仅是人类精神远赴他乡，寻求关于绝对的知识的征程，同时亦是精神回归其自身，认识自己的还乡归途。马克思曾经将黑格尔《精神现象学》的伟大成就概括为“作为推动原则和创造原则的否定的辩证法”①。在《精神现象学》中，黑格尔形象地把绝对精神的自我运动比喻为“酒神的宴席”：所有人都加入了欢庆酒神节的宴席，每个人都在这场豪饮之中一醉方休，但是这场宴席却不会因为我或者你的醉倒而终结，而且也正是因为我或者你以及我们大家的醉倒而成其为酒神的宴席。我们都是这场豪饮不可缺少的环节，而这场宴席本身则是永恒的。

---

① ［德］卡尔·马克思：《1844年经济学—哲学手稿》，刘丕坤译，人民出版社，1979年，第116页。

黑格尔是有史以来最伟大的形而上学家，他一方面使自亚里士多德以来哲学家们所怀抱的让哲学成为科学的理想最终得以实现，另一方面亦使形而上学这一古典哲学曾经漫步了两千多年的哲学之路终于走到了尽头。黑格尔哲学直接导致了马克思主义哲学的诞生：马克思和恩格斯在吸收了黑格尔辩证法的基础上打破了他的客观唯心主义思想体系，建立了辩证的唯物主义和历史的唯物主义，完成了哲学上的一场革命。黑格尔哲学是当代西方哲学批判的主要对象，也是西方哲学现代转型的重要起点。胡塞尔正是在摈弃了黑格尔本质主义的基础上建立了“描述的现象学”，弗雷格、罗素和摩尔等人也是在反对黑格尔哲学的基础上开启了现代分析哲学的先河。

五、20 世纪西方哲学画卷：从现代到后现代

本丛书的一个重要特征是重视现代哲学的发展，这从整个系列的内容排列中就可以明显地看出来：本丛书共有九卷，其中前五卷的内容跨越了两千多年的历史，而展现现代哲学的部分就有四卷，时间跨度只有百余年，但却占整个系列的近一半篇幅。后面的这四卷内容充分展现了现代西方哲学的整体概貌：既有分析哲学与欧洲大陆哲学的区分，也有不同哲学传统之间的争论；既有对哲学家思想历程的全面考察，也有对不同哲学流派思想来源的追溯。从这些不同哲学家思想的全面展示，我们可以清楚地看到，20 世纪西方哲学经历了从现代到后现代的历程。

从哲学自身发展的内在需要看，传统哲学的理性主义精神受

到了当代哲学的挑战。从古希腊开始，理性和逻辑就被看作哲学的法宝；只有按照理性的方式思考问题，提出的哲学理论只有符合逻辑的要求，这样的哲学家才被看作重要的和有价值的。虽然也有哲学家并不按照这样的方式思考，如尼采等人，但他们的思想也往往被解释成一套套理论学说，或者被纳入某种现成的学说流派中加以解释。这样哲学思维就被固定为一种统一的模式，理性主义就成为哲学的唯一标志。但是自20世纪60年代开始，从法国思想家中涌现出来的哲学思想逐渐改变了传统哲学的这种唯一模式。这就是后现代主义的哲学。

如今我们谈论后现代主义的时候，通常把它理解为一种反传统的思维方式，于是后现代主义中反复提倡的一些思想观念就成为人们关注的焦点，也由此形成了人们对后现代主义的一种模式化理解。但事实上，后现代主义在法国的兴起直接与社会现实问题，特别是与现实政治密切相关。我们熟知的“五月风暴”被看作法国后现代主义思想最为直接的现实产物，而大学生们对社会现实的不满才是引发这场革命的直接导火索。如果说萨特的自由主义观念是学生们的思想导师，那么学生们的现实运动则引发了像德里达这样的哲学家们的反思。在法国，政治和哲学从来都是不分家的，由政治运动而引发哲学思考，这在法国人看来是再正常不过的了，而这种从现实政治运动中产生的哲学观念，又会对现实问题的解决提供有益的途径。正是在这种意义上，后现代主义的兴起应当被看作西方哲学家的研究视角从纯粹的理论问题转向社会的现实问题的一个重要标志。

如今我们都承认，“后现代”并不是一个物理时间的概念，因为我们很难从年代的划分上区分“现代”与“后现代”。“后现代”这个概念主要意味着一种思维方式，即一种对待传统以及处理现实问题的视角和方法。从这个意义上来说，特别是从对待传统的不同态度上来看，我们在这里把“后现代”的特征描述为“重塑启蒙”。近代以来的启蒙运动都是以张扬理性为主要特征的，充分地运用理性是启蒙运动的基本口号，这也构成了现代哲学的主要特征。但在后现代主义者的眼里，启蒙不以任何先在的标准或目标为前提，当然不会以是否符合理性为标准。相反，后现代哲学家们所谓的启蒙恰恰是以反对现代主义的理性精神为出发点的。这样，启蒙就成为反对现代性所带来的一切思想禁令的最好标志。虽然不同的哲学家对后现代哲学中的启蒙有不同的理解和解释，但他们不约而同地把对待理性的态度作为判断启蒙的重要内容。尽管任何一种新的思维产生都会由于不同的原因而遭遇各种敌意和攻击，但对“后现代”的极端反应却主要是由于对这种思想运动本身缺乏足够的认识，而且这种情况还因为人们自以为对“现代性”有所了解而变得更为严重。其实，我们不必在意什么人被看作“后现代”的哲学家或思想家。我们应当关心的是，“后现代”的思想为现代社会带来的是一种新的启蒙。这种启蒙的意义就在于，否定关于真实世界的一切可能的客观知识，否定语词或文本具有唯一的意义，否定人类自我的统一，否定理性探索与政治行为、字面意义与隐晦意义、科学与艺术之间的区别，甚至否定真理的可能性。总之，这种启蒙抛弃了近代西方文明大部分的根本思想原则。在这种意义上，我们可以把“后现代主义”看作对近现代西方启蒙运动的一种最新批判，是对 18 世纪以来近代社会赖以确立的某些基本原则的批判，也是对以往一切批判的延续。归根结底，这种启蒙就是要打破一切对人类生活起着支配作用、占有垄断地位的东西，无论它是宗教信念还是理性本身。

历史地看，后现代对现代性的批判只是以往所有对现代性批判的一种继续，但西方社会以及西方思想从现代到后现代的进程却不是某种历史的继续，而是对历史的反动，是对历史的抛弃，是对历史的讽刺。现代性为人类所带来的一切已经成为现实，但后现代主义会为人类带来什么却尚无定数。如今，我们可以在尽情享受现代社会为我们提供的一切生活乐趣的同时对这个社会大加痛斥，历数恶果弊端，但我们却无法对后现代主义所描述的新世界提出异议，因为这原本就是一个不可能存在的世界，是一个完全脱离现实的世界。然而换一个角度说，后现代主义又是对现代社会的一个很好的写照，是现代性的一个倒影、副产品，也是现代性发展的掘墓人。了解西方社会从现代走向后现代的过程，也就是了解人类社会（借用黑格尔的话说）从“自在”状态到“自为”状态的过程，是了解人类思想从对自然的控制与支配和人类自我意识极度膨胀，到与自然的和谐发展和人类重新确立自身在宇宙中的地位的过程。尽管这是一个漫长的历史进程，对人类以及自然甚至是一个痛苦的过程，但人类正是在这个过程中真正认识了自我，学会了如何与自然和谐相处，懂得了发展是以生存为前提这样一个简单而又十分重要的道理。

最后，我希望能够对本丛书的编排体例说明一下。整个丛书按照历史年代划分，时间跨度长达两千五百多年，包括了四十九位重要哲学家，基本上反映了西方哲学发展历史中的重要思想。我特别注意到，本丛书中的各卷结构安排独特，不仅有对卷主的生平介绍和思想阐述，更有对卷主理论观点的专门分析，称为“术语解读与语篇精粹”，所选的概念都是哲学家最有特点、最为突出，也是对后来哲学发展产生重要影响的概念。这些的确为读者快速把握哲学家思想和理论观点提供了非常便利的形式。这种编排方式很是新颖，极为有效，能够为读者提供更为快捷的阅读体验。在这里，我要特别感谢该丛书的主编佟立教授，他以其宽阔的学术视野、敏锐的思想洞察力以及有效的领导能力，组织编写了这套丛书，为国内读者献上了一份独特的思想盛宴。还要感谢他对我的万分信任和倾力相邀，让我为这套丛书作序。感谢他给了我这样一个机会，把西方哲学的历史发展重新学习和仔细梳理了一遍，以一种宏观视角重新认识西方哲学的内在逻辑和思想线索。我还要感谢参加本丛书撰写工作的所有作者，是他们的努力才使得西方哲学的历史画卷如此形象生动地展现在读者面前！

是为序。

2017 年 8 月 18 日

前　言

西方哲人智慧，是人类精神文明成果的重要组成部分，也是人类社会历史发展的产物。从古希腊到当代，它代表了西方各历史时期思想文化的精华，影响着人类社会发展进步的方向。我们对待不同的文明，需要取长补短、交流互鉴、共同进步。如习近平指出："每种文明都有其独特魅力和深厚底蕴，都是人类的精神瑰宝。不同文明要取长补短、共同进步，文明交流互鉴成为推动人类社会进步的动力、维护世界和平的纽带。"[①] 寻求文明中的智慧，从中汲取营养，加强中外文化交流，为人们提供精神支撑和心灵慰藉，对于增进各国人民友谊，解决人类共同面临的各种挑战，维护世界和平，都具有重要的实践意义。习近平指出："对待不同文明，我们需要比天空更宽阔的胸怀。文明如水，润物无声。我们应该推动不同文明相互尊重、和谐共处，让文明交流互鉴成为增进各国人民友谊的桥梁、推动人类社会进步的动力、维护世界和平的纽带。我们应该从不同文明中寻求智慧、汲取营养，为人们提供精神支撑和心灵慰藉，携手解决人类共同面临的各种挑战。"[②] 本丛书坚持以马克思主义哲学为指导，深入考察西

① 习近平于2017 年 1 月 18 日在联合国日内瓦总部的演讲。

② 习近平于2014 年 3 月 27 日在联合国教科文组织总部的演讲。

方哲学经典，汲取和借鉴国外有益的理论观点和学术成果，对于加快构建中国特色哲学社会科学，促进中外学术交流，为我国思想文化建设，提供较为丰厚的理论资源和文献翻译成果，具有重要的理论和现实意义。

如果说知识就是力量，那么智慧则是创造知识的力量。智慧的光芒，一旦被点燃，顷刻间便照亮人类幽暗的心灵，散发出启迪人生的精神芬芳，创造出提升精神境界的力量。

古往今来，人们对知识的追求，对智慧的渴望，一天也没停止过，人们不断地攀登时代精神的高峰，努力达到更高的精神境界，表现出对智慧的挚爱。热爱智慧，从中汲取营养，需要不断地交流互鉴，克服认知隔膜，克服误读、误解和误译。习近平指出："纵观人类历史，把人们隔离开来的往往不是千山万水，不是大海深壑，而是人们相互认知上的隔膜。莱布尼茨说，唯有相互交流我们各自的才能，才能共同点燃我们的智慧之灯。"①

"爱智慧"起源于距今两千五百年前的古希腊，希腊人创造了这个术语"Φιλοσοφία"。爱智慧又称"哲学"（philosophy）。希腊文"哲学"（philosophia），是指"爱或追求（philo）智慧（sophia）"，合在一起是"爱智慧"。人类爱智慧的活动，是为了提高人们的思维认识能力，试图富有智慧地引导人们正确地认识自然、社会和整个世界的规律。哲学家所探讨的是人类认识世界和改造世界的根本性问题，其中最基本的问题是思维与存在、精神与物质、主观与客观、人与自然等关系问题。对这些问题的研究，丰富了人类思想文化的智库，对于推动物质文明和精神文明

① 习近平于2014年3月28日在德国科尔伯基金会的演讲。

建设，发挥了重要作用。如习近平指出：“人类社会每一次重大跃进，人类文明每一次重大发展，都离不开哲学社会科学的知识变革和思想先导。”[①]

西方哲学源远流长，从公元前6世纪到当代，穿越了大约两千五百多年的历史，其内容丰富，学说繁多，学派林立。习近平总书记在哲学社会科学工作座谈会上的讲话中深刻揭示了西方思想文化发展的历史规律，阐明了各个历史时期许多西方重要的哲学家、思想家和文学艺术家对社会构建的深刻思想认识。习近平指出：“从西方历史看，古代希腊、古代罗马时期，产生了苏格拉底、柏拉图、亚里士多德、西塞罗等人的思想学说。文艺复兴时期，产生了但丁、薄伽丘、达·芬奇、拉斐尔、哥白尼、布鲁诺、伽利略、莎士比亚、托马斯·莫尔、康帕内拉等一批文化和思想大家。他们中很多人是文艺巨匠，但他们的作品深刻反映了他们对社会构建的思想认识。”[②]英国资产阶级革命、法国资产阶级革命和美国独立战争前后“产生了霍布斯、洛克、伏尔泰、孟德斯鸠、卢梭、狄德罗、爱尔维修、潘恩、杰弗逊、汉密尔顿等一大批资产阶级思想家，形成了反映新兴资产阶级政治诉求的思想和观点”[③]。

习近平在谈到马克思主义的诞生与西方哲学社会科学的关系时指出：“马克思主义的诞生是人类思想史上的一个伟大事件，而马克思主义则批判吸收了康德、黑格尔、费尔巴哈等人的哲学思想，圣西门、傅立叶、欧文等人的空想社会主义思想，亚当·斯密、大卫·李嘉图等人的古典政治经济学思想。可以说，没有

①②③ 习近平于2016年5月17日在哲学社会科学工作座谈会上的讲话。

18、19 世纪欧洲哲学社会科学的发展，就没有马克思主义的形成和发展。”[①]习近平为我们深刻阐明了马克思、恩格斯与以往西方哲学家、同时代西方哲学家的关系。历史表明，社会大变革的时代，一定是哲学社会科学大发展的时代。“当代中国正经历着我国历史上最为广泛而深刻的社会变革，也正在进行着人类历史上最为宏大而独特的实践创新。这种前无古人的伟大实践，必将给理论创造、学术繁荣提供强大动力和广阔空间。这是一个需要理论而且一定能够产生理论的时代，这是一个需要思想而且一定能够产生思想的时代。”[②]

20 世纪以来，西方社会矛盾不断激化，“为缓和社会矛盾、修补制度弊端，西方各种各样的学说都在开药方，包括凯恩斯主义、新自由主义、新保守主义、民主社会主义、实用主义、存在主义、结构主义、后现代主义等，这些既是西方社会发展到一定阶段的产物，也深刻影响着西方社会”[③]。他们考查了资本主义在文化、经济、政治、宗教等领域的矛盾与冲突，反映了资本主义社会的深刻危机。如贝尔在《资本主义文化矛盾》中所说：“我谈论 70 年代的事件，目的是要揭示围困着资产阶级社会的文化危机。从长远看，这些危机能使一个国家瘫痪，给人们的动机造成混乱，促成及时行乐（carpe diem）意识，并破坏民众意志。这些问题都不在于机构的适应能力，而关系到支撑一个社会的那些意义本身。”[④]欧文·克利斯托曾指出，资产阶级在道德和思想

---

①②③ 习近平于2016 年 5 月 17 日在哲学社会科学工作座谈会上的讲话。

④ ［美］丹尼尔·贝尔：《资本主义文化矛盾》，赵一凡、蒲隆、任晓晋译，生活·读书·新知三联书店，1989 年，第 73~74 页。

上都缺乏对灾难的准备。“一方面，自由主义气氛使人们惯于把生存危机视作‘问题’，并寻求解决的方案。(这亦是理性主义者的看法，认为每个问题都自有答案。) 另一方面，乌托邦主义者则相信，经济这一奇妙机器（如果不算技术效益也一样）足以使人获得无限的发展。然而灾难确已降临，并将不断袭来。”①

研究西方哲学问题，需要树立国际视野，加快构建中国特色哲学社会科学。一是要坚持马克思主义哲学的指导地位，二是要坚持传承中国传统文化的优秀成果，三是要积极吸收借鉴国外有益的理论观点和学术成果，坚持外国哲学的研究服务我国现代化和思想文化建设的方向。恩格斯指出：“一个民族想要站在科学的最高峰，一刻也不能没有理论思维。但理论思维仅仅是一种天赋的能力。这种能力必须加以发展和锻炼，而为了进行这种锻炼，除了学习以往的哲学，直到现在还没有别的手段。”② 习近平继承和发展了马克思主义，他指出：“任何一个民族、任何一个国家都需要学习别的民族、别的国家的优秀文明成果。中国要永远做一个学习大国，不论发展到什么水平都虚心向世界各国人民学习，以更加开放包容的姿态，加强同世界各国的互容、互鉴、互通，不断把对外开放提高到新的水平。”③

西方哲人智慧丛书共分九卷，分别介绍了各历史时期著名哲学家的思想。

《古希腊罗马哲学家的智慧》(*Wisdom of Ancient Greek & Roman*

---

① ［美］丹尼尔·贝尔：《资本主义文化矛盾》，赵一凡、蒲隆、任晓晋译，生活·读书·新知三联书店，1989 年，第 74 页。

② 《马克思恩格斯选集》（第三卷），人民出版社，1972 年，第 467 页。

③ 习近平于2014 年 5 月 22 日在上海召开外国专家座谈会上的讲话。

Philosophers），我们选编的著名哲学家代表有：苏格拉底（Socrates）、柏拉图（Plato）、亚里士多德（Aristotle）、普罗提诺（Plotinus）、塞涅卡（Lucius Annaeus Seneca）等。

《中世纪哲学家的智慧》（*Wisdom of Medieval Philosophers*），我们选编的著名哲学家代表有：奥古斯丁（Saint Aurelius Augustinus）、阿伯拉尔（Pierre Abelard）、阿奎那（Thomas Aquinas）、埃克哈特（Meister Johannes Eckhar）、奥卡姆（William Ockham）等。

《文艺复兴时期哲学家的智慧》（*Wisdom of Philosophers in the Renaissance*），我们选编的著名哲学家、思想家的重要代表有：但丁（Dante Alighieri）、彼特拉克（Francesco Petrarca）、达·芬奇（Leonardo di ser Piero da Vinci）、马基雅维里（Niccolò Machiavelli）、布鲁诺（Giordano Bruno）等。

近代欧洲哲学时期，我们选编的著名哲学家代表有：洛克（John Locke）、孟德斯鸠（Charles de Secondat, Baron de Montesquieu）、卢梭（Jean - Jacques Rousseau）、狄德罗（Denis Diderot）、休谟（David Hume）、笛卡尔（Rene Descartes）、斯宾诺莎（Baruch de Spinoza）、莱布尼茨（Gottfried Wilhelm Leibniz）、康德（Immanuel Kant）、黑格尔（Georg Wilhelm Friedrich Hegel）等。为便于读者了解世界历史上著名的启蒙运动和理性主义及其影响，我们把近代经验主义哲学家、启蒙运动时期的哲学家、近代理性主义哲学家、德国古典哲学家等重要代表选编为《启蒙运动时期哲学家的智慧》（*Wisdom of Philosophers in the Enlightenment*）和《理性主义哲学家的智慧》（*Wisdom of Rationalistic Philosophers*）。

《分析哲学家的智慧》（*Wisdom of Analytic Philosophers*），我们

选编的著名哲学家的重要代表有：罗素（Bertrand Russell）、维特根斯坦（Ludwig Josef Johann Wittgenstein）、卡尔纳普（Paul Rudolf Carnap）、蒯因（Willard Van Orman Quine）、普特南（Hilary Whitehall Putnam）等。

《现代人本主义哲学家的智慧》（*Wisdom of Modern Humanistic Philosophers*），我们选编的著名哲学家的重要代表有：叔本华（Arthur Schopenhauer）、尼采（Friedrich Wilhelm Nietzsche）、柏格森（Henri Bergson）、弗洛伊德（Sigmund Freud）、萨特（Jean-Paul Sartre）、杜威（John Dewey）、列维-斯特劳斯（Claude Lévi-Strauss）等。

《科学-哲学家的智慧》（*Wisdom of Scientific Philosophers*），我们选编的著名哲学家、科学家的重要代表有：爱因斯坦（Albert Einstein）、石里克（Friedrich Albert Moritz Schlick）、海森堡（Werner Karl Heisenberg）、波普尔（Karl Popper）、库恩（Thomas Sammual Kuhn）、费耶阿本德（Paul Feyerabend）等。

《后现代哲学家的智慧》（*Wisdom of Postmodern Philosophers*），我们选编了后现代思潮的主要代表有：詹姆逊（Fredric R. Jameson，国内也译为杰姆逊）、霍伊（David Couzen Hoy）、科布（John B. Cobb Jr.）、凯尔纳（Douglas Kellner）、哈钦（Linda Hutcheon）、巴特勒（Judith Butler）等。

本丛书以西方哲人智慧为主线，运用第一手英文资料，以简明扼要、通俗易懂的语言，阐述各历史时期先贤智慧、哲人思想，传承优秀文明成果。为便于读者进一步理解各个时期哲学家的思想，我们在每章的内容中设计了“术语解读与语篇精粹”，选引了英文经典文献，并进行了文献翻译，均注明了引文来源，便于读者查阅和进一步研究。

本丛书有三个特点：

一是阐述了古希腊至当代以来的四十九位西方哲学家的身世背景、成长经历、学术成就、重要思想、理论内涵、主要贡献、后世影响及启示等。

二是选编了跨时代核心术语，做了比较详尽的解读，尽力揭示其丰富的思想内涵，反映从古希腊到当代西方哲学思潮的新变化。

三是选编了与核心术语相关的英文经典文献，并做了有关文献翻译，标注了引文来源，便于读者能够在英文和汉语的对照中加深理解，同时为哲学爱好者和英语读者进一步了解西方思想文化，提供参考文献。

需要说明的是，在后现代主义思潮中，有一批卓有建树的思想家，如福柯（Michel Foucault）、德里达（Jacques Derrida）、利奥塔（Jean - Francois Lyotard）、罗蒂（Richard Rorty）、贝尔（Daniel Bell）、杰姆逊（Fredric R. Jameson）、哈桑（Ihab Hassan）、佛克马（Douwe W. Fokkema）、斯潘诺斯（William V. Spanos）、霍尔（Stuart Hall）、霍兰德（Norman N. Holland）、詹克斯（Charles Jencks）、伯恩斯坦（Richard Jacob Bernstein）、格里芬（David Ray Griffin）、斯普瑞特奈克（Charlene Spretnak）、卡斯特奈达（C. Castaneda）等。我在拙著《西方后现代主义哲学思潮》（天津人民出版社，2003 年）和《全球化与后现代思潮研究》（天津人民出版社，2012 年）中，对上述有关人物和理论做了

浅尝讨论，欢迎读者批评指正。

西方后现代思潮与西方生态思潮在理论上互有交叉、互有影响。伴随现代工业文明而来的全球性生态危机，超越了国家间的界限，成为当代人类必须面对和亟需解决的共同难题。从哲学上反省现代西方工业文明，批判西方中心论、形而上学二元论和绝对化的思想是当代西方“后学”研究的重要范畴，这些范畴所涉及的理论和实践进一步促进了生态哲学思想的发展，从而形成了“后学”与生态哲学的互动关系和有机联系。一方面，“后学”理论对当代人类生存状况的思考、对时代问题的探索、对现代性的质疑和建构新文明形态的认识，为生态哲学的研究提供了理论基础；另一方面，生态哲学关于人与自然的关系研究，关于生态伦理、自然价值与生物多样性及生命意义的揭示，对种族歧视、性别歧视、物种歧视的批判，丰富了哲学基本问题的研究内容和言说方式，为当代哲学研究提供了新的范式。二者在全球问题的探索中，表现出殊途同归的趋势，这意味着“后学”理论和生态思潮具有时代现实性，促进了生态语言学（ecolinguistics）和生态思想（ecological thought）在全球的传播。我在《天津社会科学》（2016年第6期）发表的《当代西方后学理论研究的源流与走向》一文，对此做了初步探讨，欢迎读者批评指正。

在当代西方生态哲学思潮中，涌现出一批富有生态智慧的思想家，各种流派学说在人与自然、人与人、人与社会的关系问题上（包括生态马克思主义、心灵生态主义等），既存在着相互渗透、相互影响和相互融合的倾向，也存在着分歧。他们按照各自的立场、观点和方法，研究人类共同关心的人与生态环境问题，即使在同一学派也存在着理论纷争，形成了多音争鸣的理论景观。主要代表有：

施韦泽（Albert Schweitzer）、利奥波德（Aldo Leopold）、卡逊（Rachel Carson）、克利考特（J. Baird Callicott）、纳斯（Arne Naess）、特莱沃（Bill Devall）、塞逊斯（George Sessions）、福克斯（Warwick Fox）、布克金（Murray Bookchin）、卡普拉（Fritjof Capra. Capra）、泰勒（Paul Taylor）、麦茜特（Carolyn Merchant）、高德（Greta Gaard）、基尔（Marti Kheel）、沃伦（Karen J. Warren）、罗尔斯顿（Holmes Rolston）、克鲁岑（Paul Crutzen）、科韦利（Joel Kovel）、罗伊（Michael Lowy）、奥康纳（James O'Connor）、怀特（Lynn White）、克莱顿（Philip Clayton）、梭罗（Henry David Thoreau）、艾比（Edward Abbey）、萨根（Carl Sagan）、谢帕德（Paul Shepard）、福克斯（Matthew Fox）、卡扎（Stephanie Kaza）、洛夫洛克（James Lovelock）、马西森（Peter Matthiessen）、梅茨纳（Ralph Metzner）、罗扎克（Theodore Roszak）、施耐德（Gary Snyder）、索尔（Michael Soule）、斯威姆（Brian Swimme）、威尔逊（Edward O. Wilson）、温特（Paul Winter）、怀特海（Alfred North Whitehead）、戈特利布（Roger S. Gottlieb）、托马肖（Mitchell Thomashow）、帕尔默（Martin Palmer）、怀特（Damien White）、托卡（Brian Tokar）、克沃尔（Joel Kovel）、普鲁姆伍德（Val Plumwood）、亚当斯（Carol J. Adams）、蒂姆（Christian Diehm）、海森伯（W. Heisenberg）、伍德沃德（Robert Burns Woodward）等。

我在主编的《当代西方生态哲学思潮》（天津人民出版社，

2017年）中，对有关生态哲学思潮做了浅尝讨论。2017年5月31日《天津教育报》以“服务国家生态文明建设”为题，做了专题报导。今后有待于深入研究《西方生态哲学家的智慧》，同时希望与天津人民出版社继续合作，努力服务我国生态文明建设。

习近平指出：“文明因交流而多彩，文明因互鉴而丰富。文明交流互鉴，是推动人类文明进步和世界和平发展的重要动力。”① 这为哲学社会科学工作者开展中西学术交流与互鉴指明了方向。

我负责丛书的策划和主编工作。本丛书的出版选题论证、写作方案、写作框架、篇章结构、写作风格等由我策划，经与天津人民出版社副总编王康老师协商，达成了编写思路共识，组织了欧美哲学专业中青年教师、英语专业教师及有关研究生开展文献调研和专题研究及编写工作，最后由我组织审订九卷书稿并撰写前言和后记，报天津人民出版社审校出版。

参加编写工作的主要作者有：

《古希腊罗马哲学家的智慧》：吕纯山（第一章至第五章）、刘昕蓉（第一章术语文献翻译、第二章术语文献翻译、第五章术语文献翻译）、李春侠（第三章术语文献翻译）、张艳丽（第四章术语文献翻译）、方笑（搜集术语资料）。

《中世纪哲学家的智慧》：聂建松（第一章）、张洪涛（第二章、第三章、第四章）、姚东旭（第五章）、任悦（第一章至第五章术语文献翻译）。

《文艺复兴时期哲学家的智慧》：金鑫（第一章至第四章）、

① 习近平于2014年3月27日在联合国教科文组织总部的演讲。

曾静（第五章）、夏志（第一章至第三章术语文献翻译）、刘瑞爽（第四章至第五章术语文献翻译）。

《启蒙运动时期哲学家的智慧》：骆长捷（第一章至第五章）、王雪莹（第一章、第二章、第三章术语文献翻译）、王怡（第四章、第五章术语文献翻译，选译第一章至第五章开篇各一段英文）、袁鑫（第一章至第五章术语解读）、王巧玲（收集术语资料）。

《理性主义哲学家的智慧》：马芳芳（第一章）、姚东旭（第二章、第三章）、季文娜（第一章术语解读及文献翻译、第二章术语解读及文献翻译）、郑淑娟（第三章术语解读及文献翻译）、武威利（第四章、第五章）、郑思明（第四章术语文献翻译、第五章术语文献翻译）、袁鑫（第四章术语解读、第五章术语解读）、王巧玲（搜集第四章、第五章术语部分资料）。

《分析哲学家的智慧》：吴三喜（第一章）、吕雪梅（第二章、第三章）、那顺乌力吉（第四章）、沈学甫（第五章）、夏瑾（第一章术语解读及文献翻译、第三章术语解读部分）、吕元（第二章至第五章术语解读及文献翻译）、郭敏（审校第一章至第五章部分中文书稿、审校术语文献翻译）。

《现代人本主义哲学家的智慧》：方笑（第一章）、孙瑞雪（第二章）、郭韵杰（第三章）、张亦冰（第四章）、刘维（第五章）、朱琳（第六章）、姜茗浩（第七章）、马涛（审校第一章至第七章部分中文书稿、审校术语文献翻译）、于洋（整理编辑审校部分书稿）。

《科学-哲学家的智慧》：方笑（第一章并协助整理初稿目

录)、孙瑞雪（第二章)、刘维（第三章)、张亦冰（第四章)、郭韵杰、朱琳（第五章)、姜茗浩（第六章)。冯红（审校第一章至第六章术语文献翻译)、郭敏（审校第一至第二章部分中文)、赵春喜（审校第三章部分)、张洪巧（审校第四章部分中文)、赵君（审校第五章部分中文)、苏瑞（审校第六章部分中文)。

《后现代哲学家的智慧》：冯红（第一章)、高莉娟（第二章)、张琳（第三章)、王静仪（第四章)、邓德提（第五章)、祁晟宇（第六章)、张虹（审校第二章至第六章术语文献翻译，编写附录：后现代思潮术语解读)、苏瑞（审校第一至六章部分中文书稿)、郭敏（审校附录部分中文)。

由于我们编著水平有限，书中一定存在诸多不足和疏漏之处，欢迎专家学者批评指正。

佟 立

2019 年 4 月 28 日

目　录

第一章　奥古斯丁：信仰者的理想国

As of the sensible sun, we man predicate three things: namely, that it is, that it shines, that it makes objects visible; even so may we predicate three things of that most mysterious God whom you long to know: viz., that He is, that He is apprehended, that He causes other things to be apprehended.

——St. Augustine

对于这个可感知的“太阳”，作为人的我们可以预言它的三项属性：它是存在的，是发出光亮的，而且还能让其他物体可见。在此基础上，对于我们长久以来渴望认识的神秘的上帝，我们可以预知：他存在，他可被理解，他让其他事物可被理解。

——圣·奥古斯丁

一、从萨提尔到圣徒

（一）父母的熏陶

在基督教的早期历史上，有着这样一群圣徒，他们被信众们尊称为“教父”(Fathers of Church)。与中国人的“天地君亲师”非常相似的是，圣·爱仁纽（St. Irenaeus）和亚历山大的克莱芒(Clement of Alexandria）都遵循《圣经·新约》中的词汇，将师生关系比喻为“父子”关系。因此，在早期教会中的最高职位者——主教会被信众们尊为“父亲”。他们不仅是教会礼仪的执行者，同样也是整个教会的指导者。故而，后世的基督教作者在谈到尼西亚公会议（基督教第一次全体会议）上由各地主教所达成的决议之时，总是会使用“尼西亚的圣教父们”这样的词语。(当然，“教父们”也并不都是在主教职位上的人，譬如殉道者游斯丁，因为此时还没有形成教会阶层的制度。）在教会众多的教父之中，有一位被人们称为“教父集大成者”，这便是“希坡城的圣·奥古斯丁”(St. Augustine of Hippo)。

曾经有人这样赞美他：“不同的教父讲了不同的事情，但是这一位讲了一切，他用罗马人的语言，将（经文中的）神秘意义有力地宣讲出来。”(Diversi diversa patres sed hic omnia dixit romano eloqvio mystica sensa tonans.)①

美国俄亥俄州一天主教大教堂彩色玻璃上的圣·奥古斯丁

资料来源：https://commons.wikimedia.org/wiki/File:Saint_Augustine_Catholic_Church_(Minster,_Ohio)__stained_glass,_St._Augustine_of_Hippo.jpg。

奥古斯丁出生于公元354年11月13日，北非的塔伽斯特城(Tagaste)。此时，在罗马帝国境内，基督教已然度过最艰难的时期，正在一步步成为罗马帝国中最流行的宗教。早在公元313年，君士坦丁大帝就颁布了“米兰敕令”(Toleration of Milan)，宣布基

① 这句话刻在拉特兰宫中地下最古老的一副奥古斯丁壁画之下。*Augustine Beyond the Book: Intermediality, Transmediality and Reception*, ed. Pollmann, Karla and Gill, Meredith. Brill, Leiden, 2012, pp. 17-19.

督教和罗马帝国境内的其他宗教同样具有信仰自由，归还此前没收的教会财产，免除基督教的修士们对国家的徭役义务，赋予主教对教内事务的自主裁定的权利。之后，各地的地下教会纷纷转而成为公开的地上组织。在公元325年，同样是在君士坦丁大帝的支持下，基督教召开了第一次全体代表会议，即尼西亚公会议。在这次意义重大的会议上，基督教的信条和教义（creeds and doctrines）得到了初步的明确阐释（批判了阿里乌派异端），经典得以明确（《新约》的经目得以确立），一些宗教习俗也得以承认(譬如圣诞节)。在奥古斯丁出生的城市中，很多居民已经皈依基督教，甚至可以说，他们很多人还经历了并且正在经历着在北非地区的一场基督教运动——多纳图派运动（the movement of Donatism）。在此，笔者暂且先不对多纳图派进行展开，因为在后篇仍然还会提及这一派别。让我们先把目光转回到奥古斯丁的家庭上吧。

奥古斯丁的身份是罗马公民，这在当时的社会中已然是一个非常高的地位。譬如，在《新约》的记载中，保罗就因为其身份是罗马公民，故而他有权力将犹太教对自己的控诉上交罗马城，并且前往那里接受问询。在去罗马的路上，他也因为这个身份受到相当的尊敬和照顾。实际上，也正因如此，奥古斯丁的家庭在当地也是非常有名。虽然不算是大富大贵，但也算是颇有些家资——不仅有些庄园地产，生活当中还可以使奴唤婢。奥古斯丁的父亲帕特里克（Patricius）在当地做了一名小税吏。不过他并不是一名基督徒，日后也可能是受了妻子莫妮卡（Monica）的影响，他对基督教信仰产生了兴趣。虽然他一直没有加入到教会活动中去，但是在临死前可能也接受了临终洗礼。

至于奥古斯丁的母亲莫妮卡，我们则了解的更多一些，这是因为奥古斯丁在其著名作品《忏悔录》中用一些篇幅单独描写了她的生平。（顺便说一句，人们对于奥古斯丁的生平了解，远较其他某些教父的生平清晰。这是因为奥古斯丁写下了西方第一部自传体作品——《忏悔录》。）她出生在一个拥有严格教育的基督教家庭中（虽然出身大公教会，不过深受多纳图派影响），刚刚成年便嫁给了帕特里克。夫妻双方十分和谐，在家庭纠纷的处理上，莫妮卡也表现得十分优秀。正如我们之前提到的，她不仅自己是一名基督徒，而且一直希望自己的丈夫成为基督教教徒，并且一直为此默默地努力。在之后的日子中，她也一直希望奥古斯丁成为基督徒，并且在他成为基督徒之后，她也与他一同经历了“奥斯蒂亚的异象”（Vision at Ostia）。在奥古斯丁三十三岁的时候，她去世了，享年五十六岁。

（二）放荡的北非浪子

虽然奥古斯丁在小时候就接受了基督教的教育——他的母亲教过他画十字并且让他成了一名慕道友，然而当时可能令她母亲有些失望的是，他并没有立即成为一名教徒，尽管他曾经一度因病十分接近洗礼，不过康复之后他还是拒绝了。

在世俗教育方面，奥古斯丁在十二岁的时候被父亲送到距离塔伽斯特不远的马导罗城（Madauros）去参加语法学校，接受当时的古典教育。虽然他生性贪玩，但因天资聪颖，在学校里的表现非常出众，这也使得他父亲十分欣喜。不过，他在日后的回忆中却认为，自己当时在学校并没有认真学好希腊语。因为当时的教育是讲究体罚的，而奥古斯丁恰恰又在贪玩胡闹的青春叛逆时期。实际上，尽管相对于奥古斯丁极为出色的拉丁文水平而言，他的希腊语水平让人略感遗憾，不过他的希腊语也绝非人们想象的那样糟糕，因为日后他在自己的作品中也有一些对希腊单词的分析。

父亲因奥古斯丁成绩出色，便打算让他去迦太基继续学习雄辩术。不过，因为盘缠一时不足，他又回到了塔斯加特的家中。在接下来的几个月中，他游手好闲并且极有可能做了一些浪荡之事。他的父亲对此并不在意，反而十分欣喜于自己可能将要当爷爷了；他的母亲则害怕婚姻会阻碍奥古斯丁的前途。就在这时，奥古斯丁认识了之后与他同居十五载的女伴，而日后又恰好因为前途和婚姻（因为奥古斯丁的女伴出身低微，在当时是很难与奥古斯丁结为连理），奥古斯丁与他长期同居的女子分手了。

在家乡觅得了一位资助者罗曼尼安（Romanianus）之后，奥古斯丁来到迦太基。在这里，女伴为他生下了儿子——奥古斯丁在此之前可能没有要孩子的打算（他可能使用了当时的一些避孕措施），但是当孩子来临之后，他仍然表现得十分高兴，并且为之取名阿德欧塔忒（Adeodatus，上帝赐予的）。虽然此子在十七岁时夭亡，但他还是在奥古斯丁的心中留下极深的痕迹。日后，奥古斯丁在思考“光照论”学说的时候，便是以他想象中父子二人的对话引入的。可能是因为有了这样的儿子，此后奥古斯丁在更加繁华的迦太基并没有继续他的浪子生涯。相反，他开始在西塞罗（Cicero）的《霍尔滕希传》(Hortensius）一书的影响下，对自己的人生进行了严肃的思考，并且对哲学产生了浓厚的兴趣。然而也就在这个阶段，奥古斯丁没有选择停留在基督教会之中，反而加入了刚刚传入非洲不久的摩尼教。

（三）摩尼教与天文学

当时的迦太基城并没有彻底的基督教化，至少有一半的人是异教人士，这些人中不仅有古老的罗马万神教，还有比较新兴的宗教，这其中就有摩尼教。摩尼教建立晚于基督教约二百余年，兴起于波斯地区，日后传播西至大西洋的西岸，东至中国东南沿海。一言以蔽之，摩尼教的思想便是“二宗三际论”[①]，即光暗二元的本源以及过去、现在和未来的时间观。摩尼教的思想可以说是一种宗教思想的大融合，不仅涉及希腊罗马宗教（提到过希腊神祇阿特拉斯），同样还涉及犹太—基督教。它对《圣经·创世纪》进行了一番自己的解释，世界的创造并不是神一个人的工作，而是光明王国为了从黑暗中提取“光明因子”的工坊；亚当和夏娃乃是恶魔所生，可是他们身上却包含了当初战败的“光明五子”。为了来解救人类，光明派来了各路使者，其中最大的便是耶稣（其他的使者还包括琐罗亚斯德和佛陀）。这样来看，奥古斯丁接受摩尼教也是非常正常的，因为摩尼教至少给出了一个与基督教十分相似的学说。

在完成自己的学业之后，奥古斯丁没有留在迦太基进一步成为专业的雄辩家，而是应资助人的邀请回到了家乡教学语法，在这里他收获了一个学生兼好友阿里庇（Alypius）。正因为奥古斯

---

① 林悟殊：《摩尼教及其东渐》，中华书局，1987年。

丁加入了摩尼教信仰，他虔诚的母亲拒绝让他进入家门，因此他不得不重回迦太基，重新教授雄辩术。他在这里如鱼得水，并在全城的诗歌比赛中获得桂冠。

恰好也正是在这个时期，奥古斯丁开始重新思考摩尼教的理论，因为他并没有找到他所希望找到的自然知识。摩尼教确实十分沉迷于有关天体的神秘理论，因为在他们看来，日月和星星是通向光明的通道。譬如，摩尼教认为人的灵魂会在月亮中得以涤炼（这与月亮的圆缺周期联系了起来），然后得以前往太阳，并由太阳进入最终的光明王国（银河）。可是摩尼教的理论并没有更深一层的天文学支持，这恰恰与奥古斯丁的自然哲学知识相悖。之后，奥古斯丁遇到了摩尼教中的“米勒福的浮士德”（Faustus of Mileve）主教，但是他发现这位摩尼教的“高人”对于自然知识知之甚少，这使得他大失所望。另外，摩尼教自身所带的禁欲和虚无色彩的哲学也开始令奥古斯丁感到困扰，并开始在内心中拒绝摩尼教的信仰。

（四）一次著名的皈依

在奥古斯丁快三十岁的时候，他决定起身奔赴罗马，原因可能是多样的：对摩尼教的希望，对教学生涯的不满。总之，奥古斯丁希望改变当时的生活状况，但是母亲却并不希望他离开。他不得不进行了一番托词，趁着夜幕登船来到了罗马。然而当奥古斯丁来到罗马之后，一切似乎并不是十分的顺利。他生了一场大病，为支付这场病的开销并为日后的生活考虑，他开办了一所语法学校。虽然有阿里庇这样的学生前来投奔他来继续学习，可是其他的学生却时常拖欠学费，这令他感到十分苦恼。于是他又在摩尼教友人的推荐下来到了米兰，得到了同为摩尼教教徒的“完人”(the Perfect，这是摩尼教中的高等信徒，生活上执行严格且完全的摩尼教戒律）辛马库（Symmachus）的赏识，成为米兰宫廷中的雄辩家。

不久，母亲莫妮卡也来到了米兰和他一同团聚，并且给他订了婚。这让奥古斯丁必须处理他和女伴的关系，他让她离开了还让她发誓不得再和任何男子交往，然后把阿德欧塔忒留了下来。结果他在她离开之后，在自己结婚之前（因为结婚对象年幼，尚需等待两年)，又稀里糊涂地找了另一个情妇。

此时，在生活上，奥古斯丁虽然富足起来，但并没有找到合理的生活方式。在思想上，他也没有找到解脱的出路，仍然处在苦闷之中。他开始转向了学院派的哲学，关注了其中的怀疑论，然后又转向了新柏拉图主义哲学。在米兰期间，他专注于柏罗丁的书，希望在其中找到真理。不过，他仍然没有选择基督教信仰，因为之前的摩尼教思想仍然时刻影响着他。

可以说是命中注定吧。在米兰，奥古斯丁遇见了一个对他产生重要影响的基督徒——米兰的主教安布罗斯（Ambrose，他与辛马库一直在争论是否要重开米兰的胜利女神祭坛)，他为其渊博的学识所折服并且成为其布道的常客。借此机会，奥古斯丁也顺便得以结识安布罗斯的老师辛普利西安（Simplician 或 Simplicianus)，并且之后一直与老人保持了良好的友谊。这位老人的“教学”生涯可以说十分传奇，他是好几位拉丁教会重要人物的导师——他不仅指导过安布罗斯（安布罗斯尊称他为自己的“教父”)，同样还指导过著名的基督教新柏拉图主义哲学家马里乌·维克托里努（Marius Victorinus）。此时他又成为奥古斯丁和他的挚友阿里庇（他日后成为奥古斯丁家乡的主教）的导师。老人正因为有过指导维克托里努的经验，他巧妙地以维克托里努为例来指点奥古斯丁思想上的困扰。经历过这段时间，基督教历史上最著名的一次皈依即将发生。

某日，一位友人前来拜访奥古斯丁和阿里庇，看到奥古斯丁正在研读保罗书信，便和他们谈起了沙漠教父（Desert Fathers）中圣·安东尼（St. Anthony the Great）的生平（关于他的生平，当时早已有《安东尼传》一书，他在北非的基督教隐修传统中十分有名，可是奥古斯丁却从没有听说过他）。圣·安东尼和修道士们的故事令奥古斯丁和阿里庇十分感动，同时这令他回想起自己过往的种种不良事迹，让他感到十分羞愧。于是他带着阿里庇，怀着波澜起伏的心绪走进了屋后的花园，在园中徘徊几许之后，奥古斯丁实在控制不住内心中情绪的阀门，在一棵无花果树下，开始失声痛哭。就在痛哭之时，他听到了附近传来一个奇妙的童音——那声音反复吟唱着：“拿起来读吧！拿起来读吧！”

奥古斯丁认为这声音应当是天使发出的（当然也保不齐是偶然听到谁家孩子的声音），他急忙寻到阿里庇，从他那里抓起了保罗书信，翻开的一页恰好是《罗马书》的一章：“不可狂宴豪饮，不可淫乱放荡，不可争斗嫉妒；但该穿上主耶稣·基督；不应只挂念肉体的事，以满足私欲。”这时候，奥古斯丁心绪恢复了些许平静，于是他又与阿里庇继续读了一节，“对信德软弱的人，你们该容纳”。阿里庇认为这段落是神在同时召唤他，于是二人一同将皈依基督教信仰的决定告诉了母亲莫妮卡，这令她欣喜若狂。随后奥古斯丁写信给安布罗斯希望接受洗礼，而这场洗礼被安排在次年的复活节上。

二、理论内涵

（一）永恒之光——改造新柏拉图主义

在这一年的秋天，奥古斯丁因胸痛辞退了他的教务工作，与他的母亲、儿子、弟兄、学生来到米兰附近的卡斯希亚哥（Cassiciago）的一座乡间别墅，虽然这间别墅属于他的一个摩尼教朋友（这位朋友最后在临终前接受了洗礼，皈依了基督教），但他却在这里追寻他心中的基督教真哲学。

最终，在第二年的复活节前，大家集体回到了米兰。在复活节期间，奥古斯丁连同阿德欧塔忒和阿里庇一同接受了洗礼（值得一提的是，奥古斯丁受洗之后，可能和安布罗斯一起创作了一首圣歌，名为Te Deum，“神，赞美你！”这首曲子日后在西方教会中广为流传）[①]。

受洗之后，奥古斯丁原计划返回非洲，但是当他们准备过海之时，他们遭到帝国内的战火阻拦。于是他们在奥斯蒂亚停留了下来，在这里奥古斯丁和莫妮卡母子一同望着入海口，一同阅读着《诗篇》，一同经历了著名的“奥斯蒂亚的异象”。之后莫妮卡

---

① The Catholic Encyclopedia：An International Work of Reference on the Constitution，Doctrine，Discipline，and History of the Catholic Church中的Te Deum词条。

美国佛州奥古斯丁市莱特纳博物馆彩色玻璃上的奥古斯丁

资料来源：https://commons.wikimedia.org/wiki/File:Tiffany_Window_of_St_Augustine_-_Lightner_Museum.jpg。

过世了，大家都陷入了悲痛之中，此时天至冬时，奥古斯丁决定在意大利停留一年。

在卡斯希亚哥停留的时候，奥古斯丁一边带着他的学生们读维吉尔，一边开始从基督教的角度思考之前困扰着他生命的思想问题，他与他的学生和朋友们过着如同古代哲人一样的生活，从早到晚都在讨论哲学问题，偶尔还会邀请莫妮卡参加这些讨论会，与会期间有一位书记员记录下他们之间的对话。这些对话记录为奥古斯丁提供了创作的资料，于是他在这里写下了日后号称“奥古斯丁版的哲学对话录”的三篇文章，分别是《反学院派》(*Against the Academics*)、《论幸福生活》(*On a Happy Life*) 和《论秩序》(*On Order*)，同样完成的还有一篇《独白——论灵魂的不朽》(*Solioquies*, *On the Immortality of the Soul*)。这些篇目分别致力于解决之前困扰奥古斯丁的特定问题。

《反学院派》一文致力于论证“真理和确定性”，意在反驳之前影响他的怀疑论哲学；《论幸福生活》一文讨论了真正的欢乐乃是在真哲学中寻求到的，反思了他之前的苦闷（这篇文章的第一卷也被称为“第一部忏悔录”，因为它与之后著名的《忏悔录》写作方式有类似的地方，都是奥古斯丁对自己往日生活的反思）；《论秩序》论证了神为世界所安排的秩序中善和恶的问题，这是针对他此前受到摩尼教善恶二元论的影响；《独白》则讨论的是神和灵魂之间的关系。

在这些作品中，都深深地反映了奥古斯丁此时的哲学思想主要围绕着新柏拉图主义和基督教，并且他开始在思想中以基督教为主体重新改造新柏拉图主义思想。实际上，新柏拉图主义和基督教思想之间确实有着一定差异，一些新柏拉图主义者甚至写过专门批评基督教的作品。譬如，波菲利就写过《由“神谕”得来的哲学与反基督徒》（*Philosophy from Oracles and Against the Christians*）。即便如此，基督教也没有完全走向新柏拉图主义的反面，而是从新柏拉图主义中汲取了大量营养，譬如，之前总是被辛普利西安用来鼓励和引导奥古斯丁的那位马里乌·维克托里努（其实他和奥古斯丁基本上还算是同一代的人，并且双方可能还认识）。奥古斯丁便是将新柏拉图主义改造为“基督教新柏拉图主义”（Christian Neo-Platonism）中的最著名的一位，他在柏拉图中寻找基督教，在福音中寻找柏拉图。[①]

（二）灵魂自由——驳摩尼教的二元论

我们之前提到过，奥古斯丁因为母亲的亡故、帝国的内战和冬天的到来，不得不滞留在意大利。为了等到次年的航道开启之日，他带着家人和学生再次来到罗马。在这里，他开始思考之前摩尼教的生活，于是着手对此进行写作，尤其是他开始思考灵魂和自由意志的问题。在此期间，他写下了《论灵魂的广延》(*The Magnitude of the Soul*)，开始写作《论意志的自由选择》(*On Free Choice of the Will*）的第一卷，以及《论大公教会的生活之道和摩尼教的生活之道》(*De Moribus Ecclesiæ Catholicæ et de Moribus Manichæorum*)。

次年，内战停息。奥古斯丁启程离开意大利奔向非洲，在迦太基盘旋数日后，回到了他的家乡塔伽斯特。甫一及家，他便着手按照自己的理想创立一个修院，去过那种隐居的哲人生活（这颇有可能受到了圣・安东尼等人的影响)。他开始变卖家产接济穷人，然后与他的朋友一起避居到他的家中，开始过那种“神贫”(the

① 至于奥古斯丁所皈依的是新柏拉图主义还是基督教，这本身又牵涉到一个标准问题。仅仅依据奥古斯丁早期哲学对话录中的一些思想来源和出处，就断定此时奥古斯丁是一个新柏拉图主义者而非基督徒，是有问题的。这就和仅仅根据王阳明言论中有一些佛教、道教的来源，就判断他是释家和道家一样……奥古斯丁早期所信的是基督教，它的思想框架是基督教的（如三位一体、言成肉身在早期著作中即已出现），但吸收了一些新柏拉图主义的成分。正如我们并不因为东方教父（如奥利金、尼萨的格里高利）吸收了一些柏拉图主义的成分就判定他们是柏拉图主义者一样，我们也不能因为奥古斯丁吸收了一些新柏拉图主义的成分就判定他早期所皈依的是新柏拉图主义。我们倒不如说，是奥古斯丁本人的思想发生了改变，使他从早期的一种基督教范式转向了后期的另一种基督教范式，按汉斯・昆的说法，就是从“奥利金范式”转向了“奥古斯丁范式”。周伟驰：《奥古斯丁的基督教思想》，中国社会科学出版社，2005年，第86~87页。

Divine Poverty）和祈祷的生活，并且开始研读经文。在这段避居退隐的时期，他们仍然会召开那种类似在卡斯希亚哥时的小会议，为此奥古斯丁留下了一本“八十三个为什么”(书名其实是《八十三问》)。不过令奥古斯丁备受打击的是，他的儿子也在这一时期过世了。幸而在孩子临终前，儿子的母亲——也就是奥古斯丁休掉的女伴及时来到了孩子的身边，陪他度过了最后的时光。

在这段时间中，奥古斯丁继续写作。他写了六卷本的《论音乐》，在其中他对音乐、数学和哲学之间作出了一定的研究，而这篇作品如今已经成为唯一肯定的现存的奥古斯丁手稿（实际上，令人遗憾的是，如今我们所读到的奥古斯丁作品基本上均为后人回忆所默写，并不能确定就是奥古斯丁本人的原稿)，同样还写了一篇《论师范》(De Magistro，奥古斯丁正是在这篇文章中充满感情地提到了他即将年满十八岁的儿子，这篇文章以父子之间的对话为开始，文字十分感人)；为了反驳摩尼教的一些思想，以及为了反对由摩尼教善恶二元论对“世界和个体问题”所带来的两个困扰，他写下了《论真宗教》(*On True Religion*)。

为了反对摩尼教的“人具有两个灵魂”的学说，他写下了《论两个灵魂》(*De Duabus Animabus*)。简单地说，在摩尼教的教义中，认为人具有善恶两个灵魂。由此，奥古斯丁引申出来人若具有两个灵魂，则必然拥有两种本性，则必然拥有两种意志，则必然时刻面临两种抉择。他在《忏悔录》中举了一个生动的例子：人若有两个意志，其中一个想去圣殿，另一个想去看戏，那么我应当服从哪个意志？必然为了在这两个选项之间进行选择，需要我自己拥有第三个意志。若就此推演下去，为了进行一个善恶之间的选择，我又得在第三个意志和之前的某个意志之间进行选择，于是我还可以有第四个意志、第五个意志，乃至无穷多个意志。这便与摩尼教的两个灵魂说法相悖。

为了反驳摩尼教的善恶二元论，他又写下了《为驳摩尼教而论创世纪》(*on Genesis Against the Manichees*)。我们之前已经提及过摩尼教的“创世纪”乃是认为“此世”具有二元起源，并且这种二元性就体现在人类的光暗对比上。然而这种人类灵魂学说在之前就已经被否认了。另外，世界具有二元性，也就意味着世界具有两种相悖的规律（尤其是摩尼教还会认为，恶魔会伪造一些“天体”），但是这种说法之前在奥古斯丁所读到的自然哲学中已经得到了解答（摩尼教的天文学理论，在某些方面与当时自然哲学作出的观测并不相符)。不过对于这部作品，奥古斯丁可能并不那么满意，此后他又完成了另一部更加著名的作品《论创世纪的文字之意》(*De Genesi ad litteram*)。

（三）情理设教——雄辩是布道的技巧

是金子终会发出光芒。在奥古斯丁退隐的两年中，他的名声不减反增，求学之人络绎不绝。这种情况反而令奥古斯丁感到苦恼，他并不想将时间浪费在不断地接待客人上。不仅如此，他对成为教会的神职人员阶层也不感兴趣，甚至对成为主教感到恐惧。为此，他在自己的行程中尽量避开一些亟须主教上任的地区和城市（此阶段的主教选举，乃是民众自发居多，教会上层委派的很少。譬如，安布罗斯就是被大家一起哄抬上去的)。

然而，接下来的故事则颇有些戏剧性，甚至让人怀疑这是一出编导好的“陷害”奥古斯丁的大戏。

希坡城有个富户官员让自己的朋友致信奥古斯丁，希望可以加入奥古斯丁的隐修组织，并邀请奥古斯丁在本地建立一所修道院。奥古斯丁知道希坡城已经有一位年高有德的主教瓦莱里（Valerius），他觉得自己并不会被当地人留下，于是欣然前往。不料，此人却突然改变主意（也可能是安排好了），于是奥古斯丁便决定短暂逗留几日看看是否会有进展。这一日，奥古斯丁来到教堂听瓦莱里老先生的布道。在布道期间，老人家突然当众宣布，自己年事已高，力不从心，因此需要一名新的司铎（即 Priest，此词为天主教翻译）来替他布道。可想而知，奥古斯丁还未来得及走脱，就被当场的热心群众迅速“制服”。

在老人的“利诱”（资助奥古斯丁在希坡城建立他的修道院）之下，奥古斯丁含泪答应了。随后，老人将一些教产交付与奥古斯丁，同时又给了奥古斯丁几个月的假期，回去继续研究《圣经》，以备在“四旬期”（纪念耶稣在荒野中三退魔鬼）讲道。

事情既然已成定局，奥古斯丁索性坦然接受。在几个月认真学习《圣经》之后，他回到了希坡城，开始为教会布道。在布道期间，奥古斯丁重拾当年的雄辩学家的本色，轻松地俘获了大家的心，并且能够积极地和台下的听众们互动。奥古斯丁出色的布道演讲吸引了另一名重要听众——迦太基全境的主教奥勒留（Aurelius）。他十分赞赏奥古斯丁的演讲水平，于是他决定和奥古斯丁共同推出“培训班”，培训年轻人（主要是司铎们）如何进行布道（盖因当时在拉丁教会的地区，布道工作只能由主教一级的神职人员来进行，而这些主教年岁普遍较大，对于布道这项既需要体力表演，又需要精力写台词的工作，往往心有余而力不足）。

同时，奥古斯丁不仅在教会中布道，还利用他的演讲技巧和知识来反驳摩尼教。他曾在公开场合挑战摩尼教中最强的博士之一——浮图纳忒（Fortunatus），并且在两日之内将其彻底驳倒，令其羞愤离开希坡城（最后这位先生皈依了基督教）。这场辩论吸引了全城的人，有书记员将这段精彩的对话记录了下来。另外，奥古斯丁在任期间，不仅禁止了在纪念殉道者的教堂中举办舞会的旧俗（奥古斯丁在此事上，可谓是“动之以情，晓之以理”，在布道会上含泪劝阻所有的人），同样还作为希坡城的代表参加了由他的好友奥勒留主教主持的“非洲基督教大公会议”，并于会上作出了重要发言《论信仰和教义》（*De Fide et Symbolo*）。

奥古斯丁辞掉了努米迪亚主教的职位。次年，瓦莱里逝世。奥古斯丁成为希坡城的主教，并且在这里一待就是三十四年。

（四）宽厚孤往——有志者不强人所难

奥古斯丁在成为希坡城的主教之后，虽然不得不认真开始了神职人员的公众生活，但他仍然没有忘记之前发下的隐修誓愿。为此，他将自己在希坡城的寓所当成了隐修院，并且号召下辖的神职人员们与他一同守“神贫”。他的做法很快就成了非洲地区的宣传典范，影响了几乎所有的非洲教区。

奥古斯丁如此坚定地持守戒律，如此勤奋工作，一方面是因为他本人的虔诚笃信，另一方面他也希望用亲力亲为的方式表明大公教会应当比“多纳图派”的信仰更为坚定。在这里我还是得转而对“多纳图派”进行一些简要的介绍：

戴克里先统治帝国时期，对基督教进行了全国性的迫害，他摧毁了大量的教堂并且命令信众交出手中的经书进行焚毁。不久，他颁布了更为严厉的措施，要求全体信徒向异教的神像进香，否则就要处死。正如圣·欧普塔忒（St. Optatus）所言，有一些人是认信者（Confessor），有一些人是殉道者（Martyr），有一些人跌倒了，有一些人逃跑并藏了起来。对于这一事件，教会中有些人是持批评意见的，譬如早于奥古斯丁100年的拉丁教父德尔图良（Tertullian）就认为，在迫害中逃跑是可耻的。可是这一说法为日后的一场动荡埋下了伏笔。

在君士坦丁大帝颁布了“米兰敕令”之后，基督教终于从谷底走了出来，成为罗马帝国中的一个正式的宗教。于是之前很多因为迫害离开教会的人也回归到了教会之中，这其中还包括了一些主教。可是这些人的回归却在教会中引起了一场争议，他们被一些底层民众称为“叛教者”（Traditor）。这便是多纳图派（Donatism）分裂的起因。

多纳图派认为，教会应当完全由“革命志士”和“革命先烈”组成。他们认为，凡是屈从于迫害的人，交出过经书的人，都不能再进入教会，除非他们接受第二次洗礼。如果神职人员作出过与平信徒一样的“投降”行为，那么他也就不能再承担圣职了，并且由他所执行的圣事（Sacraments）也是无效的——他们以此来反对当时迦太基地区的新主教，因为在他的祝圣礼上就有一位“叛教”的主教。日后，这个新主教的直接竞争对手的继承者便是“大多纳图”（Donatus Magnus），多纳图派也由他得名。他们自认为是“具有唯一有效圣事”的教会，并因此拒绝接受大公教会的领导和管理。更为严重的是，他们在反对大公教会的同时，将君士坦丁大帝也视为控制教会的“恶魔”。因此，君士坦丁大帝没收了多纳图派的教产，并立下死刑来制裁扰乱帝国和平的行为。可是大多纳图拒绝交出教产，由此引发了一场武力冲突，大多纳图身亡。然而，君士坦丁最终还是决定给予多纳图派宽容处理。

这便是到奥古斯丁的时候，在希坡城和很多其他非洲地区，多纳图派教会的规模甚至要胜过大公教会，如果就此发展下去，大公教会在非洲地区想要翻身其实是非常困难的。然而此时事情却起了变化，罗马帝国一分为二。非洲将军基多（Gildo）希望脱离西罗马，加入东罗马，由此带来了一场叛乱。多纳图派的人员多数参加了这场战争。这使得西罗马帝国不得不采取严厉的措施惩罚多纳图派，而多纳图派和大公教会之间的矛盾此时又瞬间尖锐起来，频繁发生暴力冲突事件。

又过了数年，帝国政府决定组织双方人员在迦太基进行一场公开辩论，来彻底解决这一场纠纷。奥古斯丁作为大公教会的代表又一次发挥了他演讲和辩论的能力。与会期间，他反驳了多纳图派认为教会只能包含“纯洁的人”，他认为教会中既有“稗莠”，也有“良苗”。[①]他还认为圣事的有效性是“客观的”，它不因实施者自身的品性而有所改动，故而叛教者所实行的圣事也是行之有效的。奥古斯丁在辩论赛中的出色表现，为大公教会赢得了正统的地位，但也险些给自己招来杀身之祸——多纳图派中的极端分子想要对他实施暗杀，却阴差阳错地错过了。

---

① 《马太福音》13 章 25-40 节，这里一直在用“稗”和“苗”的比喻。

（五）上帝之城——避免绝望的启示录

虽然在北非地区因奥古斯丁等诸位主教的工作扭转了大公教会的弱势局面，但是多纳图派的教会实际上一直到了伊斯兰教征服北非之后才消失。不过，与多纳图派这个本土化的问题相比，同时期却有另外一个消息更令奥古斯丁震惊，这便是“罗马城破”——在围攻罗马两次之后，西哥特人的首领阿拉里克（Alaricus）终于在第三次围攻中攻陷该城，并且在城中劫掠三日之后呼啸南下。听闻此消息，奥古斯丁在一次布道中这样说道：“我告诉你们，兄弟们，听到这个消息，我的心都碎了，是的，我的心碎了。”

罗马城在历史上很早就已经存在，在屋大维的手中，这座砖石结构的罗马城开始进行了一场华丽的转身，成为一座充满了大理石雕刻和建筑的城市。他之后的几任罗马的领袖也都热衷于修建新的建筑，给这座城市增光添彩，虽然其间也经历尼禄的大火等灾难，然而可以说，罗马城的辉煌建筑和庞大规模仍然是罗马帝国的一座象征。据说当时罗马人有句谚语：“大竞技场如有倾坦之日，罗马帝国亦必灭亡。”

在基督教诞生之初，虽然一开始因为罗马对基督徒的迫害，而使得一些基督徒也将罗马城视为“恶魔”的象征——《启示录》中的“龙”颇有可能指的是有着七山十门的罗马城。[①]然而随着基督教在罗马帝国境内得到承认，基督徒对于帝国的态度也有

① 《启示录》12章3节，天上又现出异象来：有一条大红龙，七头十角，七头上戴着七个冠冕。

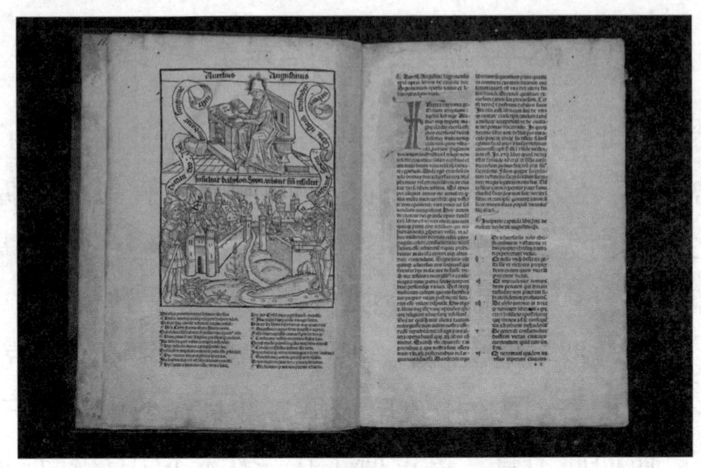

公元 1475 年版本的《上帝之城》

资料来源：https://commons.wikimedia.org/wiki/File:De_Civitate_Dei_(The_City_of_God)_1475.jpg。

所改变。[①]可以说，此时的基督徒也开始认为罗马乃是永恒之城（the Eternal City）——基督教的上帝也将会护佑罗马，直到永远。从提奥多西一世开始，基督教正式成为帝国的唯一国教，罗马城中只准敬拜基督教的上帝。这在当时或许就意味着，在人们心中，罗马城的唯一庇护神便是他了。

可就在十几年之后，罗马城便被西哥特人攻破了，这对于基督徒来说不啻为一个重大的打击。当与奥古斯丁同时期的圣·哲罗姆（St. Jerome）听到这个消息时，也不禁叹道："如果罗马城都能够被毁灭的话，那么还有什么地方能够安全呢？"而在罗马城中，就有人开始提议在罗马七山中的"首山"（Capitolinus）祭祀"首山三神"（Capitoline Triad）——朱庇特（Jupiter）、朱诺

① 譬如，在凯撒利亚的优西比乌（Eusebius of Caesarea）所著的《教会史》（*Historia Ecclesiastica*）中，就得到了君士坦丁的高度赞扬。

(Juno) 和米涅瓦 (Minerva)。然而，这场祭祀却因为恐惧民众的反对而没有实施。可是此时此刻对于基督教的指责仍然没有停止，很多异教徒认为基督教的上帝要为罗马城的陷落负首要责任。正是在这样一种异教言论不利于基督教的环境中，奥古斯丁想要捍卫“上帝之城”，“反对对它的指责和歪曲”。于是经过两三年的准备，应将军马克林 (Marcellinus) 的请求，奥古斯丁写下了这本《论上帝之城》(*De Civitate Dei*)。这部书的写作历时十四年之久，长达二十二卷，可谓一部鸿篇巨制。

(六) 死而后已——意义深远的大问题

在奥古斯丁开始动笔写《上帝之城》时，在与多纳图派争论时，他同时还在面临另外一场意义深远的争论，这便是与佩拉纠 (Pelagius) 和其弟子之间的争论——这场争论将深深地影响西方教会对于个体自由意志的看法。

在西哥特人攻破罗马时，佩拉纠 (Pelagius) 带着学生色勒斯丢 (Celestius) 出逃意大利来到非洲躲避战祸。之后他又只身前往耶路撒冷，而把他的学生留在非洲。可是其学生关于“罪”的学说却在迦太基召开的公会议上被驳斥，奥古斯丁虽然也对其学说提出批评，然而佩拉纠却并没有予以回击，而且此后写信赞扬了奥古斯丁对于“自由意志”的看法。可是直到奥古斯丁读到佩拉纠本人的作品时，他发现自己的作品也在佩拉纠的引用之列，然而佩拉纠所得出的结论却并不符合他的本意。因此，他写下了《论灵魂以及恩典》(*De natura et gratia*) 一文进行批评。

就在同一时刻，佩拉纠的学说在耶路撒冷得到了认可。这令奥古斯丁十分震惊，他立即与东方教会进行沟通，并附上了西方教会领袖罗马主教（即我们平常所说的“教皇”，然而这个翻译并不准确）的决议，希望东方教会不要接受佩拉纠的学说。消息传到罗马，立即引起了支持佩拉纠的主教们的反对，并且他们的带头人“艾克兰努的朱利安”(Julian of Eclanum）同样写信批评奥古斯丁。奥古斯丁也写信回击。这场笔头上的争议一直延续到奥古斯丁过世，他也没有写完对朱利安的批评。

然而这场争论本身并没有停止，甚至一直延续到了查理大帝加洛林（Carolingian）王朝时期。在这场争议之后不久，仍有人试图调停奥古斯丁和佩拉纠学说之间的平衡——上帝的大能与个人的自由意志之间的平衡。[①]不过，这场规模浩大的争论可以说头绪繁多，这其中不仅牵涉了奥古斯丁和佩拉纠之间思想上的差异，恐怕还牵涉了当时东西方神学思想的差异。

三、主要影响

（一）对宗教神学的影响

柏拉图在《理想国》中，讲过这样一个著名的比喻：一群犯人被锁在山洞中，他们背靠矮墙，只能看到由背后火光中映射过来的影子。一日，他们中的一人挣脱捆绑自己的锁链，一步步踱出山洞。在走出洞窟的那一刹那，他的眼睛几乎被强烈的阳光

① ［美］威利斯顿·沃尔克:《基督教会史》(第三版)，孙善玲译，中国社会科学出版社，1969年，第216~218页。

“致盲”。于是他不得不花一些时间来让自己的眼睛适应这光明的环境。在适应了这个明亮的环境之后，他开始观察周围的一切，他看到了水中的太阳，最终他看到了天上的太阳。[①]（故事的结尾还是略有些悲凉，这个人返回到洞穴想救助他的伙伴，结果反而被那些人所杀。这个故事中的人很可能指的就是柏拉图的老师苏格拉底。）

这个故事非常有名，它在后世也得到了诸多解读。譬如，近代人会认为这是一个政治寓言——哲学家试图教化大众，然而大众却因为不能接受真理，反而杀掉了哲学家。不过在古代，这个寓言还包含了更多的内容——洞穴比喻的就是“我们的世界”，囚犯背后的火光是“可见的太阳”；洞外的世界是“真实的世界”，洞外的太阳是“善”（希腊语，arete）——“善”支撑着万物的存在，正如“可见的太阳”滋养万物的生长。

在柏拉图的另外一部作品《斐德罗篇》中，他又讲了另外一个小故事：“灵魂”是来自于“真实的世界”，当它无意中跌入凡尘，进入身体之后，它便会忘记自己在真实世界所见到的绝大部分景象。日后，有些人可以通过对身体的克制和对理智的磨炼（主要是哲学的训练），能够回忆起之前看到的大部分景象，有些人则浑浑噩噩的，只能回忆起来一小部分。不过无论是回忆的多，还是回忆的少，正是因为有着“真实的太阳”的“光照”，才使得我们能够获得“真实的认识”。

在这个故事模型里，我们可以注意到一个词，那便是“回忆”。在如今的人看来，小孩子的头脑中是一片空白，学习是一

① 《理想国》，第514~521页。

个不断输入的过程。然而，柏拉图的看法却并非如此。他让一个小孩子学习几何，然后通过一步步推理，说出之前他没学过的知识。在他看来，这个过程恰好是他逐步“回忆”起之前所“忘记”的内容——若他的头脑中没有这些内容，他就不能说出这些内容；他之所以能够说出这些内容，乃是因为他的头脑中拥有这些内容。那么，他为什么之前没有说出？这是因为他“忘记”了那些内容，而通过对灵魂的锻炼（哲学的训练），他又找回了那些“真实的”内容。

奥古斯丁也接受了这样一个思路，不过需要注意的是基督教和柏拉图的思想之间不是完全一致的，这其中的思想张力是不可避免的。

基督教对于世界的起源和创造有自己的一番看法，即便是对宗教了解不多的人也会对《圣经》中《创世记》的开篇略有所知——上帝用六天的时间创造了世界万物，在第七日他安息了。在这一点上，基督教和柏拉图已经有所分歧了。柏拉图认为灵魂是永恒的，即便人死后，其灵魂仍旧不灭；基督教认为灵魂并非永恒，因为它是被造者，永恒的只有神这个造物主。不过这个思路，却会招致这样一个疑问：既然万物和人的灵魂都并非永恒的，那么它们为什么没有毁灭掉呢？在基督教看来，这是因为上帝作为永恒者，维持着整个世界的运作——他赐给人和万物以“生命”，令他们生生不息。

当然，若这二者截然相反，那么也必然无法调和在一起。在《创世记》的宇宙论模型中，其实跟之前柏拉图的模型还是有些相似的，譬如《创世记》中写道，光并不等于太阳——光的出现定义了“昼夜”，然而太阳和其余天体却是在第四天出现的。这一点的区分与柏拉图的“洞中的火光”和“真实的太阳”是很容易类比起来的。在这点上，奥古斯丁的“光照论”思路还是有承接柏拉图传统的意味。

在奥古斯丁看来，人之所以回忆不起来在“伊甸园”中的场景（类比下“在洞外的哲学家”），乃是因为人的始祖陷落于罪之中，他们的后代“遗忘”了上帝（类比下“在洞中的囚犯”）。当然，人虽然丧失了“与上帝同行”的永恒状态（亚当的永恒性是上帝赐予的），上帝还为人保留了一定程度的生命和认识能力（类比下在尘世中灵魂遗忘掉大部分的内容）。在这个意义上，我们的认识仍然是在“真实之光”的照耀下，因此我们对于事物的认识是真的。然而若想获得更进一步的“真知识”，人就需要皈依上帝了。（在柏拉图和基督教的传统之间，有一处相似是值得思考的，苏格拉底和耶稣都是被他们所爱的人们处死的。）在此，我还需要补充一点。在现代人看来，知识可能更多的是指对某物的具体认识，然而在柏拉图和奥古斯丁的时代，知识还意味着对于伦理道德的认识和实践。如果用现在的中文来说，可能用“体认”一词更容易理解。

在这方面，奥古斯丁也被用来和笛卡尔进行对比。与奥古斯丁一样，笛卡尔也追求“真知识”，他的出发点则是那句极为著名的“我思故我在”（cogito ergo sum）。他的论证逻辑大致如下：为了获取“真知识”，我必须以最严格的态度对所有的知识进行筛选。于是我怀疑现在我认识到的一切都是虚假的，甚至可能是某个“恶魔”的玩笑。不过我唯一无法怀疑的一点便是“我正在进行思考”，因此我可以确定“我是存在的”。[①]这是笛卡尔的“真知识”的出发点（当然，笛卡尔最后也诉诸上帝来确保认识的正确性）。然而笛卡尔的出发点却并非是奥古斯丁的出发点，因为在奥古斯丁的时代，从来没有人怀疑过我自身的存在。即便是奥古斯丁所接触的“怀疑论”，也没有质疑过“自我的存在”。他们更多的是质疑是否如柏拉图所说，有那么一种跨越各个领域的“至善”的存在，进而怀疑伦理道德是否存在，或者说是否如同几何真理那样存在。因此，在奥古斯丁看来，我必然是“存在”的，同时正因为我的存在，所以我才能够思考自身。人之所以能够如此，正是因为人的灵魂具有“上帝的形象”，能够像上帝一样进行独立自主的思考，这是上帝赋予人的权力。

（二）对世俗哲学的影响

此前，我们在谈到奥古斯丁的光照论涉及《创世记》的时候，也谈到了这个内容，那便是有关对时间的认识。我们似乎觉得，探讨时间好像是物理学家的事情，譬如，史蒂芬·霍金写下了一本风靡全球的书《时间简史》，实际上人类对于时间这个问题早已展开了思考。

譬如，在柏拉图的《蒂迈欧篇》(*Timaeus*）中，他讲了一个故事：造物主（柏拉图称呼它为 Demiourgos，即工匠；同时他还称他为“宇宙之父”）在制作此间可感世界的时候，他是一边模仿着“永恒世界”，一边使用质料（四大元素）塑造了这个世界。

① 周伟弛：《记忆与光照——奥古斯丁神哲学研究》，社会科学文献出版社，2001 年，第二章“记忆与光照”。

因此，在柏拉图看来，我们的世界不是真正永恒的，在我们的世界之外还有着一个“真实且永恒”的世界。在这其中，实际上就蕴含了两种不同的“时间”：一个是永久不变的，一个是动态变化的。(不过柏拉图也认为我们的世界之中还存在着一种“变化的永恒”——此间世界生命的生生不息的繁衍——个体的人虽然会不断死亡，但是整个人类群体并没有消失。)

在《创世记》中，当然没有柏拉图讨论的这般细致。不过我们在之前也提示过，在上帝创世的时候，“变化的时间”并没有在一开始就出现，第一日的开始（也就是时间变化的开始）乃是随着上帝对“光暗”和“昼夜”的区分开始的；上帝在“创世的第四日”才创造了日月和各种星体，它们的作用乃是用来“分别昼夜，作为规定时节和年月日的记号”。

然而令人惊奇的是，柏拉图在《蒂迈欧篇》中也讨论了相似的问题！柏拉图认为，“在天体存在之先。没有昼、夜、年、月等。在造物主的计划中，这些都是随着天体的形成而产生。它们都是时间的形式。作为时间的样式的还有：过去，将来”。不仅如此他还认为，“只有‘当下’才准确的描述了永恒，因而属于它”。我们可以看出，在这两种模型之间是有相通之处的，即区分了“永恒”和“变动”，并且“后者”是“前者”的一种刻度和测度。

奥古斯丁同样继承了这样一种思路，但是他与柏拉图的认识不同之处在于：在柏拉图看来，“永恒世界”存在于此间变动的世界之外；奥古斯丁则把永恒放入了此间变动的世界之中，放入了人的灵魂之中——永恒的上帝不仅是至大的，也是至小的，同时他还是无所不在的，这意味着上帝就在人的内心之中（正因如此，上帝的光也才能从内在照亮人的认识能力）。在奥古斯丁看来，“上帝离你比你离自己还近”。

在这样的基础上，奥古斯丁认为时间（譬如，日夜年月）的测度乃是我们的内在功能，我们对于时间的测度都是在“回忆”之中进行的。在此他举了个例子，如果我们听过一段音乐，那么无论之后我们听不听这段音乐，我们仍然能够测度出它的节拍。这是因为这段音乐存在于我们的头脑之中，我们可以随时随地地测度它。在这个基础上，奥古斯丁甚至在某种意义上认为“过去”和“现在”对于我们的认知而言都并不存在——它们都存在于我们心中，前者是“回忆”，后者在某种意义上也是“回忆”的结果，因为我们是在各种“回忆”的知识当中去揣测未来。唯一真实存在的便是“当下”，可是灵魂自身却无法把握它，因为当你试图去把握它的时候，它却从你的指缝间溜走了。我们若想把握它，则只有在永恒的上帝之中，正是他的“光照”照亮了过去和未来，确保了我们的灵魂能够对过去和未来进行正确的测度。

在基督教中有一个基本理念，这便是自由意志（Free Will）。在《创世记》中，上帝按照自身的“形象”和“样式”（Image and Likeness）创造了人。这其中意味着两件事情：一方面，人与上帝具有不同的本性，他是被造之物，他是完全不同于上帝；另一方面，上帝赐予了人类与他自身相似之处——他和上帝之间就如同镜前的人和镜中的像一样，这也是教父们所钟爱的一个比喻。这种比喻意味着什么？人在一定程度上如同上帝一样，上帝是绝对自主的，人因此也是“绝对自主的”。尽管双方的“自主”的层次并不同，然而在奥古斯丁的年代，普遍认为“低级存在”能够以较为“谦卑”的方式拥有与“高级存在”相同的属性。

不过，在基督教思想中还有另外一个非常重要的思想，那便是上帝的大能。基督教将上帝视为世界的创造者，同时也是世界历史参与者，他在暗中引导着整个世界的流向。不仅如此，他还能够深入到每个人内心中，譬如在《出埃及记》中，上帝便令法老心焦。如果对于基督教思想有过些许了解，那么就可以明白在这两个思想之间是有某种张力的：一方面是上帝会在人内心中的活动，另一方面人又具有自由意志。这二者孰先孰后？

我们之前提到过奥古斯丁曾经笃信摩尼教，然而在摩尼教的思想中，人是具有两个灵魂的，这多少与基督教的“自由意志”学说相悖。因为前者之中的人，必然是自相矛盾的，奥古斯丁对其学说的归谬过程我们已经谈过了；在后者的思想中，一个人只有一个灵魂，因此他才对自身拥有自主权。

（三）对社会历史的影响

不过有一点必须说明，如我们之前所说，佩拉纠的学说一开始在东方的教会中是被承认的。这难道是因为东方教会和奥古斯丁所在的西方教会之间有着截然不同的差异么？实际上，佩拉纠主义可能也不同于东方的基督教思想，只是它表现得更为近似一些，更为模糊一些。东方教会也普遍认为，罪是由亚当而来的，而且可以说是“遗传而来的”，然而东方教会和奥古斯丁神学的差异在于，东方教会更加强调灵魂虽然身染“疾病”，但仍然有余力进行自主抉择。[①]因此，东方教会对于奥古斯丁的学说也并非全盘接受，在他们和佩拉纠主义来看，奥古斯丁的学说颇有可能消除人的“主观能动性”——在哪摔倒，就在哪里躺下吧！只要静候上帝把我拉起来就行了。当然，这也绝非是奥古斯丁的最初意愿。

我们在奥古斯丁的生平结尾处提到，这场争论的余波一直延续到了加洛林王朝。可实际上，就在奥古斯丁去世不久，一些修道士们就有了“半-佩拉纠主义”的倾向——正是前文提到的那些试图调和这场争论思想的人，他们所接受的传统实际上来自于另外一位东方的圣人“伊莫拉的圣·卡西安”(St. Cassian of Imola)。因此，他们并不是佩拉纠的后学，实则是在奥古斯丁和东方传统之间寻求一个平衡，同时也是在上帝和个人自由意志之间寻求一个平衡。

我们在前一部分对奥古斯丁的个体“自由意志”的讨论中已经有了一些探讨——相比于“绝对的自由意志”，当下“个人的恶”乃是源于“自由意志”的不完善。不过，与之相比，更深层的则是对“一群人”的善恶讨论，这便是有关国家和社会的学说。我们之前提过，奥古斯丁为了回答异教的质疑，为了安抚基督教广大信徒的情绪，而开始写《上帝之城》，这部书也可以说是奥古斯丁最为重要的著作。奥古斯丁自己对这本书作出了这样的划分：前四卷用来驳斥异教的诸神崇拜能够使人得到今生的幸福，第五至十卷反驳异教的崇拜能够使来世的人得到幸福，接下

---

① 在奥古斯丁和佩拉纠以及东方神学的关系讨论上，可以参见。Vladimir Lossky, *The Mystical Theology of the Eastern Church*, James Clarke& Co., 1957, p. 198.

来的四卷讲述上帝之城的起源，然后四卷讲述它的发展，最后四卷则用来讲上帝之城的结局。

不过在谈到这部书时，我们就不得不先对这部书的题目做一番解释。虽然题目上写的是“城”(英文版通常译作 the City of God)，然而 City 一词却并非指一座实在的城市，也并非是一个明确的政权组织，甚至说“上帝之城”指的也不是在世俗中存在的现实教会，故而这些人中不仅有基督徒，也有非基督徒——奥古斯丁用这个词，本来指的也就是“一群人”。

罗马就是这样的一座“俗世之城”，虽然从君士坦丁大帝开始，它逐步走向了“基督教”，并最终以它为自己的国教，然而它并不是终极意义上的“上帝之城”——这座城并不在地上，只有到“末世审判”之后才会得以实现，而在创世至末世之间的历史当中，这两座“城”(或者说这两群人)，仍旧是生活在一起的——虽然基督徒住在“俗世之城”中，但他只是旅居于此的“客人”。在奥古斯丁看来，即便异教的神灵也并没有使得罗马走向“真正的善”，罗马人在它们的带领之下，表现出来的品质是好战、虚荣和放纵。反而是在基督教上帝的护佑下，罗马人的道德品质走向了正道。上帝借助罗马把基督教传播到世界上，罗马已经完成了它的历史使命。即便罗马城被攻破了，但并不意味着“上帝之城”被击败了，也不意味着上帝被击败了，因为被攻破的仍是“世俗之城”。

四、启示

（一）对理智生活的启示

基督教诞生的初期至中世纪早期，乃是基督教的神学传统逐步形成和定型的时期。对于这一时期，我们可以称之为“教父时期”。那么，教父时期的意义是什么呢？他们是基督教神学结构的奠基者和阐释者，同时他们开始尝试处理希腊哲学和基督教神学之间的张力。在这一时期，基督教神学对于希腊哲学的态度是反复的——这其中既有德尔图良那样的强烈批判的态度，也有奥利金那样试图调和二者的态度。然而，德尔图良的拒绝和奥利金的谬误都没有最终成为胜利者。

最终使得希腊哲学与基督教神学协调在一起的人是谁呢？可以说，在拉丁教会这方面，奥古斯丁完成了这项承上启下的工作（在东方教会，则是“伪·丢尼修”）。在奥古斯丁这里，“异教新柏拉图主义哲学”成了“基督教新柏拉图主义”（Christian Neo-platonism），并且这种思路成为此后中世纪思考的主线。故而我们可以说，奥古斯丁乃是教父之中的“集大成者”。在他之后，我们可以说，拉丁教会的教父时期便结束了，人们在思想上已然步入了中世纪——中世纪虽然在教义上也有所发展，然而更多是细节上的争论和打磨。某种程度上，我们可以说中世纪是对教父们思想的注解，或者说人们试图用更为哲学的方式来阐述教父们的神学思想。

（二）对道德生活的启示

奥古斯丁认为，人一开始都是平等的，而没有管理者与被管理者。然而当人被逐出伊甸园之后，人类陷入了“罪”之中，人类开始变得“自私”，开始有了嫉妒的情绪。该隐因为这种情绪杀死了自己的兄弟亚伯，之后上帝将他流放，而他成为地上第一座城市的建造者。在奥古斯丁看来，“物以类聚，人以群分”，故而“该隐的城”乃是人类各种“罪的倾向”的自由意志的集合，这便是人类最初的社会，也是日后国家的来源——在《旧约》之中，上帝本来没有为人设置国王，然而人却自己要求设立“国王”来管理自己。①

这个看法与柏拉图的看法是截然相反的。在柏拉图的《理想国》中，各种人类因其不同的自然天赋，而各自执行自己的职能——农民耕种、商人经商、武士保卫国家、哲学家则统治整个王国。因此，只要国家能够按照理想的模式正当地运行起来，国家自身便是正义的，它能够引人向善，它就是为这个目的而设置的。可是在奥古斯丁看来，这样的国家不过是“自以为是”的集合。这点看法倒颇似中国古人的“窃钩者诛，窃国者侯”。因此，一切世间的国度都毫无正义可言。

那么奥古斯丁是否想说，人生活在这样的社会和国家之中，就必然会作恶么？可能在奥古斯丁看来，恐怕即便个人本意上不

① 在《使徒行传》13 章 21 节中，保罗说了这样的话，“此后（神）给他们设立士师，约有四百五十年，直到先知撒母耳的时候。后来他们求一个王，神就将便雅悯支派中基士的儿子扫罗，给他们作王四十年”。

想作恶，也无法保持自身的完全正义。譬如，法官执法，无论法官多么自以为正义，他仍然免不了错误的判断。奥古斯丁似乎是在耶稣受审且无罪而死之中，看到了人间的集体判断是多么不可信任。

伦敦北郊一圣奥古斯丁教堂内景

资料来源：https://commons.wikimedia.org/wiki/File:St_Augustine%27s_Church,_Kilburn_Interior_4,_London,_UK_-_Diliff.jpg。

可是正如我们之前所说，奥古斯丁并没有把地上的教会组织等同于上帝之城，甚至可以说，上帝之城与其相对立的俗世之城之间的划分，既不是空间上的，也不是时间上的；既不是按照某种政治原则，也不是按照某种自然原则。他们之间的区分乃是俗世之城的人是“按照肉性的方式”生活，而上帝之城的人“按照灵性的方式”生活——在这个意义上，甚至可以说一个人身上可以同时具有两个“城”的品性，若他在按照“灵性的方式”生活，即便他不在有形的教会组织之中，他却早已经跻身在“上帝之城”中了。

那么，“上帝之城”与“俗世之城”之间是“善与恶”的区分么？并不尽然。俗世之城中也存在“善”，俗世之人虽然因先祖的原罪，失去了与上帝同行于乐园的至福生活，失去了对至善（上帝）的追求，但他们并没有失去追求“幸福”——尽管世间的幸福，相对于永恒和不变而言，乃是短暂而变幻的（奥古斯丁此刻一定回想起了自己少年时的荒唐事）。在这种追求幸福原则的指导下，俗世之城的人们也会追求秩序、和平及俗世之善，因为只有这些内容才能为人带来幸福。在这个意义上，“俗世之城”也和“上帝之城”的短期目的是一致的。

（三）对世俗生活的启示

那么，奥古斯丁为中世纪都留下了哪些具体思想呢？首先，便是对自由意志和上帝大能之间张力的探讨，甚至说这一探讨在中世纪之后都未停止，加尔文宗在奥古斯丁的基础上大力发展了“预定论”的思想。其次，便是“双城论”的政治学说。教权—皇权的二权分立的学说可以说始终是中世纪的政治主旋律，甚至是近代“政教分离”思想的源泉。另外，奥古斯丁关于“时间”主体性的认识，甚至可以说，一直影响到康德的思想。更不用说，他的《忏悔录》在文学史上的开创意义。

我们都有过这样的体验，那便是当我们想去做一件事情的时候，自己却迟迟不肯付诸行动。这种状况我们如今都戏谑为“拖延症”，实际上奥古斯丁也曾经患过这样的毛病。他当初在朋友家逗留的时候，虽然在理智上已经承认了新柏拉图主义和基督教的思想，然而他却难以割舍当时的另外一个情妇。在这段时间中，他充分地领会到了其中的内在冲突。可是没有摩尼教的二元论，那么他是怎么看待这个问题的呢？他认为这不是因为人有两个灵魂，而是因为一个灵魂生了病，灵魂并没有全心全意地在最高程度上拥有自身——这样的状况才导致了人不能立刻去执行那些他所愿意的事情。奥古斯丁曾经为自己的“拖延症”这样写道：“真理已然征服了我，我却没有回应，只是迟钝的、懒懒地说：马上就来！真的，马上就来！”

在奥古斯丁看来，这种病态的状况便是“罪”的状态，而且这种状态是“遗传性”的（颇有些老猫房上睡，一辈传一辈的意思）。人类的始祖在伊甸园中犯了错，于是这种状态便植根在他的基因中，就如同传染病一样让每一个人类后代都患上了这种“疾病”，而这个疾病的最大病症就是“死亡”。上帝用自己的死亡和复活（即耶稣·基督被钉死在十字架上，三日之后复活）战胜了死亡本身，因此在奥古斯丁看来，只有对上帝的信仰才是治疗灵魂疾病的药。在奥古斯丁的皈依过程之中，他自己还有着这样一种感受，那便是那种“灵魂的病态”深深地让他感到自己的无力。他肯定会回忆起，在花园中的天使之声，回忆起自己灵魂中的那个“距离自己更近的上帝”，因此他深深地相信在自己的皈依过程之中，若是没有上帝的帮助，他断然不可能走上基督教信仰之路。

这恰恰也就是奥古斯丁和佩拉纠主义的不同，也是双方争执所在。在佩拉纠主义看来，“罪”并不是一种遗传性疾病，而是一种习惯或者熏习。亚当确实在伊甸园中犯了错，但是亚当却并没有把这种错误遗传给我们，而是因为我们只能看到这样的一个

菲律宾黎刹省一教堂内的圣奥古斯丁像

资料来源：https://commons.wikimedia.org/wiki/File:St_Augustine.jpg。

“坏榜样”。耶稣的到来，为我们人类树立了一个完美的新榜样，我们只需要按照他的方式生活就可以了。

双方的争议之处，可以说就是人到底在多大程度上是自主的。佩拉纠主义一派的人认为奥古斯丁把人类的自由意志说的可有可无；奥古斯丁则认为若没有上帝在这一过程之中的扶持，人断然不可能有彻底的自由意志，就必然要陷入某种病态之中。

总而言之，奥古斯丁的思想不仅仅限于所谓的基督教思想领域，他的思想也同样具有极大的普世价值。对于“非基督教世界”也有颇多可以借鉴的意义，因为他不仅仅关怀的是基督教教会中的人，他同样也关注教会之外的人。作为一名基督教的主教，他不仅影响了基督教的世界，同样也改变了整个世界历史的进程。

五、术语解读与语篇精粹

（一）三位一体（The Trinity）

1. 术语解读

三位一体是一个基督教神学术语，表述为上帝有三个位格（person）：圣父（Holy Father）、圣子（Holy Son）、圣灵（Holy Spirit）。这三个位格并不代表有三个上帝，而是共同构成唯一的上帝。

基督教坚信只有一位上帝，《圣经》记载："除了我以外，你不可有别的神。"和多神教与泛神教不同，基督教否认世间有不止一个神，并且认为除上帝以外的神都是邪灵和偶像。

圣父、圣子、圣灵这三个位格代表上帝所显现的三个不同样式（mode），但三个位格拥有相同的本质（self），如爱、恩典、圣洁，以及公义等。共同构成了独一上帝的三个位格，不分先后和高低，有同样的能力和尊荣。除了三个位格之外，上帝不会以任何形式，比如天使和圣母，向世人显现。

圣父向世人显现，是作为造物主的形象，于六天创造了世间万物和人，又掌管万有，曾向亚当和夏娃、先知和以色列人等显现。除了少数被拣选的人，一般人见不到父。

圣子，即耶稣基督，本在天上与圣父、圣灵同在，为了拯救世人，"道成了肉身，住在我们中间"。圣子在世上生活了几十年，从未犯罪，却因人的罪被钉在十字架上，完成了对人类的救赎，亡后三天复活，并于四十天后升天。

圣灵，受父和子的差遣（此处不代表地位低于父与子），进入每一个基督徒心里，代表神与人同在，帮助每一个人，又称为保惠师（helper），意思是帮助者。

圣父、圣子、圣灵，向人的显现有时间的先后和方式的不同，不过他们是统一的，有相同的本质，所以圣经上说“照我们的形象造男造女”。而三位一体也是基督教的基础教义之一，不承认的被视为异端。

2. 语篇精粹

语篇精粹 A

For we say that in this Trinity two or three persons are not greater than one alone. Our carnal perception cannot grasp this, because it only perceives, as it can, the true (or real) things that are created, but is unable to discern the truth itself by which they have been created. If it could do so, then that very corporeal light itself would be in no way more clear than this that we have just said. For, in relation to the substance of truth, since truth alone truly is, nothing is greater unless it is more true (or real). But with regard to whatever is intelligible and unchangeable, not one thing is more true than another, because all are equally and unchangeably eternal. What is called great, is great from no other source than from that by which it truly is. ①

---

① Saint Augustine, *On the Trinity Books* 8-15, Trans., Stephen McKenna, Cambridge University Press, 2002, p. 40.

译文参考 A

在“三位一体”的概念中，两个或三个位格的总和并不大于单个位格。人的思想受制于其肉体，因而无法理解这一点。造成这种现象的原因是，人只能感知事物或概念的具体形态和内容，却不能领悟创造事物背后的真理本身。倘若人有此种能力，那么我们肉眼所见之光断然不会比我们所能理解的更为明晰。真理独立存在，因此对于真理的实体而言，没有任何事物比其更为伟大，除非存在比其更真（或真实）的事物。但是对于一切可知且不可变的事物而言，不存在一物比另一物更真的情况，因为所有事物都同等且不可变地永恒存在着。因此，对于伟大的事物而言，其伟大之处仅仅在于其背后的真理本身。

语篇精粹 B

Where, then, greatness itself is truth, whatever has more of greatness must necessarily have more of the truth. Therefore, whatever does not have more of the truth does not also have more of greatness. Again whatever has more of the truth is certainly more true (or real), just as that which is greater has more of greatness; therefore, in regard to the substance of truth, that which is more true (or real) is greater. But the Father and the Son together are not more true (or real) than the Father singly or the Son singly. Therefore, both together are not something greater than each one by Himself alone. And because the Holy Spirit also truly is, so the Father and the Son together are not something greater than He, because they are not more true (or real) that He. The Father also and the Holy Spirit together do not surpass the Son in greatness, because they so not surpass Him in truth; they are not more true (or more real). And similarly the Son and the Holy Spirit together are something just as great as the Father alone, because they are just as truly as He is. Similarly, the Trinity itself is just as great as each one of the persons therein. For there, that is not greater which is not more true, where truth itself is greatness. Because in the essence of the truth, to be true is one and that same as to be, and to be is one and the same as to be great; therefore, to be great is one and the same to be true. Consequently, what is there equally true, must there be also equally great.①

译文参考 B

伟大即为真理，在此种情况下，一种事物越是伟大，那么其真理的属性就越强。反而言之，一种事物的真理属性越弱，那么其越是渺小。前面已经指出，一种事物的真理属性越强，那么其越为真或真实，正如伟大的事物其伟大的属性越强一样。因此，对于真理的实体而言，其越为真或真实，就愈加伟大。但是圣父与圣子结合并不比圣父或圣子其中任何一位更为真或真实，所以二者之和也并不比二者任意一位更伟大。而既然圣灵亦为平等且真实的存在，那么圣父与圣子一起并不比圣灵更伟大，因为前二者并不比圣灵更真或真实。同理，圣父与圣灵结合并不比圣子更伟大，因为两者的真理属性并未超过圣子，也就是说两者并不比圣子拥有更强的真理属性（或者说更为真实）。这样一来，圣子

① Saint Augustine, *On the Trinity Books* 8-15, Trans., Stephen McKenna, Cambridge University Press, 2002, p. 40.

与圣灵结合，其伟大之处与圣父并无二样，因为两者与圣父同样真实。由此可见，三位一体并不比其中任何一位更伟大，因为真理本身即为伟大，而一种事物越不真实，其越不伟大。而对于真理的实质或实体而言，其为真理的原因在于其真实存在，而真实存在等同于伟大本身，反而言之，伟大本身亦可等同于真实存在。因此结论便是，对于地位平等的真实存在，其必定同样伟大。

语篇精粹 C

And if we try to think of the Trinity, insofar as He allows and grants, let no one think of any kind of contact or embrace in space or in place, as though there were three bodies, nor of any knitting together of a joint, as the fables relate of the three-bodied Geryon, but let us reject whatsoever may occur to the mind that is of such a sort as to be greater in three than in each one singly, and less in one than in two, for in this way everything corporeal is rejected. But even in spiritual things let nothing changeable that may have occurred to the mind be thought of God. For when we aspire to that height from this depth, it is a step toward not small bit of knowledge if, before we can know what God is, we can already know what He is not. For assuredly He is neither earth nor heaven, nor like earth and heaven, nor any such thing as we see in the heaven, nor any such thing as we do not see, and is perhaps in the heaven. Even if by the power of your imagination you magnify the light of the sun in your mind as much as you are able, either that it may be greater or that it may be brighter, a thousand times as much or innumerable times, yet even this is not God.①

译文参考 C

当我们在上帝许可的范围内思考三位一体时，我们不要想成三副躯体任何形式上的接触或是结合，也不要想到传说中的三身怪物杰利昂（Geryon）那样的躯体上的拼接。我们要彻底摒弃这种三大于一、一小于二的观念，因为任何形体概念都不应当用作思考上帝的媒介。甚至于任何属灵的事物，与之相关的任何可变之物都不能视为上帝。当人从其自身的局限出发，努力思考想要接近上帝，想要理解他是一种什么样的存在时，我们若是能事先知晓那些不等同于他的事物，就迈出了认识上帝过程中的一大步。可以确信的是，上帝既不是天，也不是地；既不似天，也不似地；既不为我们在天堂中所见之事物，也不为天堂中所不见之事物。即便人在想象中尽其所能地增强太阳的光辉，将其放大或变亮一千倍乃至于无穷，上帝也并不在其中。

（二）光照（Illumination）

1. 术语解读

光照表示在人们的认知活动（Cognitive Activity）中，一种来自外界的神圣的帮助（Divine Assistance）。中世纪的神学家奥古斯丁认为它有非常重要的意义，因此也被更多后来的神学家所关注和讨论。

---

① Saint Augustine, *On the Trinity Books* 8-15, Trans., Stephen McKenna, Cambridge University Press, 2002, p. 41.

光照在古希腊哲学中就有所提及，被认为是人们在得到认知时，一种外在于人本身的、超自然（supernatural）的帮助。而奥古斯丁认为，这种超自然的帮助就是上帝的启示，是人们认识真理的方式。

光照分为两种：一是上帝的直接启示，即上帝直接告诉人们真理是什么；二是上帝通过圣经等间接地来告诉别人真理。而光照的重要之处在于，它是人们得到真正的知识的唯一途径。人们可以得到很多信息，但人们从这些信息中得到知识的方式就是上帝的光照。

奥古斯丁认为，人们所获得的信息，无论是自己所感受到的，还是别人所告诉的，都是可变的，而无从判断其是否为真。而上帝的光照使人们从这些信息中知道什么是真理。这并不代表信息和信息的传递是没有意义的，这些是真理的来源和基础，因为上帝不总是直接向人们说话来传达启示。

后来的神学家和哲学家对光照有着与奥古斯丁不同的认识，如托马斯·阿奎那认为光照是一开始的全然的灌输（infusion）。

2. 语篇精粹

语篇精粹 A

Be attentive now, while, so far as is at present necessary, I disclose to you by similitude of sensible objects, some truth concerning even God Himself. God, undoubtedly, is intelligible even as are these obvious intelligibilities of science; with, however, a wide difference. For the earth is visible and light is visible, but the earth cannot be seen unless made visible by light. So is it with those things treated of by the sciences, which he who apprehends concedes to be most true, and yet it is not credible that they can be apprehended, unless made manifest by some illumination, by some other sun, as it were their own. Thus, as of the sensible sun, we man predicate three things: namely, that it is, that it shines, that it makes objects visible; even so may we predicate three things of that most mysterious God whom you long to know: viz., that He is, that He is apprehended, that He causes other things to be apprehended. These two things, i. e. yourself and God, I dare to teach you. Now tell me how you receive these things: as probabilities or as truths?[①]

译文参考 A

现在你要尽可能集中注意力，因为我要通过与可感知事物的类比，来向你揭示关于上帝自身的一些事实。毫无疑问，上帝是可以被理解的，这与自然科学中可理解的事物相似，但是两者之间仍存在巨大的差别。譬如，大地和光都是可见的，但除非光照亮大地，否则人们无法看见它。科学所研究的事物同样如此。明白某种事物的人都会承认其真实性，但必须通过某种形式的“光照”(启发)，也就是通过另外一种形式的，适用于这种事物的“太阳”，否则很难相信每个人都能理解这种事物。因此，对于这个可感知的“太阳”，作为人的我们可以预言它的三项属性：它是存在的，是发出光亮的，而且还能让其他物体可见。在此基础

① Saint Augustine, *The Soliloquies of St. Augustine*, Trans., Rose Elizabeth Cleveland, Little, Brown and Company, 1910, p. 36.

上，对于我们长久以来渴望认识的神秘的上帝，我们可以预知：他存在，他可被理解，他让其他事物可被理解。关于你自己和上帝这两种事物，我可以冒昧教授给你。那么现在请告诉我，你是把这些事物看作是不确定的？还是真实的？

语篇精粹 B

Even that I do not very greatly fear on any other account than because it hinders me in my researches. Not long since, although I was tormented with a very severe toothache, so that I was unable todo any continuous thinking except on subjects with which I was already familiar, and was altogether prevented from undertaking any researches in which concentration of mind was necessary, yet, even then, it seemed to me that should that Illumination disclose itself to my mind, I should either lose all consciousness of the pain, or would certainly support it as if it were nothing. Up to this time I have had no more serious pain to bear, but since frequently realizing how much more intolerable pain might fall to my lot, I am constrained to agree with Cornelius Celsus, when he says that the greatest good is wisdom, and the greatest evil physical pain. Nor does the argument for this saying seem to be absurd. For, he says, since we are compounded of two parts, namely, of mind and body, the superior part is the mind and the inferior the body: and the greatest good is the best of the better part, and the greatest evil the worst of the worst part, and wisdom is the best thing in the soul and pain the worst in the body. Therefore he concludes, as I think not at all falsely, that the greatest good is to be wise, the greatest evil to suffer pain. [①]

译文参考 B

我恐惧它的最大原因是，它是我探索道路上的阻碍。不久之前，我被剧烈的牙痛折磨，除了已经熟知的题材，无法持续思考某个主题，并且也无法进行需要集中精神思考的研究，然而在我看来，如果当时真理之光向我显现，那么疼痛便会消失，或者会极力忍受，不以为然。虽然目前为止我还未受到更大的痛苦，但是当我时常想到将来可能要忍受更多难耐的苦痛，我不得不同意科尼利厄斯·科尔索斯（Cornelius Celsus）的观点：智慧是尽善尽美的，而肉体的痛苦则是大丑大恶。他的观点不无道理。他认为，我们是由身体和心灵两部分组成。心灵处于上等的地位，而肉体则处于下等的地位。上等之中最优之处则为至善，下等之中最劣之处则为极恶。智慧是灵魂的最优之处，痛苦则是肉体的最劣之处，因此他得出了一个在我看来完全正确的结论：拥有智慧是尽善尽美，而遭受痛苦则是大丑大恶。

语篇精粹 C

It is altogether fitting that such should the lovers of Wisdom be. She, union with whom is pure and without contamination, seeks such. But she is not won in one way alone. It is according to his soundness and strength that each one comes to know this unique and most veritable good. There is an intellectual illumination of an ineffable and mysterious sort. Ordinary light may, so far as it can, teach us some-

① Saint Augustine, *The Soliloquies of St. Augustine*, Trans., Rose Elizabeth Cleveland, Little, Brown and Company, 1910, p. 43.

thing concerning that higher Light. There are eyes so vigorous and sound as, though scarcely open, to turn full upon the sun without shrinking. To such, light is, in a way, health itself, nor do they need a physician, save only perhaps for advice. To such it is enough to believe, to hope, to love, But there are others whose eyes are hurt by that very effulgence which they so vehemently long to look upon, and often turning from it go with delight back to their shadows. Such as these may be truly said to be sound, but no attempt to show them that which they are not able to look upon is without danger. They need first to be exercised by a salutary encouragement of desire, and an equally wise postponement of its satisfaction. ①

译文参考 C

热爱智慧的人理应如此。在他们寻求智慧时，与之形成的纽带是纯洁而不受玷污的。然而赢得智慧并不是只有一种方式。每个智慧的追求者，要凭借其本身的健康和力量，来把握这独一无二、确切不移的善事。智慧的光辉以一种不可名状、神秘莫测的方式存在着。普通的光亮可以尽其所能，向我们揭示这智慧之光的奥秘。有些人的眼睛十分健康，并且活力十足，能毫不退缩地直视太阳。对这部分人而言，光在某种意义上代表着健康，因此他们将不需要医生，除非是出于咨询的目的。对他们来说，拥有信仰、希望和爱，就已经足够。然而还有另一部分人，他们怀抱热爱之心来凝望那光辉时，眼睛却受到侵害，因此只能高兴地移

---

① Saint Augustine, *The Soliloquies of St. Augustine*, Trans., Rose Elizabeth Cleveland. Little, Brown and Company, 1910, p. 44.

开视线，重回阴影中。这样的状况也许可以说是健康的，但是强行让他们去注视那无能力注视到的事物则是危险的。应当一开始鼓舞起他们的希望，同时要明智地推迟凝视太阳光辉带来的满足感。

（三）记忆（Memory）

1. 术语解读

对于奥古斯丁来说，人的记忆在获取知识时拥有特殊的地位和意义，是人们获得知识的资料库。记忆是当下之外的经验，是在过去的世间人们的感觉经验中所形成的概念。凡是感觉所感受的，经过思想的增、减、润饰后，未被遗忘的，收藏其中，作为储备。[①] 而很多事物的概念、意义，就在我们的记忆中，人们需要到记忆中去寻求。

奥古斯丁提出，记忆与理智还有意志是构成灵魂的三种功能，而这三者是统一的，共同构成灵魂。而人们通过灵魂来感受与上帝的同在，所以人们可以通过记忆来认识上帝。他提出，一种“对当下的回忆，即对上帝的回忆”，这说明记忆不仅来源于人们出生以后对外界的感觉，记忆中也包含着对上帝的认识。

奥古斯丁关于记忆的理论与柏拉图的认识论有一定的联系，柏拉图也认为记忆对于人的认识至关重要，他认为“学习即是回忆”。他认为“理念”存在于人们的记忆中，“理念”是真正知识的来源，而人们的经验只是理念的影像，人们必须通过回忆来获

① ［罗马帝国］奥古斯丁：《忏悔录》，商务印书馆，1963 年，第 192 页。

得知识。虽然这一学说与奥古斯丁的观点有一定的联系，但两者并不完全相同。奥古斯丁认为“学习即思考”，记忆是零散的知识，人们必须通过思考才能得到完整的知识。

2. 语篇精粹

语篇精粹 A

I come to the fields and vast palaces of memory, where are the treasuries of innumerable images of all kinds of objects brought in by sense-perception. Hidden there is whatever we think about, a process which may increase or diminish or in some way alter the deliverance of the senses and whatever else has been deposited and placed on reserve and has not been swallowed up and buried in oblivion. When I am in this storehouse, I ask that it produce what I want to recall, and immediately certain things come out; some things require a longer search, and have to be drawn out as it were from more recondite receptacles. Some memories pour out to crowd the mind and, when one is searching and asking for something quite different, leap forward into the centre as if saying "surely we are what you want?" With the hand of my heart I chase them away from the face of my memory until what I want is freed of mist and emerges from its hiding places. Other memories come before me on demand with ease and without any confusion in their order. Memories of earlier events give way to those which followed, and as they pass are stored away available for retrieval when I want them. All that is what happens when I recount a narrative from memory. ①

译文参考 A

我到达了记忆的旷野和圣殿，在此之中，一切事物所成之影像，皆由感官而入，化成宝藏。我们感知的所有事物，以及所有储藏起来的、未被遗忘的其他经验，通过我们的思考，或增，或减，或改，变成心之所想。我处在这一宝库中，指挥着各种影像，供我回忆。这些影像时而鱼贯而出、时而影影绰绰，需要花费更多时间调出，仿佛其被置于神秘莫测的深渊。有些时候，回忆扰乱我的思绪，非我所想，却大摇大摆跳出来，占据思维的广场中央，厉声问道："你想要的，难道不是我们吗？"我挥一挥心灵之手，将其从记忆中驱离，直到所需的打破迷雾、浮出水面。其他时候，回忆则井然有序，听候我的命令，爽快出现，不带任何混乱和困惑。早期经历的记忆通常会让步于晚期的经历，经历过后，他们便被储藏起来，供我差遣。上述种种便是我讲述回忆时发生的事情。

语篇精粹 B

Memory preserves in distinct particulars and general categories all the perceptions which have penetrated, each by its own route of entry. Thus light and all colors and bodily shapes enter by the eyes; by the ears all kinds of sounds; all odors by the entrance of the nostrils; all tastes by the door of the mouth. The power of sensation in the entire

① Saint Augustine, *Confessions*, Trans., Henry Chadwick, Oxford University Press, 2008, p. 185.

body distinguishes what is hard or soft, hot or cold, smooth or rough, heavy or light, whether external or internal to the body. Memory's huge cavern, with its mysterious, secret, and indescribable nooks and crannies, receives all these perceptions, to be recalled when needed and reconsidered. Every one of them enters into memory, each by its own gate, and is put on deposit there. The objects themselves do not enter, but the images of the perceived objects are available to the thought recalling them. But who can say how images are created, even though it may be clear by which senses they are grasped and stored within. For even when I am in darkness and silence, in my memory I can produce colors at will, and distinguish between white and black and between whatever other colors I wish. Sounds do not invade and disturb my consideration of what my eyes absorb, even though they are present and as it were hide in an independent storehouse. ①

译文参考 B

我们的感官通过互相独立的路径进入记忆中，成为独立的个体，并且被分门别类储藏起来。目输入光、色及形体轮廓，耳录取所有的声音，鼻呼入气味，口品尝所有味道。身体则感受软硬、冷热、光滑粗糙、轻重，以及判断属于身内还是身外。记忆这一深邃的洞穴，将以上种种储存在高深莫测、不可名状的沟壑中，以备所需。事物本身并不进入记忆中，我们储存的仅是其影像。而纵使我们知道是通过何种感官摄入，但这些影像是如何被创造

① Saint Augustine, *Confessions*, Trans., Henry Chadwick, Oxford University Press, 2008, p. 186.

出来的，何人能说清？即便我处于黑暗和寂静中，也能随意想出来某种颜色，并能分辨黑白及其他我想出来的颜色。在这时候，声音无法干扰我对眼睛所输入影像的思索。两者同时存在，并储存于独立的空间中。

语篇精粹 C

The affections of my mind are also contained in the same memory. They are not there in the same way in which the mind itself holds them when it experiences them, but in another very different way such as that in which the memory's power holds memory itself. So I can be far from glad in remembering myself to have been glad, and far from sad when I recall my past sadness. Without fear I remember how at a particular time I was afraid, and without any cupidity now I am mindful of cupidity long ago. Sometimes also, on the contrary, I remember with a joy a sadness that has passed and with sadness a lost joy. So far as the body is concerned, that is no cause for surprise. The mind is one thing, the body another. Therefore it is not surprising if I happily remember a physical pain that has passed away. But in the present case, the mind is the very memory itself. For when we give an order which has to be memorized, we say 'see that you hold that in our mind', and when we forget we say "It was not in my mind" and "It slipped my mind". We call memory itself the mind.[①]

① Saint Augustine, *Confessions*, Trans., Henry Chadwick, Oxford University Press, 2008, p. 191.

译文参考 C

记忆中同样蕴含着我的情感，但情感不是通过心灵的感受存在的，而是通过记忆的力量保持着自身。因此，当我回忆过去的快乐时，当下也许并不快乐，忆起过往的悲伤时，当下未必会悲伤。我可以毫无畏惧的回忆以往的恐惧，也可以云淡风轻地想起以前的贪婪。与此相反的是，有的时候，因为忆起过去的悲伤，我会感激当下的快乐，有时则对失去的欢乐感到惋惜。只要涉及人的身体，这一切都不足为奇。肉体与心灵是两回事。因此，当我因肉体不再疼痛而感到愉快时，这是理所当然的。对这个例子来说，心灵即为回忆本身。当我们命某人记住某事时，我们说："一定要铭记于心"，而当我们忘却时，我们则会说："不在我的心上"，或者说："从心里溜走了。"我们会将记忆本身称作我们的"心"。

（四）灵魂（Soul）

1. 术语解读

在整个人类的文化中，灵魂是最重要的话题之一，无数思想家为此争论不休，也没有一个大家公认的定义。人们对于灵魂的来源、灵魂的本质、灵魂与肉体的关系，以及灵魂是否会消失等问题提出过很多理论。对于神学家来说，灵魂的问题也是不可回避的，基督教神学的灵魂观在奥古斯丁手中形成了一个完整的理论体系，并对后世产生了极大影响。奥古斯丁认为灵魂有记忆、意志和理性三种功能，由上帝创造，是不可朽坏的精神实体。

对于奥古斯丁来说，灵魂对上帝和人的关系所具有的作用是至关重要的，他曾说：“我渴望认识上帝与灵魂，除此之外，别无他物”。奥古斯丁认为灵魂是由上帝从虚无中创造，并通过人类的繁衍而不断产生。灵魂由魂与灵构成，但二者并非是不同的实体，而是统一的灵魂实体，共同发挥记忆、意志和理性三种功能。

奥古斯丁认为灵魂与肉体都是实体，一个是无形的，一个是有形的，联合在一起组成完整的人。灵魂要高于肉体，肉体受灵魂的支配。在善恶等问题上，也都是由灵魂做决定。

灵魂是不朽的，他认为，“提供生命的事物无论在哪里也不会在自身接受死亡”[①]。这样才为上帝的救赎和人类的永生提供了可能。

2. 语篇精粹

语篇精粹 A

For wherever the human soul turns itself, other than to you, it is fixed in sorrows, even if it is fixed upon beautiful things external to you and external to itself, which would nevertheless be nothing if they did not have their being from you. Things rise and set: in their emerging they begin as it were to be, and grow to perfection; having reached perfection, they grow old and die. Not everything grows old, but everything dies. So when things rise and emerge into existence, the faster they grow to be, the quicker they rush towards non-being. That is the law limiting their being. So much have you given them,

① 汪聂才：《新柏拉图主义对奥古斯丁灵魂思想的影响》,《现代哲学》, 2011 年第 4 期。

namely to be parts of things which do not all have their being at the same moment, but by passing away and by successiveness, they all form the whole of which they are parts. That is the way our speech is constructed by sounds which are significant. What we say would not be complete if one word did not cease to exist when it has sounded its constituent parts, so that it can be succeeded by another. ①

译文参考 A

人的灵魂无论投向何处，若不向往你的光华，即使倾慕除你本身及其灵魂之外的美好事物，也只能陷入无尽的悲哀中。此等美好事物，也是因你的创造才得以存在。世间万物，此消彼长，最初适时出现，尔后趋向完美，最后便步入衰老和消亡。中途夭折，则未老先亡。生长越迅速、湮灭也越迅速。一切皆为如此，不可逾越。因你的法理，万物自身不得同生同长，而是此生彼灭、前赴后继，共同组成它们所属的整体。我们言语的过程亦为如此：我们发出蕴含意义的语音，倘若一声响起，但其悬而不落，致使另一声无法起而代之，则完整的话语便不会有了。

语篇精粹 B

The soul loves to be in them and take its repose among the objects of its love. But in these things there is not point of rest: they lack permanence. They flee away and cannot be followed with the bodily senses. No one can fully grasp them even while they are present. Physical perception is slow, because it is a bodily sense: its nature imposes limitations on it. It is sufficient for another purpose for which

---

① Saint Augustine, *Confessions*, Trans., Henry Chadwick, Oxford University Press, 2008, p. 61.

it was made. But it is not adequate to get a grip on things that are transient from the moment of the intended beginning to their intended end (cf. Ps. 138：7). In your word, through which they are created, they hear："From here as far as there"(Job 38：11).[①]

译文参考 B

这是因为，灵魂是喜爱欲望的，它渴望歇息于其所钟爱的事物中。可是这些事物并不能让人安息，它们稍纵即逝，它们无法达到永恒，肉体的感受无法跟上它们的脚步。即便它们其近在咫尺，也未能有人完全掌握。肉体的感官过于迟钝，因为它是属肉的，这一本质使肉体本身十分受限。肉体的创造，本在于另一目的，对这一目的而言，肉体已经足够，但不足之处在于，肉体无法把握昙花一现的事物，此等事物的创生及湮灭皆有定数（参考《诗篇》138：7）。在你的言语中，它们被创造出来，同时听取你的命令："你只可到这里，不可越过。"(《约伯记》38：11)。

语篇精粹 C

Here, perhaps, he may say that his opinion is backed by divine authority, since he supposes that he proves by passages of the Holy Scriptures that souls are not made by God by way of propagation, but that they are by distinct acts of creation breathed afresh into each individual. Let his prove this if he can, and I will allow that I have learnt from him what I was trying to find out with great earnestness. but he must go in quest of other defences, which, perhaps, he will not find, for he has not proved his point by the passages which he has thus far

① Saint Augustine, *Confessions*, Trans., Henry Chadwick, Oxford University Press, 2008, p. 62.

advance. For all he has applied to the subject are to some extent undoubtedly suitable, but they afford only doubtful demonstration to the point which he raises respecting the soul's origin.①

译文参考 C

也许他会说，他的观点背后，有着神圣权威的支持，因为他认为《圣经》中的段落证实了，灵魂不是神通过繁殖的方式创造的，而是在神造人时，通过呼入其中的新鲜气息而成。若他能真切证明这一点，我便愿意承认，我在这个自己日日冥思苦想的问题上，需要向他学习。但要做到这一点，他必须通过别的途径辩护其观点，而他可能不会找到这样的途径，因为他并未在其目前展开的论述中证明他的观点。在某种程度上，他支撑观点的材料是恰当的，但是这些材料对于他提出的灵魂起源的观点而言，仅仅提供了让人疑惑的证据。

（五）信仰（Faith）

1. 术语解读

“当奥古斯丁讲信仰的时候，他关心的与其说是对信仰认知的阐述，不如说是对信仰作为感恩的德性这一性质的强调。”奥古斯丁给信仰下过一个定义，即“赞同的思想”。但这个定义很不完整，我们可以赞同一个人的话，但这不是信仰。对于奥古斯丁来说，信仰是一种思想，相信上帝的存在和救恩并让其掌管心灵一切的思想。

---

① Saint Augustine, *On the Soul and Its Origin*, Beloved Publishing, 2014, p. 17.

信仰需要作出选择，而不仅仅是单纯的接受。奥古斯丁认为人是有自由意志的，人们可以选择信仰上帝，也可选择不信仰上帝。人人都犯罪是因为始祖亚当犯罪，把罪性带到了人的本性中。上帝赐下恩典，饶恕了人的罪并给人不犯罪的自由，只要相信并接受就能免于罪的刑罚——最终的死亡。

信仰与理性是相联系的，人们可以通过理性的思索来认识上帝。这与奥古斯丁的早年经历有关，他并非一开始就是基督徒，而是经过很长一段时间的求索和思考后才有了坚定的信仰。奥古斯丁认为人们对知识的获取本身就是在上帝的帮助下进行的。

2. 语篇精粹

语篇精粹 A

Now you had conceded that if I were to show you something above our minds you would admit it to be God, as long as there were nothing still higher. I accepted your concession and said that it would be sufficient if I were to prove this point. For if there is something more excellent, that instead is God; but if not, then the truth itself is God.①

译文参考 A

你已经承认，若我能向你展示比我们心灵更高的事物的存在，你就会认可其为上帝，除非另有更高的事物。我也接受了你的坦白，并表示，如果我能证明这一点，就已经足够了。如果存在一种事物，比真理更为完美，那这种事物就是上帝；倘若不存在这

① Saint Augustine, *On the Free Choice of Will*, Trans., Peter King, Cambridge University Press, 2010, p. 60.

种事物，那么真理本身即为上帝。

语篇精粹 B

Though not yet made equal to the angels, human beings could in this way eat the bread of angels, seeing that the Bread of Angels deigned to be made equal to human beings. Nor did He abandon the angels in descending to us in this fashion. Instead, He is at once complete with them and complete with us. He nourishes the angels from within by the fact that He is God; He counsels us from without by what we are, and by faith renders us fit for Him to nourish equally through his appearance. For the rational creature finds its best "nourishment" (so to speak) in the Word, and the human soul is rational - although it is bound in the chains of mortality as the penalty for its sin, and diminished to the point that it struggles to understand things unseen through conjectures based on things it has seen. ①

译文参考 B

虽然上帝造人时并未使其与天使平等，但通过这种方式，人却能吃上天使的粮食，因为天使之粮诞生之时注定与人平等。上帝派遣天使降下凡间，但这并不意味着天使被他抛弃。上帝与下凡的天使联成一体，和我们联成一体。通过上帝的神性，他滋养着众天使的内在；通过我们的秉性，上帝从外部着手训诫我们。我们依靠着信仰，得以从上帝的存在中接受同等的滋养。对任何理性的造物而言，我们能在神的话语中找到最好的“滋养”(在此

---

① Saint Augustine, *On the Free Choice of Will*, Trans., Peter King, Cambridge University Press, 2010, pp. 94-95.

姑且称其为“滋养”）。人类的灵魂也是理性的，虽然因为原罪的惩罚，被必死的命运桎梏着，并且卑微到必须依靠可见之物来理解不可见之物的地步。

语篇精粹 C

The apostle's expression, "face to face", does not oblige us to believe that we shall see God by the bodily face in which are the eyes of the body, for we shall see Him without intermission in spirit…In the same sense we understand what the Psalmist sings, "Draw near unto Him, and be enlightened; and your faces shall not be ashamed. [Psalm 34: 5]" For it is by faith we draw near to God, and faith is an act of the spirit, not of the body. But as we do not know what degree of perfection the spiritual body shall attain, —for here we speak of a matter of which we have no experience, and upon which the authority of Scripture does not definitely pronounce, it is necessary that the words of the *Book of Wisdom* be illustrated in us: "The thoughts of mortal men are timid, and our fore-castings uncertain."①

译文参考 C

使徒所秉持的“面对面”这一讲法，并不意味着我们必须通过这有形的脸庞上的肉眼来面见上帝，因为我们要借助我们的“灵”来见到他，且不会受到任何中断或阻隔……我们也可以用同样道理来理解诗篇作者所吟唱的“靠近他，受启示，你的脸就不会羞耻了。”（《诗篇》34：5）我们凭借信仰来趋向上帝，而信

① Saint Augustine, *The City of God*, Trans., Marcus Dods, World Publishing Corporation, 2011, p. 822.

仰是灵的行动，而非身体上的行动。但因为我们不清楚属灵的身体能达到怎样的高度——我们探讨这方面的问题时是没有经验可借鉴的，并且圣经也未明确指出这一点，所以《智慧之书》所描述的情况对我们来说是无可避免地："凡人所思总是飘忽的，凡人所预想总是充满不确定性的。"

（六）理解（Understanding）

1. 术语解读

奥古斯丁认为理解与信仰是紧密相关的，如《圣经》上所说，"除非你相信，你不应当理解"。从理解和相信的角度，知识分为三种：相信不被理解的，相信即是理解的，相信后理解的。

相信不被理解的，如历史事实，没有太多可以解释的，人们需要做的就是相信。相信即是理解，如数学的推导，相信的过程即是理解的过程。而最重要的是对上帝的认识，只有在相信过后才能理解。

并非只有对上帝的理解才需要上帝的帮助。事实上，奥古斯丁认为所有对事物的理解都需要上帝的"光照"。人们在记忆中获取零散的感觉经验，并在上帝的帮助下形成对事物的理解，但人们意识不到上帝的工作。

对上帝的理解，需要人们首先相信上帝的存在和他的救赎。如果只是相信上帝存在，就如相信历史事实，不能真正地理解上帝。对上帝的理解需要一种更加投入的相信，这种相信能够除掉人们错误的认识，达到真正的理解。而在相信上帝后，人们才能对上帝有真正的理解。

2. 语篇精粹

语篇精粹 A

Man is said to be "after the image," on account, as we have said, of the inequality of the likeness; and therefore after our image, that man might be the image of the Trinity; not equal to the Trinity as the Son is equal to the Father, but approaching to it, as has been said, by a certain likeness; just as nearness may in a sense be signified in things distant from each other, not in respect of place, but of a sort of imitation. For it is also said, "Be ye transformed by the renewing of your mind (Rom 12: 2);" to whom he likewise says, "Be ye therefore imitators of God as dear children (Ephesians 5: 1)." For it is said to the new man, "which is renewed to the knowledge of God, after the image of Him that created him (Colossians 3: 10)." Or if we choose to admit the plural number, in order to meet the needs of argument, even putting aside relative terms, that so we may answer in one term when it is asked what three, and say three substances or three persons; then let not one think of any bulk or interval, or of any distance of howsoever little unlikeness, so that in the Trinity any should be understood to be even a little less than another, in whatsoever way one thing can be less than another: in order that there may be neither a confusion of persons, now such a distinction as that there should be any inequality. And if this cannot be grasped by the understanding, let it be held by faith.①

译文参考 A

综上所述，由于人与上帝形象相似，地位却不对等，因此说人是上帝“按其形象”创造的。因此“仿照我们的形象”表明，人很大程度上代表了三位一体的形象，但其本身并不像父与子平等那样与三位一体平等，而只是某种程度上的相似，这种相似使其更贴近三位一体。这种贴近就好比相互距离遥远的事物在某种程度上会产生一种联系，但这种联系并不针对空间而言，而只是两者之间互有模仿。对于这一点，经文也有提及：“你们要心意更新而变化”(《罗马书》12：2)；“你们该效法上帝，好像蒙慈爱的儿女一样”(《以弗所书》5：1)；对于得救重生的新人而言，“这新人在知识上渐渐更新，正如造他主的形象”(《歌罗西书》3：10)。或者如果我们出于论证的需求，确实要选择使用相关术语以外的复数名词，以便我们使用单个名词来回答“三位具体所指”之类的问题，并同时告知问者是“三个实体”或“三个位格”，这种情况下，当我们使用这些术语时，要避免想到任何实体或间隔，或者任何微小的差异，更不能因此而将三位一体中任何一位想成比另一位小，哪怕是一丁半点，或者是以其他任何隐晦的方式来暗示一位比另一位小。这样的话，我们既能避免混淆三位中的任何一位，又能避免在三位中创造任何不平等。若我们的理解力尚未能领会这一点，则要通过信仰来把握。

---

① Saint Augustine, *On the Trinity*, Trans., Rev, Arthur West Haddan, Veritatis Splendor Publications, 2012, pp. 288-289.

语篇精粹 B

So great is the equality in this Trinity, that not only is the Father not greater than the Son in that which pertains to the divinity, but neither are the Father and the Son anything greater than the Holy Spirit, nor is each person singly, whichever of the three it may be, anything less than the Trinity itself. These are the things that we have affirmed; and the more often we repeat and discuss them, then, of course, the more familiar the knowledge of them will become to us; but at the same time we also have to set some limit to our treatise. And we must supplicate God with the most devout piety, that He may open our understanding and take away the spirit of contention, in order that our mind may gaze upon the essence of the truth that is without any bulk and without any mutability. Therefore, insofar as the Creator Himself in His marvelous mercy comes to our help, let us turn our attention to these subjects, which we shall analyze in a more inward way than the preceding things, although they are the very same things. Meanwhile let us hold fast to this rule, that what has not yet become clear to our intellect may still be preserved by the firmness of our faith.①

译文参考 B

三位一体中的平等是如此彻底，因此我们应当认识到，父的神位并不比子高，且父与子相加，其神位亦不比灵高，换句话说，在神位上，三位中的任何一位亦不比三位一体本身低。上述经过

① Saint Augustine, *On the Trinity Books* 8-15, Trans., Stephen McKenna, Ed, Gareth B. Matthews, Cambridge University Press, 2002, p. 4.

论证，确凿无疑，而在此基础上的重复讨论，当然会增加我们的熟悉程度。但是与此同时，我们应当对这种无休止的论证稍加限制，转而通过我们虔诚恳切的请求，让神打开我们的心智，排除纷扰，使我们认识到真理无相无形、稳如泰山的本质。造物仁慈，给予我们关怀与帮助，赋予我们更多能力去洞识上述所论，而不仅仅停留在其表面，尽管真理一贯表里如一。同时我们要铭记，即便我们未能渗透道理，仍要坚持信仰，矢志不渝。

语篇精粹 C

Those who regard the mind either as a body or as the arrangement or harmony of the body, wish all these things to be seen in a subject. Thus the air, the fire, or some other body would be the substance which they call the mind, while the understanding would be in this body as its quality; and so the former would be the subject and the latter in the subject; that is, the mind which they regard as a body is the subject, while the understanding, and the other above-mentioned qualities of which we are certain, would be in the subject. And even those who do not regard the mind as a body, but as the structure or harmony of the body, are pretty nearly of the same opinion. For they differ in this respect: the former say that the mind itself is a substance, wherein the understanding is present as in a subject; but the latter declare that the mind itself is in a subject, that is, in a body of which it is the arrangement or harmony. Wherefore, can they logically maintain anything else than that the understanding is also in the same body as in a subject?[①]

译文参考 C

有人认为思想是某种实体，或是实体的协调排列，他们倾向于把这些事物看作存在于某种实体的“容器”中。因此，空气、火焰，或其他实体被他们称为思想的实质，理解力则作为实体的性质存在其中。由此，前者被称为实体的“容器”，后者则被认为存在于“容器”中。也就是说，被他们视为实体的思想就是这里所说的容器，理解力以及上述确定的各种品质，则视为处在该容器之中。对于那些不把思想看作实体，而是看作实体的协调排列的人，他们的意见与上述基本一致。两者的差异在于：前者认为思想自身是一种实质，理解力则存在于容器中；后者则宣称思想本身处于容器中，即思想处于“容器”这种实体中，是实体的协调或排列。因此，他们一定顺理成章认为，理解力必定处在同一实体，或者说同一容器中。

（七）救赎（Salvation）

1. 术语解读

以奥古斯丁为代表的基督教神学，最终要落脚到对人的救赎上。如果没有上帝对人的救赎，再多的神学理论对人类来说都是无意义的。要理解什么是救赎，首先要知道人为什么需要救赎。因为人都犯了罪，《圣经》上说“世人都犯了罪，亏缺了神的荣

① Saint Augustine, *On the Trinity Books* 8-15, Trans., Stephen McKenna, Ed. Gareth B. Matthews, Cambridge University Press, 2002, p. 91.

耀”。而罪的后果就是最终的死亡，而且死后要在地狱中受苦。而上帝不愿意人类沉沦灭亡，就使圣子耶稣降生，完成了救赎，使每个相信的人罪得赦免，肉身死后有永生。

上帝的三个位格都参与了救赎的工作，圣父差遣了圣子，圣子甘愿牺牲因而洗刷了世人的罪，圣灵进入每个相信的人心中，使其得到新生命。其中圣子耶稣，降生尘世后，作为唯一没有犯过罪的人，却被钉死在十字架上。耶稣就以自己的死代替人类受了罪的刑罚，又于三日后死里复活，四十天后升天，回归神的身份和样式，信徒也同样可以拥有死里复活的新生命。

人们得到救赎的核心并非积德行善等外在的行为，而是相信上帝的救赎，接受从神而来的新的生命。上帝完成了救赎的工作，但人有自由意志，可以选择接受或不接受。接受的人就能脱离罪的辖制，行事为人公义良善，且死后能够上天堂得到永生的生命。

2. 语篇精粹

语篇精粹 A

They, then, are but abandoned and ungrateful wretches, in deep and fast bondage to that malign spirit, who complain and murmur that men are rescued by the name of Christ from the hellish thralldom of these unclean spirits, and from a participation in their punishment, and are brought out of the night of pestilential ungodliness into the light of most healthful piety. Only such men could murmur that the masses flock to the churches and their chaste acts of worship, where a seemly separation of the sexes is observed; where they learn how they may so spend this earthly life, as to merit a blessed eternity hereafter; where Holy Scripture and instruction in righteousness are proclaimed from a raised platform in presence of all, that both they who do the word may hear to their salvation, and they who do it not may hear to judgment. And though some enter who scoff at such precepts, all their petulance is either quenched by a sudden change, or is restrained through fear or shame. For no filthy and wicked action is there set forth to be gazed at or to be imitated; but either the precepts of the true God are recommended, His miracles narrated, His gifts praised, or His benefits implored.①

译文参考 A

他们是恣意放荡、不懂感恩的恶人，被牢牢禁锢在恶灵的魔爪中。他们低声抱怨人们因基督之名而从恶灵的奴役下解放得救，免于与恶灵一同受罚；抱怨人们摆脱不敬主的黑暗，从而进入虔诚敬主带来的一片光明。他们还抱怨民众成群结队进入教堂，男女分隔开来，各自怀着贞洁的心进行崇拜。这些民众们学习更好地生活，以使自己身后获得永恒的福祉。他们聆听高台上来源于圣经的正义教诲，遵守之人将被告知其能得救，逆反之人将被告知其将接受审判。尽管时而有来者对这些训诫嗤之以鼻，但此番鲁莽的行为将会突然转变，或者因敬畏或羞耻而得到抑制，因为在那里，肮脏和邪恶将不复存在，无人能见，无可模仿。在那里，人们接受真神的训诫、传说真神的奇迹、赞扬真神的恩赐、恳求

① Saint Augustine, *The City of God*, Trans., Marcus Dods, World Publishing Corporation, 2011, p. 67.

真神的恩惠。

语篇精粹 B

For so hostile is this vice to pious faith, if the love of glory be greater in the heart than the fear or love of God…the holy apostles proclaimed the name of Christ in those places where it was not only discredited, and therefore neglected, —according as Cicero says, "Those things are always neglected which are generally discredited," —but was even held in the utmost detestation, holding to what they had heard from the Good Master, who was also the physician of minds, "If any one shall deny me before men, him will I also deny before my Father who is in heaven, and before the angels of God," [Matt. X: 33.] amidst maledictions and reproaches, and most grievous persecutions and cruel punishments, were not deterred from the preaching of human salvation by the noise of human indignation.①

译文参考 B

若人心中对荣耀的喜爱胜过对上帝的敬畏或喜爱，那么这样的缺点将会极大影响其虔诚敬主的程度……神的使徒则不然，在人们怀疑及忽视的地方，他们传扬基督的美名，正如西塞罗所说："人们不看重这样的追求，因此经常选择去忽视它。"即便如此，使徒们依然牢记着这位好师父和心灵医生所说的话："凡在人面前不认我的，我在我天上的父面前（或在上的天使面前）也必不认识他。"(《马太福音》10：33）无论受到怎样的骚扰和诅咒，受

① Saint Augustine, *The City of God*, Trans., Marcus Dods, World Publishing Corporation, 2011, pp. 157-158.

到怎样无情的迫害和残酷的惩罚，在人们的一片辱骂声中，他们也从未退缩，继续宣扬人类的救赎。

语篇精粹 C

This mystery of eternal life, even from the beginning of the human race, was, by certain signs andsacraments suitable to the times, announced through angels to those to whom it was meet. Then the Hebrew people was congregated into one republic, as it were, to perform this mystery; and in that republic was foretold, sometimes through men who understood what they spake, and sometimes through men who understood not, all that had transpired since the advent of Christ until now, and all that will transpire. This same nation, too, was afterwards dispersed through the nations, in order to testify to the scriptures in which eternal salvation in Christ had been declared. For not only the prophecies which are contained in words, nor only the precepts for the right conduct of life, which teach morals and piety, and are contained in the sacred writings, —not only these, but also the rites, priesthood, tabernacle or temple, altars, sacrifices, ceremonies, and whatever else belongs to that service which is due to God, and which in Greek is properly called latreia.①

译文参考 C

通过符合时代特征的某些圣象，永恒生命的奥秘借助天使向其所遇见的人宣谕，这一切甚至可以追溯到人类出现的时候。过

---

① Saint Augustine, *The City of God*, Trans., Marcus Dods, World Publishing Corporation, 2011, p. 229.

去，希伯来人受神谕感召，组建国家，以实现这一奥秘。在希伯来王国里，自基督降临以来所有发生过的，以及将要发生的事情，都向他们宣告。有时被宣告之人能理解通过自己之口道出的神谕，有时则不能。希伯来民族后来流散到世界各国，为了证明圣经中宣布了人们可以从基督中获得永恒的救赎。这本神圣的书籍字里行间不仅包含了预言，还包含了指导人们正确生活的训诫，其中教导了人们要恪守道德，以及虔诚信主等，另外，还包括侍奉上帝的仪式、祭司、圣幕、神殿、祭坛、祭祀、礼仪等，其在希腊文中称作“latreia”(对神灵的崇拜与侍奉)。

第二章　阿伯拉尔：神学家的辩证法

For what value is there in the study of grammar or dialectic or the other arts for the investigation of man's true beatitude? All lie far below this eminence and are unable toraise themselves to such a height. But they do treat of certain ways of speaking or they are concerned with natures of things as if preparing steps towards this height, since we must speak of it, and through the natures of things we are given examples or analogies. The result is that through them we get in touch with the mistress as if we had been introduced by her ladies-in-waiting.

——Abelard

语法学，辩证法或其他学科对于调查人类真正的至福有什么价值呢？它们虽然都在至福这一目标之下，而且也无法达到那样的高度，但是它们使用一些特别的说话方式，关注事物的本质，就好像是正在为迈向那一高度做准备。

而我们必须通过说话表达观点，而且必须要基于事物的本质来举例或类比。所以，结果就是，通过这些学科，我们接触到了那样的高度，就好像通过侍女的引荐，我们最终见到了女主人一样。

——阿伯拉尔

一、卓越而复杂的人

（一）骑士家族的叛逆

经院哲学的字面意思是指学院或者学校中的人的思想，在中世纪宗教哲学当中，它是与教父哲学相对应的另外一种主要的存在方式。与经院哲学家不同，教父哲学家通常都是教会的组织者和领导人，他们往往身兼二任，既是基督教教义的解释者和传播者，又是宗教活动的组织者和领导者。无论是希腊教父还是拉丁教父，他们当中最著名的代表性人物，即被称为“四大博士”的，通常本身就是教会中身居高位的显达人士，而非学院中身份低微的专职学者。前者包括曾担任过纳西盎主教的格列高利、曾担任过恺撒城主教的大巴兹尔、曾担任过君士坦丁堡大主教的“金口约翰”克里索斯顿和曾担任过亚历山大城主教的亚大纳西，后者则有曾先后担任过米兰主教、米兰城总督和罗马皇帝顾问的安布罗斯、曾担任罗马城主教秘书的哲罗姆、曾担任过希波城主教的奥古斯丁和曾是图尔城主教并兼任地方政府长官的大格列高利。[①]如果说教父哲学体现的是在基督教传播的筚路蓝缕阶段教父们将思想领袖与宗教首领集于一身的盛况，那么随着教会体制的巩固和完善，思想英雄和教会管理者便有了相对明确的分工。

---

① 段德智：《中世纪哲学研究》，人民出版社，2014，第15页。

法国巴黎卢浮宫的阿伯拉尔像

资料来源：https://commons.wikimedia.org/wiki/File:Paris_-_Palais_du_Louvre_-_PA00085992_-_342.jpg。

经院哲学家大都是在教会或修道院所举办的学校里从事学术研究和教学活动的知识分子，尽管他们中有些人也曾在教会当中担任过圣职，如曾担任坎特伯雷大主教的奥斯塔的安瑟伦，但他们大多数人终其一生的身份都只是教会学校或是大学里的神学教师，就连出家成为僧侣也是出于自由的选择，或是命运的遭际，而不是为他们的身份和职业所要求的必然的事。

当然，经院学者在学院中并不是从事纯粹的哲学研究，而是需要以学术研究的方式来处理人类理智和宗教信仰之间的关系，与带有强烈护教色彩的教父哲学家相比，经院哲学家的理性色彩更为鲜明。经院哲学以论辩推理为主要工具，它既是哲学又是神学，既体现世俗品味和人文气质，也富有宗教的虔诚和教化的功能。对他们而言，理论探索和宗教信仰既互相启发，又互相牵制，对宗教教义作出理论解说的任务要求他们必须能够科学地、系统地讲授神学，同时也要求他们必须就一些哲学问题和神学问题展开论辩和批判，这就为长期和广泛的自由讨论创造了条件。但是另一方面，经院哲学家们也难免由于忤逆甚至动摇了强大的教会权威而受到来自教皇、教廷、教会、教徒甚至同行的敌视、谴责和迫害。

彼得·阿伯拉尔（Peter Abelard）出生在公元1079年的法国南特附近，在15世纪被并入法国之前，这个位于法国西北部的半岛一直都是一个独立的公国，名叫布列塔尼，生活在这里的既有古代高卢人的后裔，也有因躲避英格兰人的入侵而迁居海峡对岸的威尔士人的后裔。阿伯拉尔家乡的具体位置是南特以东12英里处布列塔尼边境的勒巴莱小镇，他是当地一名有些地位的小贵族家的长子。其父贝伦加尔供职于布列塔尼的宫廷，是一名骑士，在习武之余也倾心于学问和文学，因此他很希望阿伯拉尔能在继承父业之前接受一些教育。但令他始料未及的是，阿伯拉尔很快便由于才智上的突飞猛进而潜心向学，并义无反顾地放弃了长子继承权，决意成为一名学者，随之便开始了周游四方、学无常师的求道生涯。用阿伯拉尔自己的话说，就是退出了战神玛尔斯的殿堂，拜倒在智慧之神密涅瓦的脚下。[①] 但是骑士家庭的荣耀造

① ［法］阿伯拉尔：《劫余录》，商务印书馆，2013，第55页。

就了他独特的气质，虽然放弃了在战场上建立功勋的军旅生涯，但骁勇善战的阿伯拉尔仍乐于用辩证法作为武器，和人们在论辩当中一争高下。大概在1094年或是1095年，他来到罗切向当时著名的唯名论者和逻辑学家罗色林学习，但不久他们之间就发生了激烈的争论，这段学习的历史后来遭到了阿伯拉尔本人的否认，原因之一可能是罗色林在此前不久的1093年背上了否认三位一体的罪名，承认与异端的学术渊源对于一个自认为虔诚的经院哲学家来说殊无好处，更重要的原因是出于观点上的争执和由此而导致的此后交往中的诸多不快。

就阿伯拉尔来说，类似的经历不足为奇，后来到了大概1100年，他来到巴黎，投身到声名和学识独步一时的逍遥派哲学家、巴黎领班神父、唯实论者香浦的威廉门下，威廉掌管着巴黎圣母院附属的修道院学校，对由于热爱真理而叛出师门的阿伯拉尔的加入深表欢迎，然而好景不长，威廉很快陷入了与罗色林同样的处境。阿伯拉尔不仅对他的观点提出了反驳，而且为了证明自己在论辩当中技高一筹，常常与他针锋相对，这激起了威廉及其学生们的憎恶，也使得阿伯拉尔和他的另一个老师结下了仇。至此，阿伯拉尔认为自己在辩证法领域已经难寻对手，于是便产生了自己建立一所学校的念头。阿伯拉尔后来在自传当中自诩道："于是我开始授课，我在论辩术上的名声也传播开去。结果原来的同门甚至大师的声誉也渐渐衰微，终于偃旗息鼓。"事实也正是如此，阿伯拉尔很快就树立了自己在辩证法教学上的声望和权威，之前猛烈攻击他的人也纷纷涌进他的课堂，在威廉改行出家成为沙隆的主教之后不久，阿伯拉尔便被邀请到这所圣母院附属的学校当中任教。恼羞成怒的威廉曾利用自己的影响力短暂地剥夺了阿伯拉尔的职位，但是不久之后阿伯拉尔就再次收到了这所学校的邀请，这一次众目睽睽的往返带给了他更高的声誉。

（二）圣母院里的亚当

在离开巴黎的这段时间里，阿伯拉尔曾经被召回到布列塔尼，见证了母亲露西亚追随其夫出家修行的一幕，或许是感受到了母亲对他投身于拯救灵魂的事业的期待，这段经历使他产生了神学才是至高无上的圣学的看法。于是在战胜了威廉之后，阿伯拉尔立志成为一名神学家，并为此试图向当时具有最高声誉的拉昂的安瑟伦学习神学。但是作为一名训练有素的论辩推理高手，他很快便对安瑟伦的学问感到不以为然，并一如既往地喜形于色起来。阿伯拉尔认为，受过教育的人借助文字就应该能够独立地学习《圣经》，而拉昂的安瑟伦只能让前来寻找答案的人更加迷惑。他很快就利用自己所擅长的武器占领了安瑟伦的地盘，在阿伯拉尔回到巴黎之后，整个西欧的学生也纷纷涌来，他的声名和事业达到了巅峰。

争论和战斗是他的天性，然而失去对手之后，本来可以安心著述的阿伯拉尔却出于虚荣和过度的自信而选择了放纵。在通常的印象当中，与阿伯拉尔的哲学声誉相伴随的是他与爱洛伊丝的凄美爱情，一部名叫《天堂窃情》的电影围绕这个主题呈现了阿伯拉尔悲欢交集的一生。然而在阿伯拉尔自己坦诚的反思中，这段决定他命运走向的爱情却有着令人大跌眼镜的起因。

根据阿伯拉尔的讲述，他自信可以轻而易举地博取少女的芳

创作于 1882 年的布面油画作品《阿伯拉尔和他的学生爱洛伊丝》

资料来源：https://commons.wikimedia.org/wiki/File:Edmund_Blair_Leighton_-_Abelard_and_his_Pupil_Heloise.jpg。

心，在爱洛伊丝进入他的视野之后，他便存心想要引诱这个姑娘。时年 17 岁的爱洛伊丝容貌俊俏，学识出众，颇有美名，跟随做教士的叔父富尔贝尔居住在圣母院东北不远的地方。阿伯拉尔为了接近她，费尽心机成为他叔叔的房客，并顺理成章地充当了爱洛伊丝的家庭教师。就这样，阿伯拉尔凭借他傲世的才华和出众的容貌如愿以偿了。尽管开始得并不十分光彩，他的动机也不带任何浪漫的理想主义色彩，但两个人毕竟抱着不同的目的双双坠入了爱河，并深陷其中。借上课的机会，他们像情侣所向往的一样私室独处，在爱欲的驱使下缱绻缠绵，天长日久，他们便肆无忌惮起来，流言蜚语很快充斥了巴黎的大街小巷，他所写下的爱情诗篇也被当作情歌四处传唱，这一事实终于被姑娘的叔父发现了。他试图把两人分开，但为时已晚，爱洛伊丝发现自己已经有了身孕，阿伯拉尔把她送回了布列塔尼的亲戚身边，并在那里生下了一个男孩。

当时阿伯拉尔已经是圣母院教士团的成员，尽管尚未出家，但当时的教会已经开始禁止神父和高级教士结婚，以阿伯拉尔的身份，婚姻必将断送他作为一名神学教师的前程，因为当时受过教育的人除了进入教会别无选择。于是他们提出以秘密婚姻作为补救的办法，这样一来，既不影响他的声誉，也可以让姑娘的叔父满意。然而秘密婚姻是满足不了富尔贝尔的愿望的，他很快便在公众当中挑起了轩然大波。无奈之下，阿伯拉尔和爱洛伊丝打算双双出家来摆脱富尔贝尔的刁难，然而这一举动导致了灾难性的后果，一天晚上，富尔贝尔派他的仆人们闯进了阿伯拉尔的房间，阉割了他。这场私刑对向来桀骜不驯的阿伯拉尔来说是毁灭性的，精神上的羞辱和肉体上的折磨令他万念俱灰，也使他难以面对同情他的人群，想到自己成了犹太律法中所提到的那种不洁的阉人，他感到万分惶恐。很快，两人各自披上了僧袍，阿伯拉尔进了圣丹尼斯修道院，爱洛伊丝则进了阿让特伊修道院。

（三）孤苦的隐修僧侣

作为学者的显赫名声和作为阉人的黯淡前景形成了强大的张力，迫使阿伯拉尔在伤口愈合之前就要设法走出精神上的危机。他接受了修道院里教士们的真挚邀请，开始了他所擅长的讲座和写作，热情好问的年轻人使他如鱼得水，心无旁骛的新生活让他得到解脱。在沿着神学的路径把人生重新走过一遍之后，他越来越相信，他所遭受的身体上的凌辱表明上帝的决断是公正的，因为他借以犯罪的器官被准确无误地去除了。从此他更加全身心地投入宗教事业，同时也不打折扣地继续扮演着他辩证法大师的角色。他直言不讳、毫不妥协的风格促使他很快完成了一篇充满哲学思考的关于三位一体的论文：《至善的神学》，然而很快他就在1121年的索松会议上遭到了谴责。这对于这位雄心勃勃、满怀自负的骑士子弟来说算不了什么，他一如既往地不断扩充这一著作，用他所擅长的方式歌颂了希腊的哲学家及其美德，不久便形成了《基督教神学》一书，并启动了新的写作。

尽管已经委身教会，成为虔诚的信徒，但阿伯拉尔的骨子里仍然是一个纯粹的学者，并因此不断与所在修道院的院长和僧侣们发生争吵，在他们的排挤之下他终于待不下去了。于是他来到塞纳河畔香槟区附近一处荒无人烟的地方，准备过隐修的生活。然而闻讯而来的学生们很快促使他建起了自己的一座讲经堂，阿伯拉尔称其为抚安堂，这时的阿伯拉尔在展示自己的教学天赋和哲学天赋上依然故我，但持续而来的灾祸早已改变了他的心境，把他从一个我行我素的名士变成了一个无所适从的弱者。他在自传当中带着受迫害的情结提到这段时期的生活，他当初之所以要避居到修道院，除了皈依上帝的虔诚，更多的是出于内心的痛苦和不知所措，而此时的他曾经一度陷入了极度的绝望。不久之后转机终于来了，在他的故乡布列塔尼，有一所圣吉尔达修道院，院长去世之后无人主持，他的乡党们想到了他。怀着对法国人的不满，他接受了邀请，但很快发现这个地方更加不利于他。和法国的乡间相比，这里的人们尚不开化，百姓凶狠野蛮，僧侣世故放荡，在此处充当修道院长的窘迫处境让他万分怀念那所曾经在绝境中慰藉他的抚安堂。

两人分别出家成为僧侣和修女

资料来源：https://commons.wikimedia.org/wiki/File:Abelard_and_Eloise_confessing_their_love_to_his_brother_monk_Wellcome_V0033159.jpg。

此时，爱洛伊丝已经成为阿让特伊修道院的院长，但不幸的是阿伯拉尔此前所在的圣丹尼斯修道院新来的院长很快借机霸占了阿让特伊修道院，让她们无家可归了。于是阿伯拉尔把已经荒废的抚安堂交给了她。由于她领导有方，以及阿伯拉尔的帮助和影响，抚安堂成了法国最负盛名的修行场所之一，爱洛伊丝又先后建立了6所附属的女修道院，并成为教会当中可能是地位最高的女修道院院长。而身在布列塔尼的阿伯拉尔还仍在逆境当中苦苦挣扎，天真的阿伯拉尔试图以惩罚或者开除教籍来改造那些粗俗和不驯服的布列塔尼老乡，对方回敬他的则是毫不留情的谋杀和毒害，于是他在这里也待不下去了，时间大概是在1132年。

他在此期间所写就的《劫余录》，又称《我的苦难史》，是一部与奥古斯丁和卢梭的两部《忏悔录》同样题材的著作，这是他前大半生的自传。通过偶然的机会，有人给爱洛伊丝看了这部作品，于是他们之间开始了通信，这些信件被爱洛伊丝保存在抚安堂，直到她去世一百多年以后才重见天日。它们被带到了巴黎并传抄复制，成了流传至今的《阿伯拉尔和爱洛伊丝书信集》。

（四）高卢的苏格拉底

从故乡的修道院逃脱之后，阿伯拉尔有4年的时间销声匿迹，直到1136年，他才重新出现在了巴黎，并在随后的几年陆续出版了几部重量级的著作：《基督教神学》及其续篇《经院神学》，伦理学论文《认识你自己》，一部关于从保罗书到罗马书的评注和最为著名的《是与否》。在饱经沧桑之后，第二个巴黎时期成为他最多产的阶段。但这些著作引起了教会的注意，并受到了宗教会议的审判和来自教皇的谴责。1140年7月16日，教皇发布敕令谴责阿伯拉尔持有异端邪说，要将其追随者驱逐出教，并命令焚毁他的著作，此外还打算在一家修道院里拘禁他，使他永远沉默。阿伯拉尔本决意去罗马申诉，但中途遇到的克吕尼修道院院长彼得阻止了他，并热情地接纳了他。彼得建议阿伯拉尔收回其学说当中一些显得过于草率的主张，出于不得而知的原因，阿伯拉尔接受了这个建议，事实证明这是很明智的做法，随后教皇的敕令也解除了。在生命最后的时光里，他生活得虔诚而又恬淡，和往常的生活方式不同，令人惊异。公元1142年4月，阿伯拉尔在克吕尼修道院所属的一所小教堂里得到了安息。彼得给爱洛伊丝写了一封信，叙述了他晚年的情形，赞颂了他的一生，把阿伯拉尔的遗骸送到了抚安堂安葬，并为他写了一篇墓志铭。墓志铭称阿伯拉尔是“高卢的苏格拉底、西方的柏拉图、我们的亚里士多德和学界的领袖”。

阿伯拉尔是思想史上最难被作出公允评价的人物之一，他的遭际和心境变化无常，性情却又始终如一。阿伯拉尔生来便有过人之处，其雄辩的魅力无人能敌，风度翩翩而又才华横溢，大胆果敢而又条理清晰。他从不怀疑自己的精神力量，从不屈尊听从任何权威，他是著称于世的学者和年轻人的偶像，无论他走到哪里，都会有来自许多国家的弟子慕名追随，他们是未来的学者、主教和教皇，如伦巴第的彼得、弗赖辛的奥托、索尔兹伯里的约翰、默伦的罗伯特，以及切莱斯廷二世和切莱斯廷三世。但是他时而自负又傲慢，时而敏感又谦卑，绝无仅有的生活体验使他在日常生活与理智生活中有着十分不同的表现。他是一个生理上的阉人和精英阶层中的弱者，他在传统修道院的僧侣教育和相对自由的学校教学之间几经往返，又在宗教虔诚和世俗情感之间苦苦盘桓，他是一个复杂的人。阿伯拉尔在他所接触的一切事物上都给人们留下了深刻的印象，无论教学、信仰还是爱情，这样一个思想家在中世纪思想史中具有无可比拟的吸引力。阿伯拉尔死后被安葬在他所创建的抚安堂，爱洛伊丝后来也被埋葬在了那里。

随着他们故事的流传，三百多年以后，两人的遗体几经辗转，被重新安放，每到一处，前去凭吊的人们就不时会把鲜花放到他们身旁。最后一次是在1807年，他们的故事感动了拿破仑的妻子约瑟芬·波拿巴，她命人把两人的遗体移到巴黎的拉雪兹神父公墓合葬，直到现在。

二人在巴黎拉雪兹神父公墓中的合葬墓

资料来源：https://commons.wikimedia.org/wiki/File:H%C3%A9lo%C3%AFse_et_Ab%C3%A9lard_(P%C3%A8re_Lachaise).jpg。

二、理论内涵

(一) 辩证神学——仔细和经常的提问

在阿伯拉尔的时代，经院哲学的发展造成了热烈的求知气氛，因此在教学过程中辩论扮演着重要的角色。当时通行的教学方法是，教师先对教会所指定的教材作出解释，然后提出某个论点加以反驳，在论证和反驳中，学生们对结论的认可得到了巩固，辩论的技巧也得到了训练。阿伯拉尔很早就将逻辑视为混沌的世界建立秩序的工具，这一见解为他打开了广阔的天地，使他成为当时最渊博和最富于创造性的学者。在此前的经院哲学家那里，逻辑主要是被用来从正面证明那些权威的东西，如果说正面的证明有效地悬置了权威，那么阿伯拉尔对辩证推理的创造性使用则意味着藐视甚至否定了权威。他在《是与否》的序言中直言不讳地说："如果没有充分的自由进行批判，而只有不加怀疑地接受的义务，那么一切研究的道路都要被堵塞，后人用于讨论语法和论述难题的优秀智慧就要被剥夺。"如果说奥斯塔的安瑟伦以辩证法作为证明上帝存在的工具是对他"信仰寻求理解"这一旗帜的最佳注解，那么阿伯拉尔将辩证法当成发现真理的不二手段则是对他"理解导致信仰"这一主张的完美诠释。在阿伯拉尔的影响下，经院哲学确立了"辩证神学"的新起点，此后最伟大的经院哲学家托马斯·阿奎那就是在《是与否》的精神传统中成长起来的。在创造和推行其研究方法方面，阿伯拉尔具有令人惊异的能力，他把质疑和批判的矛头不仅指向外部的权威，也始终指向自己，这就导致他一生都在处理当下的理解和过去的看法之间的关系。他始终认为，仔细和经常的提问是开启智慧的钥匙，只有通过不懈地提出质疑和发起提问，才能够去芜存菁，披沙拣金。

共相之争是当时逻辑学和哲学以及神学当中最为重大的热点话题，共相问题始于公元3世纪的新柏拉图主义者波菲利，他在一部诠释亚里士多德《范畴篇》的作品中提出了如下没有给出答案的问题："种和属是否独立存在，抑或仅仅存在于理智之中？如果它们是独立存在，他们究竟是有形的，抑或无形的？如果它们是无形的，他们究竟与感性事物相分离，还是存在于感性事物之中，并与之相一致？”由于文化背景的转换，这一问题在随后的几个世纪中归于沉寂，直到经院哲学家们出于理论的需要而普遍地卷入了这场争论。基于对共相问题的不同回答，学者们分成了两派，并分别产生了一批理论权威，罗色林和香蒲的威廉分别是当时两大阵营中最杰出的代表人物。罗色林所在的唯名论一方认为共相只不过是人们杜撰出来的“共名”，它们原本就是出于认知的方便而作出的发明，实际存在的是个别的事物，种和属并不以同样的方式存在，它们只是语词本身，甚至只是被人们说到时所发出的那段声响。而香蒲的威廉所在的实在论一方则认为共相先于个别的事物存在，个别的事物只不过是由于分有了共相的实在性才得以存在，种和属是分有着相同共相的那些事物的共同的和普遍的本质，个别的事物之所以个别，是由于除此之外还各自分有了其他共相而具有的偶性。

如前所述，阿伯拉尔曾先后拜师罗色林和香蒲的威廉，但双方的权威观点都使他感到不满，在先后与极端的唯名论和极端的实在论进行交锋之后，阿伯拉尔提出了自己的共相理论，即概念论。阿伯拉尔认为，共相并不是普遍存在的实体，而是一种逻辑上的概念或者心灵中的观念，它们不是毫无意义的语词或声响，而是意指个别事物的某些相似性的有意义的语词或声响。以论辩和推理为武器，阿伯拉尔通过对双方的扬弃开辟出了一条中间道路，他的“温和唯名论”或“温和实在论”立场对后世的经院哲学和近代哲学的认识论转向产生了重大的影响。

（二）理性主义——从理智上加以奠基

阿伯拉尔固然十分看重逻辑的力量，但也始终将他个人的生活体验当作探索一切奥秘的出发点。在很长一段时间里，阿伯拉尔都被研究者们普遍地看成是一个异教的学者，甚至是一个早产的理性主义者，他们认为阿伯拉尔扩张了辩证法在神学问题上的权利，并且基于理性主义的原则重新确立了神学和哲学的关系，但直到20世纪初非理性主义的影响扩大之后，才有人指出这样一个显而易见的事实：阿伯拉尔从来没有想要对信仰的秘密作出哲学的论证，他并不是一个理性主义者。阿伯拉尔质疑权威，但并没有叛逆教会，他的辩证法并不针对教义，他也并不执着于自己被教会谴责的观点，而只会表达出被曲解的抗议。用他自己的话来说，他的工作纲领就是“在已经奠定了权威的基础之后，现在对我们来说要做的就是，在这个基础上建起理性的支柱”。对阿伯拉尔这样一个辩证法大师来说，信仰的教义并不是超自然的真理，而是一些需要被准确理解的命题，他试图通过逻辑和推理这种非正统的方式来为正统的解释从理智上加以奠基。与其说这项工作是出于普遍性的理论要求，倒不如说他的这一努力体现着他个性化的诉求，因为阿伯拉尔恰好生来便具有这样的问题意识。在他最后一次被教会和教皇宣布为异端之后，他致信爱洛伊丝说：“我绝不会是个哲学家——如果这就意味着反对圣保罗的话；我也不会是个亚里士多德——如果这意味着把我与基督分开的话……我已经把我的良心放在基督借以建立其教会的奠基石上了……即使有暴风雨，我也不会动摇；即使狂风呼啸，我也不会胆怯……我栖息在那坚不可摧的基石之上。"[①]这两人之间的私人信件，必定比他桀骜的表象更能体现内心的真实想法。尽管他并不想成为一个异端，但他就三位一体、道成肉身，以及神的恩典所展开的逻辑推演难免会带来削弱宗教真理的危险，阿伯拉尔并不是那种想要或者在事实上攻击教义的人，他被指责为异端在很大程度上可以归结为他个人的宿命。

能够加强这一论证的是如下事实：阿伯拉尔并不致力于把他的哲学发展为一个融贯的和有异于教义的体系，在他还是一位年轻学者时，他的逻辑学所着重考察的是经院哲学家们所共同关注的共相问题，而当他转向神学又遭遇不幸之后，他依然手持逻辑的工具去理解神学的教义。对于不符合逻辑的传统信念，他定然会嗤之以鼻，他坚信对《圣经》的准确解释应该符合逻辑，如果公认的权威经受不住辩证法的考验，那只能说明基督教当中尚有许多没有解决的问题，有待于包括他在内的基督教思想家们去作出努力，而重复和崇拜权威对他来说根本无济于事。他力图使信仰尽可能成为可被理智维护的东西，因为在他眼里圣经的文字和教父的证言真实不虚，人们所缺少的只是正确的理解和有效的解释。阿伯拉尔在他的《信仰宣言》中抱怨说："如今所谓的逻辑学已让世人讨厌我，那些追求堕落、智慧完全为迫害他人而生的邪恶之徒说我像逻辑学家一样崇高，但我对保罗缺乏理解。他们赞扬我的智力，却损害我信仰的纯洁性。在我看来，他们是靠主观臆断而非真凭实据得出这一结论的。我不想成为一个与保罗发生冲突的哲学家，也不想成为与基督脱离关系的亚里士多德。因为

① ［法］阿伯拉尔：《劫余录》，商务印书馆，2013年，第282~283页。

基督是我唯一的救世主。”他悲哀地承认，他的逻辑方法招致了人们的误解和仇恨，但他并不只是出于炫耀出众的技能才这么做，在论辩当中轻易取胜的小聪明并不能满足他精神上的需要，他不轻易听信权威，是由于他目睹了教会中的虚伪和堕落之后，更加看重逻辑所具有的勇敢和诚实的品格。

阿伯拉尔将信仰看作汲取希望的力量之源，面对不幸的遭遇，他在自传性质的《劫余录》中回顾说：“我身体的那个部分，那个引起欲望的唯一源泉被拿掉了，而这样才能让我在许多方面得到升华，让这个器官为它犯下的罪行得到应有的惩罚，让它为追求一时之乐赎罪，也让我完全从泥沼中脱胎换骨，我曾从肉体到灵魂深陷于这泥潭中，唯其如此我才能更有资格走进圣坛，如今再也不会有肉体上的不洁让我远离圣坛了。”[①]他以自己的方式坚定地维护信仰，认为自己从此可以像奥利金一样彻底摆脱欲望，保持完全的纯洁，后者曾为了达到这目标而主动阉割了自己。在这样一种寻求自我认同的探索中，阿伯拉尔做了最真实的自我剖析，并据此确立起了最由衷的信仰。

（三）经院方法——信仰和哲学的一致

阿伯拉尔以其《是与否》开创了一个经院哲学的新时代，这篇意义非凡的文章对中世纪思想的影响，主要是方法论上的。它成型于1122年左右，并在他此后的岁月中被不断地审视、修改和扩充。文章的主体由教父们所论述的158个神学问题和有关的《圣经》经文构成，按照内容的不同，它们被分成显然是互相矛

① ［法］阿伯拉尔：《劫余录》，商务印书馆，2013年，第73页。

盾的各个组，阿伯拉尔所做的核心工作就是根据这些矛盾把困惑有条理地陈述出来。长期以来，这部著作的意义被比做珍妮纺纱机对资本主义经济发展所造成的影响，然而这一评价是基于把阿伯拉尔视为一个理性主义者或者自由思想家而作出的。事实上，《是与否》在题材和体例上并没有根本的原创性，因为将矛盾的论述放在一起加以辨析，在阿伯拉尔的时代早已是经院哲学家们通行的做法，他们不仅收集文本，编纂文集，而且还为批评性的考察和协调不同的观点制定了一套现成的规则。基于前一种理解，阿伯拉尔的这部作品被看成是试图通过表明矛盾的存在来破坏传统的教义，以便为理性的探索让路，但一些训练有素的中世纪思想史家指出，《是与否》体现的是为了解释和协调论述和经文的不一致之处而做的辩证推理。有一个明显的事实支持着后一种看法，即教会和阿伯拉尔的论敌们从来没有利用这部著作来攻击阿伯拉尔的反传统倾向。

但是这部杰出的作品无疑为辩证法开拓了一片广阔的领域，尽管辩论早就是经院哲学中的常规技能，但使辩证推理本身成为辩论的中心议题，却是阿伯拉尔的功劳。阿伯拉尔在别人只是做了断言的地方讨论和解说教义，力求使之合理，而不墨守成规，对提高当时学校教学的智力水平做了很大的贡献。无论他在巴黎还是在别的地方，阿伯拉尔都是作为一个辩证法的名家而发挥着他的影响，并为经院哲学引入了具有更高级智力内容的训练。在他的影响下，神学问题开始变得平易近人，因为可以通过一种人文的、实际的和人们的理解能力相契合的推理和探讨，至少是部分地理解它们，这好过只是空喊抽象的原则并不明白自己说了些什么。有一项重大的指责是说，阿伯拉尔没有给信仰留出地盘，但在阿伯拉尔看来，如果没有理性的支持，某些宗教信条很可能只不过是一些意见或者假定，只有经过去芜存菁和披沙拣金的辩证推理，准确而牢固的信仰才能被确立起来。阿伯拉尔由于不检点的生活经历而丧失了成为一名神学大师的基本品格，并且由于倍受同时代权威人士的攻击而曾经不止一次受到谴责，因此他既没有获得封圣的荣誉，也未能成为一名广被引证的学者。但是他所倡导的辩证方法却以其独特的魅力深入人心，他把信仰的奥秘从天上拉到了人类理智和经验可以试图企及的层次。尽管在他的时代这一方法的优势还很难为人们所承认和接受，但很显然，在他多年富有声望的教学活动的影响下，推理和论证为正统思想的成熟和巩固提供了不可或缺的养料。

正是基于许多传统问题并没有得到恰如其分的解决这样一种认识，阿伯拉尔撰写了《基督教神学》一书来尝试用他所认可的方法来给出解决的方案。阿伯拉尔想要证明信仰的真理和哲学的真理是和谐一致的，即使人类智慧不能窥探所有的宗教奥秘。和他在共相问题上的概念论主张相一致的理解是，上帝掌握着全部的共相，就好像在上帝的头脑中拥有着全部的柏拉图式的理念。但是对人的理智来说，这些共相只是被观念所意指的东西，人们只能通过现实存在的种种殊相及其不可避免地体现出来的种种相似性来推知共相和谈及共相，但人们不能像上帝那样总是完整地、直接地和准确地把握共相。据说阿伯拉尔是第一个使用拉丁文theologia（神学）一词的人，是他改变了这门学科以前所具有的那种神秘的含义，并使这个词具有了目前在欧洲语言中所通常具有的意义，因此他被很多人拥戴为经院方法的创立者，尽管以上的叙述已然表明这一评价有些过誉了。

（四）出自良心——须遵循自己的判断

阿伯拉尔在伦理学领域的建树比他在辩证法方面的影响更加突出，他反对那种把道德上的善看作仅仅是其行为与上帝的法则相符合的流行观点，在他看来，应该把道德上的善视为行为者的倾向和意愿，而如果对上帝的法则不知情或者有所误解，那么最好是按照行为者的良心行事，即便它可能是错的，因为“除了违背我们的良心之外，没有罪过”。这样一来，关于原罪的学说就得到了新的解释，原罪不再是违反上帝的法则，而是藐视了上帝这个立法者。关于其他的罪行也是如此，在《认识你自己》这篇伦理学著作中，阿伯拉尔针对“圣父，原谅他们吧，他们不知他们干了些什么”这段经文评论说，应该强调的是“他们不知”，而不是“干了些什么”，那些把基督送上十字架的人们的罪是可以被宽恕和免除的。阿伯拉尔也承认，至善的行为在主观上和客观上都应该是善的，出自良心的道德准则和出自上帝的绝对戒律之间，有着协调一致的关系，但正如只有在上帝那里才具有全部的共相一样，人类的智慧很难完全知道上帝的律令究竟是什么样的。他的这一见解很快成为经院哲学家们的常识，他们大都会主张，人们在作出决定时应该遵循自己的判断，选择那些自己认为是正确的做法，即使周遭的环境和权威的律法禁止他作出这种选择，他的行为在伦理上也是善的。伦理的自律和主观的理性密切地联系在阿伯拉尔的伦理学说当中，在这里，良心和逻辑一样指导着人们在具体的环境里保持清醒，在这个意义上，阿伯拉尔是康德的先驱，因为他们都认为除了善良的意志，没有别的什么东西是善的，也都认为完满的善必将意味着客观标准和主观意向之间的互相符合。

这种伦理学说是以个人为中心的救赎学说，在这里，救赎不再是遥不可及的神话，而是变得与有赖于主观意志的自由选择密切相关起来。对阿伯拉尔来说，一个行为的道德价值取决于行为主体的意向性是什么，人们按照对上帝的爱或蔑视而成为善的或恶的，并表现为行动，因为如果仅仅通过偶然的服从或者不服从人们所不知道的道德命令来得到救赎的话，那么爱和蔑视就将变得无所适从了。阿伯拉尔坚信人们普遍地知道良心的指引是什么，并且普遍有能力把良心的指引应用到特殊的行动上，他认为那些犯罪的人通常都是不情愿的，并区分了想要和同意这两个层次，这就在延续了苏格拉底提出的“无人有意作恶”这一基本判断的基础上说出了更加丰富的东西。对行为的意图和目的的强调并不是让阿伯拉尔有别于他同时代人的主要特点，因为当时普遍的观念在于，有了罪恶的动机便有了罪恶，从考虑到实施，罪恶的程度在不断地加强。阿伯拉尔则认为，未付诸行动的动机是没有任何罪恶的，因为一个受到强烈促动而未同意自己实行犯罪的人，比一个未受促动而保持不犯罪的人在道德上更值得称道，因为他抵制住了蔑视上帝的诱惑，并表现出了对上帝的爱。基于同样的原因，那些犯罪行为因为受到阻碍而停止的人，在蔑视上帝的程度上并不亚于那些罪行没有受到阻碍的人，因此并不能够根据行为实施的结果来评价其罪恶的程度。

上述观点对于阿伯拉尔的批评者来说是不可接受的，这直接导致当时最有影响力的教会领袖明谷的圣贝尔纳在宗教会议上对阿伯拉尔的辩证法和伦理学发起了谴责，并动员教皇发出了敕令附和。后来的故事我们都知道了。站在正统观点的立场上看，阿伯拉尔过多地强调了主观性的方面，以他对救赎的理解，人应该爱神而不是赎罪，因为神一直在爱着人们，而人的问题正在于不知道神的爱才害怕神的愤怒和报复，于是处处担心玷污了神的尊荣，并时时生活在小心翼翼地清规戒律当中。阿伯拉尔对救赎的理解被斥为主观主义，但这并不意味着阿伯拉尔不看重客观的方面，他无意与教义唱反调，而只是因为其虔诚而更多地强调自律的方面，以个人为中心的视角使他认为，在亚当犯罪的时候我们并没有参与其中，至少我们的意志并没有对此表示同意，因此亚当所犯下的罪并不是我们的罪，原罪所体现的正是罪的悲剧的方面和客观的方面。阿伯拉尔的拯救学说后来得到了新教的认可：神的爱是主观的，我们对神的爱也是如此，从恐惧出发的忏悔不如从爱出发的忏悔来得虔诚。

（五）成就德性——对固有倾向做反抗

阿伯拉尔对辩证法的推崇和他在伦理学问题上对行动者的主观动机和意志因素的看重都体现出了古代德性论对他的影响。站在以个人为中心的立场上，阿伯拉尔对古代哲学家们所着重阐释的审慎、正义、勇气、节制等几种典型的德性表现有着独到的见解。他认为，审慎是德性得以实现的主观条件，而非德性本身，因为人们经常出于快乐或者恐惧而远离了神圣命令的指导，从而不能实施正义的行为。勇气和节制也同样都是服务于德性实现的条件，但是和审慎相比，它们是一种相对稳定的状态，具有客观的性质，人们借助勇气来克服恐惧，通过节制来抵制诱惑，从而做出善行，不去做被禁止的事情。他在一部名为《哲学家、犹太人和基督徒之间的对话》的著作中，结合他所处时代的世俗化倾向，重点阐释了他的德性论观点，阿伯拉尔把德性看作通往至善的途径，借用哲学家之口把德性认定为心灵的最佳境界。

德性不是先天就已成就的状态，而应该被理解为是经过后天的培养、训练和努力才能获得的，德性来自省思而形成的向善的意志，它是一种有力量的根本态度和一切行为的准据。阿伯拉尔的德性观与康德的看法十分类似，在康德那里，“德性是一个人在遵从其义务时意志的道德力量，德性并非自身就是义务，或者拥有德性并不是义务，而是义务发布命令，并且以一种道德的强制来伴随其命令，但由于强制应当是不可抗拒的，为此就需要力量，力量的程度，我们只能通过人由于其偏好而给自己造成的障碍的大小来度量”。阿伯拉尔认为德性之所以值得称道，正是因为它是一种需要特别的努力才能获得的东西，它的作用就在于反抗自己的固有倾向，制服自己的固有本性，使自己的行动与良心的指导和神圣命令的要求相符合。

（六）上帝爱人——接受恩典由人决断

阿伯拉尔尽管主张从以个人为中心的立场来探讨伦理学问题，但上帝才是他世界观的核心，在关于善恶和它们与上帝之间关系的问题上，与他同时代的人都倾向于接受早期基督教前辈们所主张的看法，即恶是善的缺失，它本身不具有实在性，但在阿伯拉尔的思路中，恶当然不是善，也并不存在恶这类实体，但恶是作为事物的偶性而存在的。与这一看法相一致的是，阿伯拉尔认为没有人天生就是有德性的，虽然有一些人甚至天生无需付出什么努力就能够依照良心行事并符合神圣命令的要求，但他们只不过是比那些天生就具有一种恶的倾向的人运气好得多，他们被先天赠予的东西尽管是某种程度上的善，但这种先天的倾向所导致的行动却不能换来德性的报答，即上帝的救赎，因为他们缺少向善的主观意图。阿伯拉尔坚信上帝会按照一套理性的原则来奖赏众人，如果一些人天生就能够得救，而另一些人天生便不能，那么上帝就肯定是在公然地行不义了，而这是不可能的。阿伯拉尔之所以强调这一点，仍是基于他的主观主义原则，因为如果人们不能通过自己向善的德行而得救，那么开启幸福之门的钥匙便只能掌握在别人的手上，而那样的话上帝的意志和他所建立的世界就变得不合理了，在阿伯拉尔看来，这也是不可能的。总之，在阿伯拉尔的观念里，通往至善的路是向每一个人敞开的，每个人都可以通过自己的德性赢得拯救，德性必须立足于每个人自由的选择和向善的决断之上，一个人所面临的向善的阻力越大，那么他向善的意志的道德力量也就越大，从而得到的福报也就越多，这样一来，神的仁慈便体现得淋漓尽致，神的意志也便成为可被理解的了，这反过来也加强了信仰的力量。

阿伯拉尔认为，上帝爱人是一个分析性的命题，爱不是上帝的偶性，而是他的本质，他既不会爱这种人而不爱那种人，也不会一会儿爱人而一会儿又不爱人，因为如果那样的话，上帝就是为激情所控制的，这也是不可能的。他相信上帝向所有的人都伸出了恩典的手，问题仅仅在于人究竟是选择接受还是准备拒绝，恩典就是那些自由决断的成善的契机，他在每个人的身上都会发生。在阿伯拉尔看来，神圣的“三位一体”可以为他这种理解提供佐证，圣父意味着能力，圣子意味着智慧，而圣灵意味着善意，上帝同时具有这三个本质属性，因而他是至善的。上帝的爱毫无差别地惠及所有人，他和那种满足于阿谀奉承的异教神祇完全不同，上帝从不索求，而只是提出要求，上帝无偿地给予了人们区别善恶的能力和实现德行的契机，并不带强迫地任人们选择。人们想要追求幸福，必须自己作出决断，如果人们选择拒绝上帝的恩典，那么仁慈的上帝也不会迁怒或者怪罪于这些人，而只是会感到惋惜，因为他们即使得到了上帝的爱和所提供的契机也没有能够得到拯救，他们所作出的是拒绝上帝拯救的选择。阿伯拉尔始终是从主观意愿入手来讨论上帝和人之间的关系，这就把古代哲学的德性理论和基督教的教义，以及世俗生活的智慧和宗教的虔诚巧妙地融为一体。

三、主要影响

（一）对宗教神学的影响

提到基督教哲学，人们往往会把经院哲学和教父哲学一概而论，尽管它们有着这样或那样的不同，单纯考虑历史因素的话，教父哲学实际上是古希腊罗马哲学的一部分，而经院哲学才真正属于中世纪。经院哲学是中世纪哲学的典型形态，从公元 8 世纪开始发端，到公元13世纪达到全盛，在此期间涌现出来的经院哲学大师可谓群星璀璨，阿伯拉尔只是他们当中独具特色的一个，但正是阿伯拉尔的出现，才为经院哲学核心问题的转换创造了条件，进而使人们在智力上和情感上为迎接更为系统、深刻和复杂的神学大师们的论述，以及更为广泛、彻底和精致的异端们的挑战做好了准备。

作为12世纪的哲学家和神学家，阿伯拉尔热情地采用辩证推理的方法去考察从世俗到神圣的一切事物，对于那些“讲神的语言”却不能按照自己的领悟作出解释的人和做法不以为然，对于那些接受信仰的奥秘，却对意指奥秘的词的意义了无心得的人和状态十分不满。尽管他并不追求从有限的人类理智当中推知神圣的宗教奥秘，但他却常常试图采取推理的手段把这些奥秘变成有着理性能力的人们可以尝试去理解的东西。对于当时那些宗教权威，如圣贝尔纳来说，阿伯拉尔的做法明显是一种威胁信仰的超越性的可怕行径，他们虽然以布道者自居，身负散播上帝所揭示的真理并为之作出辩护的神圣职责，但却害怕这些真理被人们毫无敬意地拿来讨论且不可避免地被（至少是暂时性地）设定为批评和怀疑的靶标。但是圣贝尔纳似乎也接受阿伯拉尔的立场、出发点和某些洞见，否则他不会说出“上帝的秘密被迫暴露”这样的话。他们大都认为，对于青少年和无知者的信仰来说，阿伯拉尔的辩证法是一剂过猛的良药，容易滋长狂妄和自大的不恭心态，那样的结果对基督教信仰来说是显而易见的损害和辱没。一旦这样的思维方式占据了主导地位，它将不可避免地影响人们朴素而虔诚的宗教生活，即便以阿伯拉尔的方式可以在更高的层次上搭建一条信仰与日常生活之间的纽带，让信仰变得更加坚不可摧，但对于大部分普通人来说，这样正面的结果是望尘莫及的，阿伯拉尔所倡导的思想方法对于保卫和攻击信仰具有同样的力量，一旦这种危险成为现实，传统教会的作用就不复存在了，而这样的后果在当时是不堪设想的。

阿伯拉尔被视为一个杰出的逻辑学家和带有批判性的思想家，在经院哲学研究方法的演进中起到了不可替代的作用，但是他并没有像他的后来者如托马斯·阿奎那那样建构起一个涵盖哲学和神学各主要领域的完整而融贯的思想体系，而只是在某几个领域有着独到的建树，即便如此，他所开创的理性方法和思想原则还是在宗教哲学和世俗哲学中产生了深刻的影响。阿伯拉尔本人在经院哲学中首次引入了神学这一概念，并大致划定了神学研究的疆域，而受阿伯拉尔影响的哲学家们则规定了在大学中从事神学研究的基本方式。

（二）对教育事业的影响

阿伯拉尔最初来到巴黎的时候，那里还称不上是著名的学术中心，在他成功当上圣母院学校的教师之后，事情起了变化。他大概在公元 1115 年或公元 1116 年写成了一部颇有分量的逻辑学著作《辩证法》，这本书覆盖了当时逻辑学研究的所有领域，把巴黎的辩证法教学提高到了领先的地位，导致各国的学生蜂拥而至。他的逻辑学著作将辩证法的技术性质变得显而易见。他还从概念论出发重新考察了由古代哲学家波菲利和亚里士多德所提出的形而上学问题，这项工作既涉及当时经院哲学家们所集中讨论的共相问题，也涉及更为专门的语义学问题和逻辑形式问题。阿伯拉尔指出，推理论证仅靠那种传统的修辞学的说服力是不够的，而且概然的论证也无法被恰当地运用到“如果……那么……”类型的条件句中去，于是他将论证的有效和条件句的真值做了清楚的划分，并深入考察了条件句的语义问题。他既不认为条件句的真值是以思想之间的关系为根据，也不认为真值是以条件句所指称的事物为根据，他断言条件句的真值取决于陈述本身，即他所“说”的东西，阿伯拉尔创造性地把陈述转换成了现代意义上的命题。

油画为阿伯拉尔在巴黎索邦神学院（现巴黎四大）授课时的场景

资料来源：https://commons.wikimedia.org/wiki/File:Ab%C3%A9lard_et_son_%C3%A9cole_sur_la_montagne_Sainte-Genevi%C3%A8ve.jpg。

建立在这种辩证推理之上的神学思考对于求知的年轻人来说具有前所未有的魅力，因为修道院学者总是没完没了地讲述教父们和他们之前的中世纪思想家的传统，阿伯拉尔的教学方式不仅使人耳目一新，而且对大家所敬重的传统构成了强有力的挑战。

随着被吸引到巴黎的年轻学生越来越多，修道院类型的学校已经无法容纳，教会学校以外的传授和讨论成为常态，一种新型的教育和学术机构于是便呼之欲出——这就是大学。中世纪的大学首先出现在世俗化程度较高的意大利，而巴黎大学的创建便要归功于阿伯拉尔所创造的两大条件：不同于教会学校的讨论风格和被吸引来的大量求学者。巴黎大学和阿伯拉尔所在的巴黎圣母院学校有着千丝万缕的联系，与意大利那些具有世俗色彩的自治城市中出现的大学不同，它具有强烈的宗教色彩，从一出现，就成了经院哲学的大本营。大学的出现催生了一大批职业知识分子，他们可以在教会系统之外以教师身份维持生活，而不必像乞讨为生的修士和教会豢养的僧侣那样服务和听命于供养他们的人，这就使得以求知为目的的学术活动更加纯粹了。

大学这种组织形式并非一蹴而就，巴黎大学的前身可以追溯到阿伯拉尔在他和主管圣母院学校的威廉唱反调时，在巴黎独立讲学授课的那所学校，他的课堂和众多学生跟随阿伯拉尔个人命运的跌宕几经迁移，最终回到巴黎，并在那里大放异彩。聚集在巴黎的学者大多是来自巴黎甚至法国以外的地方，学生更是如此，从欧洲各地慕名前来的学生后来有的成长为大学或是修道院学校的老师，有的则在各处担任了神职，天生的国际性大大增强了巴黎大学的影响力，使它得以在后来有能力成为中世纪大学的典范和自由知识分子的庇护所。

（三）对人文主义的影响

阿伯拉尔所处的12世纪被称为早期经院哲学的黄金时代，这是一个富有多样性的思想蓬勃发展的时代，也是人文主义在宗教背景下开始苏醒的时代。如果没有阿伯拉尔在12世纪前40年里对人们的精神生活领域造成的影响，传统经院哲学的听众也便很难参与其中，知识分子们的讨论也便只局限于宗教问题内部。被历史学家们所公认的是，在15世纪的意大利文艺复兴出现之前，至少在12世纪也曾出现过一次古典文化的复兴和人文主义的大潮，阿伯拉尔正是这一时期的标志性人物。

在当时，阿伯拉尔的名望使巴黎成为法兰西最受欢迎的学术中心。此后不久，学校数量的增加和教师之间的竞争促使巴黎成了整个基督教世界的文化中心和学习研究中心，当时各国学者们的通用语言是拉丁语，大批学者、学生和听众从外国和外地汇集于此，最终形成了巴黎最著名的拉丁区。在阿伯拉尔直接或是间接的影响下，长期以来被视为教会专属的学习内容和教学方法被普及化和大众化。并且在阿伯拉尔的主导下，神圣的信仰和玄虚的哲学分别取得了理性化的改造和技术化的形式，因此他一生的教学和研究活动所具有的实际影响远远超出了他的时代。

从时间上说，他是法国这片土地上出现的第一个哲学家，他的方法和取向或多或少影响了之后法国哲学的基本基调，那就是对世界理性秩序的关照和对个人生存境遇的探讨。从这一点来说，他是以笛卡尔为典范的众多法国哲学家的前辈和精神先驱。阿伯拉尔以其独具魅力的思想风格和教学方式，以及令人唏嘘的人生悲剧和爱情传奇被人们铭记、传诵和敬重，使那些不大关心中世纪的思想和制度或者中世纪圣徒们生活方式的人们，也会对这样一位思想英雄产生兴趣，以至于这位思想英雄的故事经彼得拉克和卢梭等人的传播之后，成为西方世界最为著名的爱情故事之一。

四、启示

（一）对探求真理的启示

阿伯拉尔在其求学时代便践行了“吾爱吾师，吾更爱真理”的求知精神，在各大权威莫衷一是的领域，他以强有力的辩证推理为武器，像骑士一般驰骋疆场，不仅让那些虚假脆弱的权威偃旗息鼓、销声匿迹，而且获得了与其勇气和能力相称的学术声誉。但是阿伯拉尔并不以辩论的胜利和权威地位的确立为目的，他之所以毫不退缩、不肯忍让地叛出师门、到处树敌，乃是因为他一直把探求真理作为其唯一的目的。

在阿伯拉尔的心目中，那些未经批判和反思的权威的结论不应该被轻易置信，因为权威和普通人靠近真理的方式并没有什么不同。在阿伯拉尔的时代，辩论早已是经院哲学家们的常规工作手段，因此权威也大都是在长期的辩论过程中凸显出来的，权威之所以被敬重和信任，乃是因为他们通常会比常人更负责任地面对经典文本和各种意见，他们更好地掌握了辩证推理这一有效武器的用法，从而能够在面对神圣信仰和传统教义时见到别人所未曾见到的枢机，发现别人所未能说出的道理。因此阿伯拉尔在面对权威的时候并未有意地降低自己的姿态，去无原则地接受某一种观点和结论，而是把自己放在与权威们相同的问题域当中，用他可靠的辩证法重新考察一遍，来确认他们的看法是否真的无懈可击。

阿伯拉尔一生中削弱了很多个权威的影响力，同时也使他所倡导的方法为更多人所熟悉，这令一大批好学求真的青年如梦初醒、振奋异常，因为按照阿伯拉尔的思路来看，在面对真理问题的时候，那些权威和阿伯拉尔本人都是他们当中的一个，他们分享着共同的问题和解决问题的办法，只要坚持以审慎的态度面对问题，并以可靠的推理处理问题，每个人都有机会像权威那样窥知真理。真理是向每一个有准备的人开放的，近现代自然科学的发展历程当中不乏这样的例子，在当代也是如此。了解权威之所以权威之处，比简单地接受他给的答案要高明得多。

（二）对追寻道德的启示

无论在东方还是西方，向神祇祷告、忏悔和许愿似乎是通行的做法，人们遵循着同样的行事逻辑。但阿伯拉尔敏锐地发现，如果上帝是被设想和信仰的那个样子，他便不会过多地介入当下的世俗生活，而只是会以慈悲为动机，赋予每个人以良心的指导，并给出为善去恶的契机供他们选择。阿伯拉尔的发现不见得契合基督教的传统教义，但是阿伯拉尔对拯救问题的解释是自有一番道理的，因为按照教义的说法，上帝绝不会是不正义的，因此他不会事先规定哪些人可被拯救和哪些人永远不可能被拯救，永生和真理以同样的方式向所有人敞开大门，从而每个人都能够像努力学习辩证法一样努力去行善，以便获得内心的宁静和良心的安慰，并最终获得拯救和永生。

无论从宗教传播的角度来看还是从世俗教化的角度来看，阿伯拉尔的解释都异常高明。抱着这样一种理解，人们便会时时处处都处于对自身动机和行为的反思之中，便不会把上帝的拯救和命运的福报看作是外在的事情。就个人修养来说，阿伯拉尔对主观动机的重视具有显而易见的指导作用，它会促使每个人在作出决断时首先诉诸自己良心的指导，并进而在特殊环境下见证自己的善意和恶意，并对自己的行为后果抱以合理的预期。就社会治理来说，阿伯拉尔对上帝拯救的机制有着合乎情理的描述和解释，它为在人类理智可以达到的高度上澄清和强化道德规范的普遍性和有效性提供了有效的保证。

阿伯拉尔个人的生活际遇和他在道德生活中的表现和反思是融为一体的，从一个桀骜不驯的学者和陷入不伦之恋的教师，成长为一个虔诚的宗教信徒和具有强大精神力量的哲学家和神学家，这一过程便体现出阿伯拉尔对生活的认真、对厄运的豁达、对崇高的向往和对自身的反思。他在对待自己人生经验时的坦诚和虔诚让人印象深刻。每个人都会多多少少地犯下一些错误，也都会由于环境所迫作出一些违背良心的选择，阿伯拉尔并没有以过于理想主义的方式来理解人生当中不可避免的悲剧，他的启发性在于，上帝不会因为一时一地的错误而选择对某个人永不原谅，便放弃拯救他，因为那些作为上帝恩典的选择向善的契机，人们时时处处都会遇到。

（三）对承受苦难的启示

阿伯拉尔的一生并不完美，并且从某种意义上甚至可以用悲惨来形容，然而阿伯拉尔还是以他在哲学上和神学上的成就而被人们铭记和敬仰。死而不亡者寿，阿伯拉尔以他自己的方式获得了永生，而他所倡导的价值原则，也已经和他所极力主张的辩证推理一样，成为善加反思的人们的行为准则。对阿伯拉尔来说，他所遭受的厄运和他所达到的成就并不是始料未及的，他深知自己的龌龊动机和善良意志会将他引向完全不同的人生方向，在一切按照他所理解和信仰的方式展开时，他虽然短暂地丧失了自信，却很快便从阴影里走了出来，这得益于学生们的期许和他强大的抱负。

阿伯拉尔曾以让世人匪夷所思的方式克服生理上和精神上的伤痛，重新回到属于他的人生舞台，并在多年的煎熬和坚持之后初心不改。支撑他一生的信念，不是对自己出类拔萃的论辩技巧的自负，而是与对宗教的虔诚不相上下的对自身使命的认可和关注。作为一个天才式的辩证法大师，命运所给予他的是不堪忍受的侮辱和伤害，此间的矛盾和苦衷自不待多言，但阿伯拉尔走出危机的惊人速度正说明了人们自信乃至自负的可能性、条件性和暂时性。人们念念不忘的，往往峰回路转；人们借以炫耀的，往往转瞬即逝。矢志不渝的阿伯拉尔在辩证法和伦理学上所取得的杰出成就是对厄运的反馈，也是对阿伯拉尔良善动机和崇高抱负的极好证明。

阿伯拉尔对自身命运的忏悔和理解也使人肃然起敬。如果没有阿伯拉尔在《劫余录》中半真半假的和自我安慰式的回忆和判断，人们永远不会知道他那浪漫的爱情故事居然开始于这位伟大导师居心不良的阴谋，而事情往往正是这样。正在发生的事有多少是人们愿望的终得报偿？过去发生的事有多少是人为制造的集体幻想？未来发生的事有多少将面临良心和际遇的频繁较量？回答这些问题，无疑需要良心和智慧的坦率结合，在这方面阿伯拉尔是伟大的榜样。

五、术语解读与语篇精粹

（一）辩证法（Dialectic）

1. 术语解读

与当时主流的思想“相信即是理解”不同，阿伯拉尔认为人们应当通过思考来获取真理。阿伯拉尔认为信仰不应该是盲目的，信仰要经得起思考的检验，因为“真理不会反对真理”。人们应该通过逻辑（logic）的思考来检验真理，而思考的方式应该是辩证法，即从正反两方面来考虑问题，而不是先假定有一个答案。

阿伯拉尔的辩证法来源于古希腊哲学的辩证法，主要是在逻辑学的意义上使用，是后来德国古典哲学辩证法的早期阶段。阿伯拉尔的辩证法并不与实证相结合，而是分析命题有无矛盾和错误。这种辩证法被黑格尔称为“形式的辩证法”。

阿伯拉尔的辩证法开始了用逻辑方法解释信仰的思潮，他认为“不管是考察著作的真伪，还是辨析语言之歧义，都需要辩证法这一逻辑来检测”[①]。逻辑的作用并非是对于一个固定答案的证明，而是对一个问题的探索。这和当时主流的神学是相冲突的，因此阿伯拉尔也受到了很多的批评甚至迫害。不过阿伯拉尔是一个很虔诚的教徒，他研究逻辑学和辩证法的目的，并非是推翻对

① 李定强：《信仰与理解的交响——从两位经院哲学家到康德》，《文学界》（理论版），2011年第5期。

上帝信仰，而是通过思考来更好地认识上帝。他认为经过了逻辑的检验，人们才会对上帝有更加坚定的信仰。

2. 语篇精粹

语篇精粹 A

From that point on, my own teaching gained so much in stature and substance that those who had been William's strongest supporters—and my own greatest enemies—now came to my school in flocks. Even the man who succeeded him at the school in Paris offered me his own post to become one of my students himself and join the rest of them there in the same spot where his master and mine had once had his day. Now, I had been in charge of dialectic at the school only a few days at most when my old master started carrying on, seething with such envy, boiling with such pain that words cannot do it justice. And once he started, he could not bear it long before he found a scheme to get rid of me even then. Because there was nothing he could do in the open against me, he began to work against the man who had given me his post, smearing him with the ugliest of charges until he wrested the school from his control and put one of my enemies in his place. I went back to Melun and set up my school as before, but the more openly that man's malice hounded me, the more it confirmed my own stature. As Ovid says, "Winds sweep the summits, envy seeks the heights".①

① Peter Abelard, *Abelard and Heloise The Letters and Other Writings*, Trans., William Levitan & Stanley Lombardo, Hackett Publishing Company, 2007, p. 5.

译文参考 A

从那一刻起，我在教学上赢得了不小的地位和物质上的成就。因而曾经最支持威廉的那些人——也就是我最大的敌人，都成群结队地到我所在的学校拜访我。在巴黎，有个在学校里已经取得成就的人甚至将他的位子让给我，而他甘愿做我的学生。而且，我还能加入他们的圈子里。在这个圈子里，我们双方的老师都曾红极一时。目前，我一直在学校里负责辩证法方面的教学。与此同时，我之前的导师也才刚刚投入到辩证法的教学当中。因此，他用嫉妒的眼光看我，由于内心被这种嫉妒所折磨，他甚至连对我说话都充满不公正。而且随着他嫉妒心的膨胀，他越来越无法忍受这样的日子，除非他能想到一个方法来摆脱我。因为他不敢公开反对我，所以他就开始与让给我位子的那个人作对。他用最恶劣的控告来诽谤那个人，直到导师掌权，用别人来代替那个让位给我的人。而他新扶植的那个人就是我的一个敌人。于是我重新回到了默伦，像往常一样重新建起我的学校。但是那个人越是公开地对我使坏，我的地位就越能得到巩固。正如奥维德所说的那样，“大风蚀巅峰，嫉妒促高升”。

语篇精粹 B

It is surely most satisfying that a summary of such a great matter is expressed in so few words, and the goal of the whole of ethics is so precisely summed up. Indeed, this statement of the goal immediately draws the hearer to itself and recommends the study of this discipline, so that the teachings of all the arts become worthless in comparison with it. For, to the degree that the supreme good, on whose enjoyment true beatitude rests, is more excellent than all others, undoubtedly its study excels all others by far in usefulness as well as in worth. In fact, the studies of the other arts remain far below the supreme good, nor do they touch the height of beatitude; and there is no profit apparent in them except insofar as they serve this highest philosophy, like ladies-in-waiting who busy themselves around their mistress. For what value is there in the study of grammar or dialectic or the other arts for the investigation of man's true beatitude? All lie far below this eminence and are unable to raise themselves to such a height. But they do treat of certain ways of speaking or they are concerned with natures of things as if preparing steps towards this height, since we must speak of it, and through the natures of things we are given examples or analogies. The result is that through them we get in touch with the mistress as if we had been introduced by her ladies-in-waiting, possessing the approach, indeed, thanks to them, whereas it is in her that we obtain rest and our fatigue comes to an end.①

译文参考 B

能够用如此简短的话概括这样一个大事件，并将整个道德规范的目标如此精准地总结出来，这真的令人极其满意。关于这一目标的描述甚至瞬间引来了听众，同时也向听众推荐了这一学科。因此，其他学科与之比较就变得一文不值了。因为至高的善行能将快乐和至福带给人间，这是胜于一切的。因而，到目前为止，

---

① Peter Abelard, *A Dialogue of a Philosopher with a Jew, and a Christian*, Trans., Pierre J. Payer, Pontifical Institute of Mediaeval Studies, 1979, pp. 76-77.

对此的研究在用途和价值上无疑都是优于其他研究的。事实上，其他学科的研究远不及最高程度的善行，甚至都无法触及至善的高度；而且，如果这些学科不服务于这一最高级别的哲学，他们将无从获利，正像侍女本应侍奉在女主人身边一样。那么，语法学、辩证法或其他学科对于调查人类真正的至福有什么价值呢？它们虽然都在至福这一目标之下，而且也无法达到那样的高度，但是他们使用一些特别的说话方式，关注事物的本质，就好像是正在为迈向那一高度而准备。而我们必须通过说话表达观点，而且必须要基于事物的本质来举例或类比。所以结果就是，通过这些学科，我们接触到了那样的高度，就好像通过侍女的引荐，我们最终见到了女主人一样。多亏了有她们，我们才掌握了见到女主人的方法。从此我们就可以通过她来见所有人了，这为我们减轻了许多负担。

语篇精粹 C

When, concerned for our salvation, we inquire after God to the best of our ability, his grace surely makes up for what our efforts do not furnish, and he aids those who are willing so that they might have the ability, and he even inspires them with the will. And he who often draws the unwilling does not reject the willing, and he stretches his right hand to the one who is struggling and whose negligence he cannot reprove. In this regard Christ, whom you call Truth itself, to make you secure, added at the end of an apt parable: "Ask, and you will receive. Seek, and you will find. Knock, and it will be opened to you. For the one who asks, receives; and the one who seeks, finds;

and to him who knocks, it will be opened." As I recall, when commenting on these words on one of his writings entitled *On Mercy* Augustine says, "Ask by praying, seek by disputation, knock by requesting." Whence, in the second Book of *On Order*, placing the art of disputation before the other disciplines as if it alone has knowledge or makes knowers, he recommends it in these words: "The discipline of disciplines which they call 'dialectic'. This teaches both how to teach and how to learn. In it reason exhibits itself, and it alone knows what it is and what it wants. It not only wants to make us knowers but is able to do so."①

译文参考 C

我们由于担心，所以会不遗余力地询问上帝自己是否会被解救。上帝是仁慈的，他会将恩惠带给我们，帮助我们达到自身能力所达不到的高度。上帝帮助那些心甘情愿的人，这样他们就有了能力。而且有的时候，上帝还会用这种意愿来鼓舞他们。上帝还经常引导那些不情愿的人接纳情愿的人。对于正在挣扎的人，上帝向他们伸出了右手。而对于粗心大意的人，上帝也会施以援手，而不是去责备他们。就这一点而言，为了让你获得安全，你称之为真理的上帝在恰当的比喻之后，补充了这样几句话："询问，就会收到。追寻，就会找到。敲，门就会开。让询问的人收到；让追寻的人找到；让敲门的人敲开门。"我记得，奥古斯丁在一本叫作《论怜悯》的书中对这几句话作了评论，他说："用

① Peter Abelard, *A Dialogue of a Philosopher with a Jew, and a Christian*, Trans., Pierre J. Payer, Pontifical Institute of Mediaeval Studies, 1979, pp. 84-85.

祈祷的方式来询问，用辩论的方式来追寻，用请求的方式来敲门。”因而，他在第二本《秩序之书》中，把辩论学的地位放在其他学科之前，并把辩论学自身当成是一门能让人学到知识的学科。于是，他提出了这样的建议：“辩证法作为无数学科中的一员，不仅能教会人怎样教学，更能教会人怎样学习。辩证法自身就具备理性，并且它知道自己是什么和要什么。它想让我们获得知识而不是空想，并且有能力做到”。

（二）同意（Permission）

1. 术语解读

同意，一般而言是指对别人的意见或建议表示认同，并因此达成一致的主张，但阿伯拉尔却以此来考察人们对自己行为的认可和准许。在这里，与主体间达成的共识相比，同意更突出主体性，与道德规范给予的评价相比，同意更体现主观性。

同意本身也表现为一种行动，这是一种在善行和罪恶之间作出选择的行动。这一行动也有善恶的属性，也被道德评价，也体现行动主体在作出选择时的心理状态和价值诉求。人们在作出抵制诱惑的选择时，是对自我约束表示同意；在作出参与犯罪的选择时，是对自我放纵表示同意，自我放纵是参与犯罪的人的普遍状况。

同意与意志的自由密切相关。阿伯拉尔坚信人们普遍知道良心的指引是什么，并且普遍有能力把良心的指引应用到特殊的行动上，无人有意作恶。他认为那些犯罪的人通常都是不情愿的，犯罪或者是出于无知；或者是由于意志薄弱，不能抵挡住诱惑。

有犯罪的意愿和同意作出犯罪的行动分属两个层次，那些犯罪的人通常都是不情愿的。

2. 语篇精粹

语篇精粹 A

However, what the Apostle calls indulgence is not tobe interpreted, as they want, as if he had meant this indulgence of permission to be the pardon of a sin. In fact what he says, "by indulgence, not by commandment", means "by permission, not by compulsion". For if spouses want and have decided with equal consent, they can abstain altogether from carnal relations and they should not be driven into them by authority. But if they have not taken this decision, they have the indulgence, that is, the permission to turn aside from the more perfect life into the practice of a laxer life. In this place, therefore, the Apostle did not mean by indulgence pardon for sin but permission for a laxer life for the sake of avoiding fornication, so that a lower life might prevent a magnitude of sin and one might be smaller in merits lest one become greater in sins. ①

译文参考 A

然而，使徒所说的“怜悯”并不是如那些人所愿的，似乎他说“出于怜悯的同意”意味着对罪的赦免。事实上，他说“出于怜悯，而不是处于命令”，意味着“同意，而不是强迫”。因为如果一对夫妻想要而且意见统一地决定一起放弃肉体的关系，那么

① Peter Abelard, *Ethics*, Trans., D. E. Luscombe, Oxford University Press, 1971, p. 23.

就不应该用命令强迫他们那样做。但如果他们没有做这个决定，他们享有这种怜悯，也就是同意他们从一种更为完美的生活转向一种更宽松的生活。因此在这里，使徒并不是说赦罪的怜悯，而是允许过一种更宽松的生活免得淫乱。因而一种不那么完美的生活可以防止更大的罪，而且一个人或许得到上天的赏赐少一些，但至少不陷在更大的罪中。

语篇精粹 B

If we carefully consider also all the occasions where actions seem to come under a commandment or a prohibition, these must be taken to refer to the will or to consent to actions rather than to the actions themselves, otherwise nothing to merit would be put under a commandment and what is less within our power is less worthy of being commanded. There are in fact many things by which we are restrained from action yet we always have dominion over our will and consent. Behold, the Lord says: "Thou shalt not kill (Exodus 20: 23)", "Thou shall not bear false witness (Exodus 20: 16)." If, following the sound of the words, we take these to refer only to the deed, guilt is by no means forbidden nor is fault thereby, but the action of a fault is prohibited. Truly, it is not a sin to kill a man or to lie with another's wife; these sometimes can be committed without sin. If a prohibition of this kind is understood, according to the sound of the words, to refer to the deed, he who wants to bear false witness or even consents to speaking it, as long as he does not speak it, whatever the reason for his silence, does not become guilty according to the Law. For it was not said that we should not want to bear false witness or that we should not consent to speaking it, but only that we should not speak it.[①]

译文参考 B

如果我们仔细地思考行为似乎来自于命令或者禁止的所有场合，行为一定都指的是意愿或者行为的决定，而不是行为本身。否则的话，没有什么命令之下的行为是配得赏赐的，而且越是我们所不能的，越不值得被命令。事实上，有很多禁止我们去做的事情，但我们总是控制我们的意志和同意。神说："不可杀人"(《出埃及记》20：13)，"不可作假见证害人"(《出埃及记》20：16)。如果只按照字面意思，我们认为这些仅仅指的是行为本身，那么罪和错误就不会被禁止了，而是犯错误被禁止。实际上，杀人和同别人的妻子睡觉都不一定是罪，这些行为有时候是无罪的。如果禁止，仅仅按照字面意思去理解，指的是禁止行为，那么想做假见证甚至决定做假见证的人，只要他没说出口，无论没说的原因是什么，根据律法就不是罪了。因为并没有说我们不应该想要作假或者不应该决定去作，仅仅说我们不应该去作。

语篇精粹 C

The Law forbids us to take our sisters or to commingle with them, but there is no one who can keep this ordinance, since one is often unable to recognize one's sisters—no one, I mean, if the prohibition refers to the act rather than to consent. And so when it happens that someone through ignorance takes his sister, he is not surly the transgressor of an ordinance because he does what the Law has forbidden

---

① Peter Abelard, *Ethics*, Trans., D. E. Luscombe, Oxford University Press, 1971, pp. 25-27.

him to do? He is not a transgressor, you will say, because in acting ignorantly he did not consent to transgression. Therefore, just as he is not to be called a transgressor who does what is forbidden, but he who consents to that which it is evident has been prohibited, so the prohibition is not to be applied to the deed but to the consent, so that when it is said "do not do this or that" the meaning is "do not consent to do this or that", just as if it were said "do not venture this knowingly".①

译文参考C

律法禁止我们娶自己的姐妹做妻子，或者和她们行淫。但是如果禁令指的是行为而不是决定，那么没有人能一定遵守这条规定，我是说没有一个人可以，因为人们常常无法辨认出自己的姐妹。所以当一个人在不知情的情况下娶了自己的姐妹，因为他做了律法禁止他做的事，他就违背律法了？你会说，他并没有违背律法，因为在不知情的情况下，他并非有意违背。因此，正如不知情做了律法禁止的事的人不被称为违背者，那些决定去做明显被禁止的事的人才是。因而，禁令不适用于行为而适用于决定，所以当说到"不要做这个或那个"的时候，意思是"不要决定做这个或那个"，就好像说"不要故意冒险"。

（三）拯救（Salvation）

1. 术语解读

拯救体现了人和神圣之间存在的特殊关联，意味着神将人从

① Peter Abelard, *Ethics*, Trans., D. E. Luscombe, Oxford University Press, 1971, p. 27.

堕落的、有罪的状态中解救出来，重新与神和谐同在。在基督教的语境中，“救”与“罪”紧密相关。在英文中，“sin”本来的意思是射箭没有击中靶心，意指人与上帝相背离；“救”则是使人解脱危难，改变那种疏远上帝的堕落状态。

按照《圣经》的说法，每个人不是因为犯了罪而成为罪人，而是因为每个人本来就是罪人，所以不可避免地要犯罪，人们内心的骄傲、嫉妒、恼恨、贪心、淫念等皆是犯罪，它比世俗的道德和律法中所规定的罪的标准要高得多。正是由于人人有罪，人类才过着悲惨的生活；并且人人都有一死，死后且有审判。

但人都不愿死，因为神在造人时，已经把追求永生的渴望放在了人的心里。上帝爱人，派耶稣基督道成肉身来到世上，代替人们死在十字架上。永生的机会是由于耶稣“替罪羊”式的救赎白白得来的，这乃是神的恩典。

2. 语篇精粹

语篇精粹 A

And you come, too, my inseparable companion, and join me in this common act of thanks, my partner in God's grace as you once were my partner in our sins…It was only a short time before that even took place that he joined us together in the bond of holy matrimony when I wanted to keep you forever for myself, beloved measure. But God himself prepared this means to bring us both to him; for if you had not already been bound to me in marriage, you easily would have clung to the world after I had withdrawn from it, succumbing to the pressure of your family or yielding to the pleasures of the flesh. But the sum of your wisdom earns the Lord in interest every day in the form of the daughters in the spirit you have borne him–while I remain forever barren, laboring without issue among these sons of perdition. What a waste it would be, what a hateful loss if you spent your life amid the pleasures of the flesh just to bear a few children in sorrow to the world, when now you can give birth to a multitude of off–spring in joy.①

译文参考 A

来吧，亲密的伙伴，和我一起感恩吧。我们一起犯过错，也让我们一起领受神的恩典吧……不久之前，他通过神圣的婚姻，让我们结合在一起。那时候，我所深爱的爱洛伊丝，我想把你永远留在我身边。但上帝其实已经计划好了用婚姻使我们归向他。因为如果不是我们结婚了，在我远离尘世之后，你却可能听从亲友的劝告，或者贪恋世俗的享乐，依然流连于尘世中。你才智过人，能用你的智慧为主培养敬虔的儿女，从而能时刻委身在对主的服侍上。而我却一无所有，终日与地狱之子为伍，劳苦而一无所获。如果你沉溺在世俗的物质享受中，仅仅是为了在这痛苦的尘世中生下几个凡夫俗子，那会是多么惨痛的损失和痛苦的不幸啊。

语篇精粹 B

Then one day, when I was joking with some of the other students after class, one of them had the idea to challenge me by asking what I

① Peter Abelard, *Abelard and Heloise The Letters and Other Writings*, Trans., William Levitan & Stanley Lombardo, Hackett Publishing Company, 2007, pp. 97–98.

could possibly make of scriptural study when I had had not training at all outside philosophy. I answered that it certainly seemed very useful so far as the salvation of the soul was concerned, but that I was frankly amazed that educated man would find the writings or glosses of the Fathers insufficient by themselves to help them understand their commentaries without some extra instruction. They sniggered at this and asked if I thought I could do it or even presumed to try. I said, if that's what they wanted, I would, and they sniggered even more. "All right," they said, "we' ll find you a commentary on some little-known text and see what you come up with," and they settled on an extremely obscure prophecy of Ezekiel. I took the commentary and invited them to a lecture on it the next day. No, they said, I couldn't hurry something as important as this; I should take my time to pore over the commentary and make sure of every point, especially with my total lack of practice. But I had no interest in their advice and told them in my most indignant tone that it was not my way to rely on practice but solely on the intelligence I was born with, and that either they would come to a lecture when and where I chose or else Iwould give the whole thing up. ①

译文参考 B

然而有那么一天，我在课余时与学生谈笑，忽然有一位学生来了兴致，问我如果要去研究经文，是否会有足够的底气，因为

① Peter Abelard, *Abelard and Heloise The Letters and Other Writings*, Trans., William Levitan & Stanley Lombardo, Hackett Publishing Company, 2007, p. 8.

我除了哲学，并无其他方面的训练。我的回答是，在关于拯救人的灵魂方面，研读经文是大有裨益的，但我同时也对受过良好教育的人，却无法仅仅依靠先知的作品及附带的注释，而是需要额外指导的情况下，才能理解个中含义的这件事情而感到惊讶。学生们对此一笑了之，继续问我是否认为自己可以做到，哪怕是装装样子也好。我便回答说，如果他们确实这样想，那我就这么办吧。于是他们笑得更起劲了，有人说道："好啊，我们去找一段几乎没人知道的文字，看看你能给出什么样的说法来。"他们最后还真的找到了《以西结》中极为生涩的一段预言的评注。我接受他们的挑战，并且让大家第二天就可以来听我讲解。可是他们不同意，认为这件事情很重要，不能匆匆忙忙就了事。他们认为我应该花些时间，仔细阅读这段评注，不能遗漏任何一点，因为我要记得我在这方面是疏于训练的。我却对此不以为然，有点愠怒地答道，我一直仰赖自己与生俱来的那份智慧，对于训练，我是嗤之以鼻的。他们要不就来听我的讲解，时间和地点我来定，否则这件事情就此罢了。

语篇精粹 C

It was he who truly loved you—I did not. My love, which brought us both to sin, was lust, which is not worthy of the name of love. I glutted my wretched pleasures in you, and that was all I loved. You say I suffered for you, and perhaps that may be true; but more, I suffered through you and unwillingly at that, and not from love of you but from my own compulsion, and then not for your good but for your grief. He suffered for you willingly to bring you your salvation. His suffering heals all sickness and puts an end to suffering. To him, I beg of you, and not to me do you owe all your devotion, your compassion, your remorse. Lament the savage injustice worked against his innocence, not the just vengeance brought to bear on me—or what I must call instead, that most extraordinary grace that has come upon us both. You are unjust if you do not love his justice. ①

译文参考 C

真正爱你的人，不是我，是他。我的爱使我们陷入罪恶，是一种贪欲，不值得以爱的名义称呼。我在你身上寻求的是可憎的快乐，这就是我所谓的爱的全部面貌。你说我为你受难，这也许是对的；但其实我是通过你而受难，而且我并非心甘情愿这样做；我这样做不是出于对你的爱，而是我难以自拔；我这么做也不是为了你的好，而是要给你带来苦难。但是他，却甘愿为你受苦，让你得到拯救。他通过受难，治愈了所有病痛，结束了所有苦难。那么我要恳求你，奉上你全部的诚心、热情及忏悔，但不是给我，而是给他。你要为他遭受的非人迫害而恸哭，而不是为我应得的正义惩罚而悲伤，因为这正是我前述的上帝对我们两人的恩惠。要热爱他的这份正义，否则你就成为不义之人。如果你有意识地反抗上帝的意志，拒绝上帝的这份恩惠，那么你一定是极为不义之人。

① Peter Abelard, *Abelard and Heloise The Letters and Other Writings*, Trans., William Levitan & Stanley Lombardo, Hackett Publishing Company, 2007, p. 101.

（四）良心（Conscience）

1. 术语解读

现在的人们一般把良心理解为一种较为主观的感觉，基于对所认同的道德标准而产生的对自己行为对错的思想和情绪。一般良心并不被理解为是对道德标准的理性判断，而是一种感性的直觉。但在中世纪，人们认为良心与理性的认识有很大的关系，阿伯拉尔更是将其与罪和上帝的善联系到了一起。

每个人认同的道德标准不同，所以每个人对同一件事内心的良心的反应也有可能不同。比如在公共场合占座，有人认为这是侵占了公共资源并且给他人造成了不便，因而良心责备自己；有的人认为这是先到的权利，给自己和亲友提供方便，无可厚非。而这背后表现的便是对占座这一事件的理性认识，即先到这一行为是否意味着能够暂时占用更多的公共资源。

然而不会有人认为杀人放火也是符合人的良心的，因为这不符合普遍的道德标准。在这一问题上，阿伯拉尔并非认为人们有着共同的道德判断，证明存在着一个客观存在着的、不变的道德标准；而是上帝将他的自然法启示人们，使人们有一些共同的道德判断。人们对于良心的顺从与否是每个人的意愿，选择顺从良心是善，违背良心是恶。

2. 语篇精粹

语篇精粹 A

But alas, I thought, the less I then suffered from the wound, the greater is my punishment now through slander, and I am tormented far more by the loss of my reputation than I was by that of part of my body. For thus is it written: "A good name is rather to be chosen than great riches" (Prov. XXII, 1). And as St. Augustine tells us in a sermon of his on the life and conduct of the clergy, "He is cruel who, trusting in his conscience, neglects his reputation." Again he says: "Let us provide those things that are good, as the apostle bids us (Rom. Ⅻ, 17), not alone in the eyes of God, but likewise in the eyes of men. Within himself each one's conscience suffices, but for our own sakes our reputations ought not to be tarnished, but to flourish. Conscience and reputation are different matters: conscience is for yourself, reputation for your neighbor." Methinks the spite of such men as these my enemies would have accused the very Christ Himself, or those belonging to Him, prophets and apostles, or the other holy fathers, if such spite had existed in their time, seeing that they associated in such familiar intercourse with women, and this though they were whole of body.①

译文参考 A

但是我遭受的肉体的伤痛越少，那些恶意的中伤对我的惩罚就越重。名声受损比身体的任何一部分受损对我的伤害都更重。因为《圣经》上说："美名胜过大财。"(《箴言》22：1) 正如奥古斯丁在他一篇关于牧师的生活和行为的讲道中说到："那些只

① Peter Abelard, *Historia Calamitatum*, Trans., Henry Adams Bellows, DODO Press, 2006, p. 43

看重自己的良心，而忽略自己名声的人是残忍的。”他又一次提到：“正如使徒保罗所勉励我们的(《罗马书》12：17)，不仅要做上帝眼中认为美善的事，也要做众人眼中美善的事。”对于人自己来说，良心足够了，但是为了我们众人的缘故，人的名声不仅不应该黯淡无光，还应当熠熠生辉。良心和名声是不同的事物：良心是为了自己，名声是为了邻舍。在我看来，那些恶意毁谤我的人，如果回到耶稣的世代，也一样会毁谤耶稣，或者那些属耶稣的先知和使徒，以及其他属耶稣的人。因为他们会看到耶稣他们也是和我一样与那些敬虔的妇女有来往，虽然他们的身体是完整的。

语篇精粹 B

We sin in everything we do against our conscience and against what we believe. And we judge and condemn ourselves in what we allow—by the terms, that is, of a law we accept and approve—if we eat the foods which we discern—that is, distinguish as unclean and exclude according to the law. So powerful is the witness of our conscience that this, above all, will condemn or acquit us before God. Hence, John remarks in his first letter: Dearly beloved, if our hearts do not reprehend us, we have confidence toward God. And whatever we shall ask we shall receive of him, because we keep his commandments and do those things which are pleasing in his sight. Paul, then, spoke correctly when he said above, “Nothing is unclean in Christ but to him that esteemeth it unclean,” or impure and forbidden to the man who believes it so. We apply the term *common*, or *unclean*, to foods which are called *impure* according to the law, because when the law forbids these foods to its adherents, it makes them available or public, as it were, to those outside its jurisdiction; hence, *common* is also a term for impure women, and anything cheap or less valuable which is made public is also known as *common*. And so, Paul says that in Christ no food is *common*, or impure, because the law of Christ forbids no food, except to avoid an offense to one's own or another's conscience.[①]

译文参考 B

我们只要是做了违背良知或者违背信仰的事情，就是犯罪。我们在犯罪之后，会用我们所认可的标准来审判和责罚自己，这个标准就是我们所认可和支持的法则。而且我们在鉴别食物时也是看食物干不干净和吃了以后违不违法。我们的良知有着如此强大的根据，使我们在接受上帝的处理之前就已经得到惩罚或赦免。于是，约翰在他的第一封信中写道："亲爱的弟兄啊，我们的心若不责备我们，就可以向神坦然无惧了。"无论我们想要问他什么，我们都会得到他的指示。因为上帝总是指挥着我们，让我们做在他看来能给人带来快乐的事情。保罗曾准确地提出，"在上帝那里，没有不干净的东西，除非是上帝认为某些东西不干净"，或者那些是某些人认为不纯洁和无法接近的食物。根据法律，我们用"粗俗"或"不洁"这种词来形容"肮脏的"食物。因为法则虽然禁止信徒吃这些食物，却没有禁止公众，也就是说非信

---

① Peter Abelard, *Abelard and Heloise The Letters and Other Writings*, Trans., William Levitan & Stanley Lombardo, Hackett Publishing Company, 2007, p. 213.

徒是可以吃的；从那以后，“粗俗”一词也用来形容不洁的女人，同样地，一切低廉或公用的东西也都称为“粗俗”的东西。所以保罗说，在基督那里，没有粗俗或不洁的食物，因为在基督的法则里，没有所要禁止的食物，除非是那些促使我们违背自己或他人良知的食物。

语篇精粹 C

The clear inference from his words is that we are forbidden nothing, we may eat without offense to our own or another's conscience. Now, we act without offense to our conscience if we believe that we are keeping that calling in life that enables us to be saved; and we act without offense to another's if we are believed to be living such a life. Indeed, we will live such a life if we keep away from sin while allowing for the requirements of our nature, if we stay within our strength and do not bind ourselves by our calling to such a heavy yoke that, overburdened, we collapse. And our fall will be the worse, the steeper the ascent of our calling has been. ①

译文参考 C

我们从他的话中可以明确地得出这样一个推断：我们在不违背自己和他人良知的情况下，可以吃任何东西。现在，我们如果将能够使我们获得解救的感召时刻牢记于心，那么我们的行为就不会违背自己的良知；如果我们生活在人人都这样做的世界中，那么我们的行为就不会违背他人的良知。如果我们远离犯罪，我

① Peter Abelard, *Abelard and Heloise The Letters and Other Writings*, Trans., William Levitan & Stanley Lombardo, Hackett Publishing Company, 2007, p. 214.

们就真的会过上这样的生活。反之，如果我们放任自己天性的需要，即使我们自身很强大，也没有通过感召给自己加上沉重的束缚，我们依然会喘不过气来，最终会倒下。不仅如此，我们的倒下将是最坏的结果，因为我们追寻感召的路将会变得更加艰难。

(五) 意图 (Intention)

1. 术语解读

阿伯拉尔认为善恶的评判标准不在于人的行为，而在于人的内心。对于道德标准问题，即怎样才算是一个有道德的人，阿伯拉尔认为关键在于个人的意向。意向是指人们面对外界的环境和内心的念头时所做的选择。

人的主观思想并非都有善恶的属性，很多事情不分善恶，比如人的物质追求和知识等；而在善恶问题上，善恶的念头也并非决定一个人是否道德的标准。真正的道德在于克服人的本性中的欲念和恶的倾向，而有行善的意向；而顺服自己的欲念和恶的倾向，则是罪。

人的这种道德的意向是需要通过努力而形成的，并非自然就有的思想。比如，一个对酒精过敏的人不会有想喝醉的想法，这种对酒的厌恶使人自然地产生不去喝酒的想法，而这种无须努力克服欲念的思想并不被认为是善的。而一个有酒瘾的人能够克服喝酒的想法而选择不喝酒则是善的意向。

对于阿伯拉尔来说，上帝是至善的，是善的来源。一个人选择顺服上帝的意思，即是善的；选择顺服肉体的私欲，而不顺服上帝，则是恶的，是罪。这和古希腊哲学家，如苏格拉底等人所认为“人人都愿意向善，只是不一定能做到”不同。在根本上，人就可以选择善或者恶，从而确立在道德标准问题上人的意向的决定地位。

2. 语篇精粹

语篇精粹 A

The blessed Augustine carefully considered this and reduced every commandment or prohibition to charity or cupidity rather than to deeds, saying: “The Law ordains nothing except charity and prohibits nothing except cupidity.” Hence also the Apostle says: “All the Law is fulfilled in one word: Thou shalt love thy neighbor as thyself.” And again: “Love is the fulfilling of the Law.” It does not in fact matter to merit whether you give alms to the needy; charity may make you ready to give and the will may be there when the opportunity is missing and you no longer remain able to do so, whatever the cause preventing you. It is indeed obvious that works which it is or is not at all fitting to do may be performed as much by good as by bad men who are separated by their intention alone. ①

译文参考 A

神圣的奥古斯丁曾慎重地斟酌过这个问题，他认为，一切戒令及禁律的规定对象应当是仁爱或贪欲，而不是行为。他说：“上帝的律法要求的无非是爱，禁止的无非是贪欲。”使徒因此也说：“全部律法都包在‘爱人如己’这一句话之内了”，同时还

① Peter Abelard, *Ethics*, Trans., D. E. Luscombe, Oxford University Press, 1971, p. 27.

说："爱就完全了律法。"实际上，是否曾救济过穷人与将来是否会获得善报无关；仁爱之心让你随时准备救济他人，帮助他人的意志可以一直都在，但可能一直没有合适的机会，或者机会来临时已经没有救济的能力了。显而易见，事情的结果无论好坏，事情本身即有可能是承蒙善人之恩，或拜恶人所赐，因此只有做一件事情的意图本身才能将善恶区分开来。

语篇精粹 B

In fact, as the same Doctor has observed, in the same deed in which we see God the Father and the Lord Jesus Christ we also see Judas the betrayer. The giving up of the Son was certainly done by God the Father; and it was done by the Son and it was done by that betrayer, since both the Father delivered up the Son and Son delivered up himself, as the Apostle observed, and Judas delivered up the Master. So the betrayer did what God also did, but surely he did not do it well? For although what was done good, it certainly was not well done nor should it have benefited him. For God thinks not of what is done but in what mind it may be done, and the merit or glory of the doer lies in the intention, not in the deed. In fact the same thing is often done by different people, justly by one and wickedly by another, as for example if two men hang a convict, that one out of zeal for justice, this one out of a hatred arising from an old enmity, and although it is the same act of hanging and although they certainly do what it is good to do and what justice requires, yet, through the diversity of their intention, the same thing is done by diverse men, by one badly, by the other well. [①]

译文参考 B

实际上，正如前面那位导师所述，在同一件事情上，我们所知的有天主圣父、圣子耶稣基督及叛徒犹大参与。使徒们指出，圣父确实舍弃了圣子，圣子则奉献了自己，背叛者犹大则出卖了他的导师。那么圣父和圣子做了同样的事情，而犹大也做了同样的事情，但我们不能因此认为背叛者做的是一件好事吧？虽然结果是好的，但是过程却充满罪恶，而且对他本身并无好处。因为上帝并不考虑事情的结果，而是我们内心深处的想法，奉献者的福报和荣耀取决于他的意图，而不是行为。事实上，不同的人经常会做同一件事情，有人是出于正义的目的，而有人则是怀着邪恶的意图。举个例子，两个人吊死了一位罪犯，其中一位是出于维护正义，另一位则是由于过往的怨仇。虽然吊死罪犯这种行为是一样的，而且他们两人行为的结果是好的，也响应了正义的要求，但是两人的本心不一。可见，同样的事情被不同的人所完成，一个人做的是坏事，另一个人做的则是好事。

语篇精粹 C

In fact we say that an intention is good, that is, right in itself, but that an action does not bear anything good in itself but proceeds from a good intention. Whence when the samething is done by the same man at different times, by the diversity of his intention, however, his action is now said to be good, now bad, and so it seems to fluctuate around the good and the bad, just as this proposition "Socrates is seat-

---

① Peter Abelard, *Ethics*, Trans., D. E. Luscombe, Oxford University Press, 1971, p. 29.

ed" or the idea of it fluctuates around the true and the false, Socrates being at one time seated, at another standing. Aristotle says that the way in which this change in fluctuating around the true and the false happens here is not that what changes between being true and being false undergoes anything by this change, but that the subject, that is Socrates, himself moves from sitting to standing or vice versa. ①

译文参考 C

那么当我们说一个人的意图是善的，我们的意思是这个意图的善性出自它本身，而意图对应的行为本身并无善恶可言，行为本身只涉及其是否出自良善的本心。当同一个人，在不同的时间做了同样的事情，每一次的意图都可能不同，我们就可以根据他每一次的意图判断他做的是好事还是坏事，因此同一件事情似乎在好坏之间流连。这就好比“苏格拉底是坐着的”这一命题，或者说是对这一命题的判断，时而是真，时而为假，因为苏格拉底一时坐着，一时又站起来。亚里士多德认为，这种真假不断变换的情景不是由于在真假之间变化的事物本身发生了任何改变，而是变化的本体，即苏格拉底本人在发生变化，他由站及坐、由坐及站。

（六）美德（Virtues）

1. 术语解读

在道德问题上，对于一个人的善恶，有两种评判的标准：一

① Peter Abelard, *Ethics*, Trans., D. E. Luscombe, Oxford University Press, 1971, p. 53.

种是外在的行为及产生的结果，另一种是人的主观意愿。如果一个人认为是后者决定了一个人的善恶，则在这一问题上持一种道德上的“主观主义”立场。阿伯拉尔认为判断善恶的标准就是人的主观意图，而非一个人的行为。

从奥古斯丁时代起，罪被普遍认为是人的自由意志选择的结果。如果一个人有作恶或者行善的自由，但选择作恶，即便最后没有做成，也是罪。阿伯拉尔赞成并发展了这一观点，认为善和恶的本质都是人的主观思想，而非行为。行为本身是中立的，决定善恶的是一个人的内心想法。阿伯拉尔并非认为行为本身没有后果，作恶是应该受到惩罚的，但这种惩罚是世俗的、暂时的；全知全能的上帝能够洞察人的内心，对善恶有另一个判断，而这才是真正的善恶的标准。

对于阿伯拉尔而言，善恶与善行或恶行不同，因为行为是受到外界环境限制的，所以行为不作为评判善恶的标准。世俗的人往往根据行为本身来作出判断，因为世人更关心行为产生的后果。一个产生严重后果的罪，即便其内心仅仅是很细微的恶念，但因其后果严重，世人会给予其严重的惩罚。这种评判是出于人们对自身利益的考虑，因而是不公正的。

2. 语篇精粹

语篇精粹 A

Prudence, that is, the discernment of good and evil, is the mother of virtues rather than a virtue. To this belongs the making of dispensationsons on account of time or place or the dignity of persons.

But just as we distinguished vices from sins, so the virtues contrary to those vices seem to be somewhat different from these goods with which we earn beatitude, and which consist in the good of obedience… Perhaps this will sometimes be able to exist if, at the time it is possessed, it is not yet so firm and difficult to move that it can be called a virtue. For, as the philosophers have decided, virtue should by no means be said to be in us unless it is a very good habit of mind or a habit of the well-constituted mind. Now what they called habit or disposition Aristotle carefully distinguished in the first species of quality, that is, by teaching that those qualities which are not in us naturally, but come through our application, are called habits or dispositions: habits in fact, if they are difficult to move—such are, he says, the sciences or the virtues—but dispositions if, on the other hand, they should be easy to move. So if, according to this, any virtue of ours is to be called a habit, it does not seem absurd that sometimes the will ready to obey God, when it is easy to move before it is made firm, should not be called virtue at all, just as it should not be called habit. ①

译文参考 A

审慎是美德之母，它能识别善恶，不是美德，胜似美德。虽然审慎是基于时间、地点或人们的尊严所产生的，但是正如我们将恶习与罪恶相区分开来一样，与那些恶习相对立的美德似乎与这样两种美德有点不一样，一个是我们能从中获得祝福的美德，另一个是存在于良好的服从中的美德……这种意愿有的时候是可

① Peter Abelard, *Ethics*, Trans., D. E. Luscombe, Oxford University Press, 1971, p. 129.

以产生的，如果从产生到现在都很坚定不移，那么这种意愿就可以称为美德。因为正如哲学家们所定义的那样，除非美德没有成为我们自身思想中的一个好习惯，或者已经成为正确思想的习惯，那就绝不能说我们具有了美德。我们今天所说的习惯和性格，亚里士多德曾精心地在物种最初的特性方面作出了区分：通过学习，一些我们自身不具有的品质会在实际应用中体现出来，这些品质就叫作习惯或性格。但是事实上，习惯是十分稳定的，不容易改变，根据亚里士多德所说，知识或美德就属于习惯。而性格是很容易发生改变的。所以就这一点来说，我们身上所具有的任何一种美德都可以称为习惯，因而有的时候我们想要顺从上帝，这一点并不荒谬。当我们的某种品质尚不稳定时，这种品质就不能称为美德，就像它不能称为习惯一样。

语篇精粹 B

It surely did seem so to our forefathers as Tully sets down more fully in the second Book of his *Rhetoric*. But surely when it is said: virtue is to be sought for its own sake and not for the sake of something else, reward for merits is not completely excluded, but reference to earthly benefits is removed. Otherwise we would not have properly established beatitude as the goal of the virtues, that is, the final cause, as your own Boethius says in the second Book of his Topics, following Themistius. There when he gives an example of the topic of end, he says: "If to be blessed is good, then justice is good. For he says here: the goal of justice is such that if a person lives according to justice he led to beatitude." See, he clearly shows here that beatitude is given in recompense for a just life and we must have the intention of living justly in order to attain it. ①

译文参考 B

对此，正如塔利在他《修辞学》的第二册里所充分描述的那样，对于我们的祖先来说，事情似乎真是这样的。但是也有这样的描述：探寻美德只是因为美德自身，而不是因为别的。对于功绩的奖励是可以有的，但是不会涉及尘世的福祉。另外，我们也不会正确地将带来至福作为善行的目标，也就是说，我们要听从忒弥修斯。正像波伊提乌在他话题的第二册里所说的那样，这就是目的因。他举了一个例子来结束话题，他说："如果受到祝福是好的，那么正义就是好的。因为他在这个地方写道：如果一个人按照正义的方式而活，那么他就会为人们带来至福，这就是正义的目的。"看到了吧，他为我们清楚地阐明，至福是一种回报，用来奖赏那些正义的人。所以我们一定要正直地活着，这样才能得到至福。

语篇精粹 C

Indeed, because this discretion can be in good men as well as in evil men and does not have merit, it is never correctly called virtue or an excellent habit of the mind. So Aristotle, distinguishing the sciences from the virtues and giving examples of habit in the above mentioned treatise on quality, says, "Such are the sciences or the virtues." Boethius, in commenting on this passage, says, "For Aristot-

① Peter Abelard, *A Dialogue of a Philosopher with a Jew, and a Christian*, Trans., Pierre J. Payer, Pontifical Institute of Mediaeval Studies, 1979, pp. 96–97.

le，unlike Socrates，does not consider the virtues to be knowledge.” Likewise，as I already mentioned above，Augustine，first one of ours and afterwards one of yours，sometimes extends the term “virtue” even to faith and hope，sometimes he restricts it to charity alone which surely pertains properly and especially to good men，since the other two are common to the reprobate as well as to the elect. In fact，it is written：“Faith without works is useless.” and，“The expectation of the wicked comes to naught.” However，just as faith or hope without works become useless or rather harmful for us，so also prudence.①

译文参考 C

由于这种谨慎既有可能出现在好人身上，也有可能出现在坏人身上，并且无所谓功与过，所以它从未真正地成为一种美德或是意识中的好习惯。因此，亚里士多德又将知识与美德相区分开来，并且在上文的论述中就特性而言举了一些关于习惯的例子，他说：“这些就是知识和美德的区别。”波伊提乌对亚里士多德的这篇文章作了评论，他说：“亚里士多德的观点与苏格拉底的不一样，他认为美德与知识不是一回事。”同样地，正如我之前所说的那样，奥古斯丁连接了我们的时代和你们的时代，有的时候甚至将美德的概念引申至信仰和希望。而有的时候他却将美德局限于慈善本身，于是美德就只成了好人的事。因而，剩下的那两种品质就属于恶人和特殊阶层的人了。事实上，对此的描述是这样的：“只有信仰而不行动是没有用的。”还有就是“恶人的指望

① Peter Abelard，*A Dialogue of a Philosopher with a Jew，and a Christian*，Trans.，Pierre J. Payer，Pontifical Institute of Mediaeval Studies，1979，pp. 111-112.

只有零。”然而正如不行动，信仰和希望无用，甚至会伤害我们一样，只有审慎却没有行动，结果也是一样的。

（七）道德（Morals）

1. 术语解读

阿伯拉尔认为道德的关键在于主观的意图，一个人面对外界环境和内心的冲动时，作出行善的选择。而一个人的道德价值，具体表现为德性，主要分为四种：智慧、正义、勇敢和节制。这四种德性，在一个人的道德生活中，分别发挥不同的价值和作用。

智慧是德性的基础和前提，一个人只有能够区分善恶，才能作出对善恶的选择。但是仅仅知道什么是善恶，并不意味着一定能够作出善的选择。“智慧确实是德性的前提，但这种前提要以正义为条件，缺乏正义的智慧，是没有任何道德价值的。”① 正义是对他人和公共利益的保护，而且常常伴随着对个人利益的牺牲。正义是一种意志和信念，也是道德行为的结果。但由于人本身的软弱，如惧怕和贪欲，人们会失去意志和信念，难以达成正义。所以人们还需要另外两种德性，勇敢和节制。勇敢是对苦难的忍耐，对危险的承担，这种忍耐和承担并不是被迫的，而是心甘情愿的。

而这四种德性都可以归结为爱，爱是实现道德价值的动力和源泉。阿伯拉尔认为，爱的一个重要特点就是不图回报，是无条件的。甚至为了上天堂而爱上帝，这不是真正的爱。在这一点上，

① 周小结：《阿伯拉尔伦理学研究》，浙江工商大学出版社，2014 年，第 116 页。

阿伯拉尔持一种绝对的道德观念，即爱上帝和爱人，不应当求任何回报，无论是物质上的还是精神上的。人的爱应该是对上帝对人无限的爱的回应，以及对上帝的爱的效法。上帝的位格之一，圣子耶稣基督，降世为人并被钉死在十字架上，为的是拯救全人类，不图任何回报。这份爱，正是人的爱的源泉和要效法的榜样。

2. 语篇精粹

语篇精粹 A

We consider morals to be the vices or virtues of the mind which make us prone to bad or good works. However, there are vices or goods not only of the mind but also of the body, such as bodily weakness or the fortitude which we call strength, sluggishness or swiftness, limpness or being upright, blindness or vision. Hence to distinguish these, when we said "vices" we added "of the mind". Now these vices, that is of the mind, are contrary to the virtues, as injustice is to justice, sloth to constancy, intemperance to temperance. There are also, however, some vices or good things of the mind which are separate from morals and do not make human life worthy of blame or praise, such as dullness of mind or quickness of thinking, forgetfulness or a good memory, ignorance or learning. Since all these befall the wicked and the good alike, they do not in fact belong to the composition of morality nor do they make life base or honorable. Hence rightly when above we presented "vices of the mind" we added, in order to exclude such things, "which make us prone to bad works", that is, incline the will to something which is not at all fitting to be done or to be forsaken. [①]

译文参考 A

我们将道德视为意识中的恶习或美德，它会促使或阻碍我们把工作做好。但是并不是所有的善恶都属于意识，也有一部分是来源于身体的。比如说，病病怏怏或充满活力，行动迟缓或健步如飞，懒懒散散或竖直挺立，鼠目寸光或目光远大。因此，我们每当提到“恶习”时，为了与身体上的“恶习”相区分，通常都补充说是“意识上的”。这些意识上的恶习与美德是相对立的，就像是邪恶与正义、偷懒与坚持、放纵与节制。在意识层面，也有一些恶习或好的东西是脱离道德而存在的。它们无所谓好与坏，比如说反应迟钝或思维敏捷、记性不好或记忆过人、愚昧无知或知识广博。由于这些品质不仅会发生在坏人身上，同样也会发生在好人身上，所以它们并不是道德的一部分，也就不会决定人们的生命是否卑微或高贵。因而我们在前文中之所以要补充上“意识上的”，就是为了排除“阻碍我们把工作做好”这一倾向，也就是说，使人们的意志倾向于某一方面并不是对所有事情都适用，无论是要去完成的事情还是将要放弃的事情。

语篇精粹 B

Christian: Add that it is also clear that natural law was revived and the perfect discipline ofmorals, on which alone you say you base yourself and which you believe suffices for salvation, was handed on by him alone; and whoever were instructed by him as by true wisdom

① Peter Abelard, *Ethics*, Trans., D. E. Luscombe, Oxford University Press, 1971, p. 3.

must be called true philosophers.

Philosopher: And would that you could clearly prove what you say and that through the supreme wisdom itself which you call in Greek *logos* and in Latin *verbum Dei*, you might show yourselves true logicians and armed with reasons to go with your words! You should not presume that I will allege as an excuse that saying of your Gregory, that miserable refuge: "Faith has no merit for which human reason offers proof."

Because your people are not able to discuss the faith which they affirm, they immediately take up this phrase of Gregory as solace for their lack of skill. Indeed, in their opinion what else does this mean but that we should assent to the faith on the grounds of any sort of preaching, whether stupid or reasonable? For if, through fear of losing merit, faith rules out all rational discussion and there is no room for judgment in the discussion of what ought to be believed, but instant assent must be given to what is preached whatever the errors sown by this preaching, acceptance has no point because there is no room for rational refutation where the use of reason is not permitted.①

译文参考 B

基督徒：众所周知，自然法则已然回归。你们说你们立身于完善的道德准则，并且认为它能够拯救你们，而这种完善的道德准则只有一种人能将其传递下去，而且他们能够获得真正的智慧，即上帝的智慧，并接受这种智慧的指导。这种人就能成为哲学家。

① Peter Abelard, *A Dialogue of a Philosopher with a Jew, and a Christian*, Trans., Pierre J. Payer, Pontifical Institute of Mediaeval Studies, 1979, pp. 76-77.

哲学家：你必须清楚地证明你说的对，通过最高智慧，即你们称之为希腊的逻各斯和拉丁的上帝圣言，来展现什么才是真正的逻辑学家，并运用理性思维来使你说的话更有说服力。你大可不必猜测我会断言你们格雷戈里的话只是一个借口，即那个充满痛苦的庇护："信仰是无法为人类的理性思维提供论据的。"

由于人不会论述他们所确信的信仰，所以他们马上就把格雷戈里的这个词当作是他们缺乏技能的安慰。甚至于在他们看来，由于接受了布道，这个词的其他意义我们也应该认同，无论这些意义是愚蠢的还是合理的。如果是由于害怕失去功绩，信仰就会将所有理性的讨论都排除，而且该相信什么在讨论中又没有一个评判的标准，当所布道的观点必须得到立即肯定时，无论布道中有什么错误，都必须得到无条件接受，因为理性思维是不允许使用的，于是所有观点就得不到理性的辩驳。

语篇精粹 C

But if perhaps there was little pain from the wound at the time, there is more now from this protracted slander, and I suffer more from the cost to my reputation than the loss to my body. As it is written in Proverbs, "A good name is better than great riches," and as Saint Augustine reminds us in his sermon on the life and morals of clerics, "It is a cruel man who thinks only of his conscience and neglects his reputation," because, as he says earlier:

> We look toward what may be good not only before God but also before men, the Apostle says. For the sake of our-

selves, our conscience is sufficient, but for the sake of others, our reputation should be strong, not scorned… Conscience and reputation are two separate things: your conscience exists for yourself alone while your reputation exists for your neighbor.①

译文参考 C

但是即便是在受伤的时候痛苦很小，也会有持续至今的诽谤。与身体上的伤害相比，声誉上的损失会更加使我感到痛苦。正像《箴言篇》中所说的那样，“美名胜过大财”，而且也正像圣奥古斯丁在对传教士的生活和道德的布道中所说的那样，“如果一个人只关注自己的良知，而忽略他的声誉，那他一定是个残忍的人”，原因很简单，正如他以前说的那样：

> 我们留心行光明的事，不但在主面前，而且在人面前也是这样。为了我们自身的利益，我们有足够的良知，但是如果是为他人着想，我们就应该有坚实的声誉，而不是被别人所藐视的声誉……良知和声誉是两个不同的概念，良知只存在于你自己的内心，而声誉却是为了邻人而存在的。

① Peter Abelard, *Abelard and Heloise The Letters and Other Writings*, Trans., William Levitan & Stanley Lombardo, Hackett Publishing Company, 2007, p. 40.

第三章　托马斯·阿奎那：灵与肉的第一因

Everything whose being is distinct from its nature must have being from another. And because everything that exists through another is reduced to that which exists itself as to its first cause, there must be a reality that is the cause of being for all other things, because it is pure being.

——Thomas Aquinas

所有存在和本质不同的事物都是因别的事物获得其存在的。既然所有通过别的事物而存在的事物，都可以还原到通过自身而存在的事物来作为它的第一因，这样就必然存在着某个事物是纯粹的存在，并作为所有事物存在的原因。

——托马斯·阿奎那

一、伟大的“圣托马斯”

（一）德意志帝国的贵族

托马斯·阿奎那是中世纪经院哲学的主要代表人物，经院哲学作为中世纪哲学的主要形态有着漫长的历史发展过程，其间曾经涌现出许多伟大的传统和众多伟大的灵魂，在其发展的最初阶段，最具代表性的人物是波爱修和爱留根纳，在其迈入成熟的阶段，最有影响力的则是奥斯塔的安瑟伦和巴黎的阿伯拉尔，在它达到全盛的前夜，最为人称道的是大阿尔伯特和波那文都，他们的出现为阿奎那这一百川归海式的集大成者的到来铺平了道路。

阿奎那大概是于公元1224—1226年之间出生在意大利南部地区的洛卡塞卡堡，在公元1860年意大利实现南北统一之前，那里一直属于那不勒斯王国，在当时则属于德意志帝国。他的出生地是一座家庭城堡，因为他是贵族世家兰道夫·阿奎那和妻子西奥多拉的小儿子。他在5岁的时候就被送到由圣本尼狄克亲自创建的著名的卡西诺修道院接受宗教和理智方面的教育，成为一名修童。大众化的普及教育在欧洲也不过只有一百多年的历史，在此之前只有贵族后裔或者富家子弟才在达到一定年龄后有机会接受教育。出身不凡的阿奎那在接受初级教育的第九年里，恰逢帝国皇帝腓特烈二世与教皇之间爆发了战争，他所在的修道院被帝国的军队占领，许多僧侣被从卡西诺赶了出去，这所著名的修道院随后被关闭。兰道夫·阿奎那站在德意志帝国一方，在危机到来之前便把托马斯·阿奎那从修道院接走并送到了那不勒斯大学继续学习。这所大学是腓特烈二世为了与教皇管辖之下的波隆那大学相对抗而创办的，因此具有自由的学术气氛。阿奎那在这里学习了语法、逻辑、修辞、算术、几何、音乐和天文学等方面的“自由艺术”，并在学习逻辑学时开始接受哲学教育，在此期间开始接触亚里士多德的著作和他人所做的评注。

意大利 15 世纪中晚期著名画家 Carlo Crivelli 绘制的托马斯·阿奎那画像

资料来源：https://commons.wikimedia.org/wiki/File:St-thomas-aquinas.jpg。

（二）从那不勒斯到巴黎

从幼时起多年的修道院生活使阿奎那不曾拥有常人所拥有的那种童年，他的父母似乎一直对他成年之后担任圣职充满了期待，但令他们惊骇不已的是，在那不勒斯大学期间，这位出身高贵的世家子弟却成了多明我会的一员。多明我会是当时非常流行的宗教复兴运动的产物，大量的民众以跟随托钵行乞的传道人多明我传道为荣。与传统教会和修道院里的神职人员不同，托钵僧们普遍提倡简朴清贫的生活，多明我会的修道士们以传道为己任，不是依靠教堂的权威来贯彻宗教的权力，而是依靠讲道的力量来感动民众的心灵，但通常被社会上有钱有势的精英们视为宗教狂热分子，所以当阿奎那的家族知道有家庭成员居然加入了这种组织，并成为一名见习行乞的修道士后，他们无法忍耐，并把他绑架回家，试图让他“恢复理智”，继续扮演与其家族出身和父母期待相称的角色。被软禁在家族的城堡当中长达两年后，家族一方对他的改造宣布失败，在此期间他不仅顶住了来自家族的直接压力，而且相传还经受住了家族有意安排的一位高级妓女的考验。可能是由于多明我会修道士的生活方式和传教使命感酷似福音书里所说的使徒式的生活，阿奎那被这一追求深深地吸引了。

在脱离了家族的控制后，阿奎那迅速地离开了意大利，以防再遭不测。他首先去了科隆，受教于经院哲学大师大阿尔伯特，大阿尔伯特是德意志多明我会的创始人之一，那时正在科隆开设大学馆，在他的影响下，阿奎那对亚里士多德的整个哲学，尤其是他的形而上学发生了浓厚的兴趣。正是这对师徒成功地将亚里士多德的学说引向了有助于基督教属灵事业的方向，使之成为理解基督教信仰合理性的重要思想资源，而在此之前，亚里士多德的哲学通常被视为基督教危险的敌人。那时的阿奎那肥胖而害羞，被同学们戏称为“西西里的哑牛”，但他深为大阿尔伯特所器重，据说大阿尔伯特曾经在弟子们面前公开宣告:“我们叫这个小伙子‘哑牛’,但我告诉你们,整个世界将会听到他吼叫的声音!”[①] 大阿尔伯特让阿奎那直接参加汇编和注释亚里士多德著作的工作,并促使他在公元1250年被任命为神父。

在大阿尔伯特的推荐下,阿奎那在公元1252年进入巴黎大学神学院学习神学和哲学,并作为大阿尔伯特本人的助手,开始了通过授课和写作献身宗教事业的日常生活。那时的巴黎大学已经成为亚里士多德哲学的研究中心和滋生相关哲学问题的温床,多明我会的成员们对亚里士多德的哲学推崇备至,而方济各会的成员们则反对他们使用亚里士多德的思想。阿奎那在授课之初便引起了不小的轰动,因为他不再主要根据柏拉图的哲学去阐释神学,而是运用亚里士多德的形而上学和自然哲学来阐释和论证神圣的教义。阿奎那在公元1256年取得了神学硕士学位,随后便受多明我会的委托回到意大利创办了罗马大学馆,从此开始了独立教学和著述的生涯。

(三)吼声震天的“哑牛”

托马斯·阿奎那在亚里士多德的全部哲学和基督教的神圣信仰之间开辟了一条宽阔的通道,他不仅成功地使用亚里士多德的哲学来理解和论证基督教教义,而且也使亚里士多德的哲学在基督教的信仰体系当中获得了合法的地位,他令人震撼的授课内容激起了保守派的攻击,但也博得了更多人的支持,使他们欢欣鼓

① 黄裕生:《西方哲学史:学术版》(第三卷),《中世纪哲学》,人民出版社,2011年,第370页。

舞并很快接受了这一新的方式。在之前的公元1209年，巴黎的宗教会议曾经向亚里士多德主义发起猛烈的进攻，他们向巴黎大学颁布命令，责令将讲授亚里士多德哲学的教师赶出大学并革除教籍，同时还严禁人们以任何方式接触和保存亚里士多德的著作。随后在公元1210年和公元1215年，罗马教廷又先后把亚里士多德的《物理学》和《形而上学》列为禁书，教会对亚里士多德哲学有迹可循的禁令和谴责多达7次，但来自官方和民间的反对终究在众多远见卓识的学者们的努力下变得过时了。到了阿奎那开始发挥影响的时代，罗马教廷也从中看到了将亚里士多德纳入神学体系的广阔前景。早在公元1257年10月，阿奎那便在教皇干预下被授予神学博士称号，并获得了神学教授资格，他所讲授的内容获得了来自最高权威的认可，从此他可以在各个大学讲授被称为亚里士多德主义的基督教神学。

对于当时的基督教世界来说，亚里士多德的哲学具有独特的魅力。在法国的巴黎大学、意大利的波隆那大学和英国的牛津大学，各有一批学者将它奉为最高的理论权威，人们早已将研究和理解亚里士多德视为无上的荣耀，在哲学和宗教问题上谈及亚里士多德早已成为一种风尚。但亚里士多德的学说得以“皈依”基督教，正是得益于阿奎那所做的工作，这促使阿奎那的权威身份和世界性声望很快建立起来。由于他渊博的学识、丰富的著述和深刻的见解，阿奎那所提出的命题和观点大都被心悦诚服地奉为金科玉律，并很快成了神学研究的典范，大阿尔伯特早年的预言得到了兑现。阿奎那不仅是一个伟大的神学家，他更是一个伟大的哲学家，他在从哲学到神学的过渡中表现出了非凡的才能，因此教皇利奥十三世称颂他为“所有经院博士的大师和帝王，高高地矗立在他们所有人之上”，阿奎纳之所以取得如此高的成就和如此高的荣誉，原因就在于和传统的经院哲学家相比，他无论在理论视野方面还是在研究方法方面都显然胜过他的前人。

公元 1265 年，被派到罗马的阿奎那建立起了一所高级神学研究院，并随后出任罗马教廷顾问。公元 1268 年，阿奎那重新回到巴黎大学，担任起了神学院的主讲教师，在此期间写下了大量著作。公元 1272 年，他回到那不勒斯，创建了多明我会的总学馆并在那不勒斯大学任教，但是到了第二年的年底他便中风了，又过了一年多的时间，他的健康状况急剧恶化，最终在公元 1274 年的 3 月死在了去往里昂参加主教会议的途中，时年未满半百。他以

托马斯·阿奎那将其论著献给罗马天主教会

资料来源：https://commons.wikimedia.org/wiki/File:St_Thomas_Aquinas_kneeling_and_offering_his_works_to_the_Roman_Catholic_Church.jpg。

短暂的一生，通过摄人心魄的授课和笔耕不辍的写作为信仰和哲学同时赢得了前所未有的尊敬和声望，以作品的数量和系统性来作比较的话，在上下长达两千多年的基督教文明史上，唯一能与圣奥古斯丁相媲美的就是圣托马斯·阿奎那。

（四）权威的"理性之声"

托马斯·阿奎那是一位孜孜不倦的多产的经院哲学家，并且他很乐于反思和修正自己的见解，无论是短篇的文章还是大部头的著作，都体现了他敏锐的洞察力和深刻而温和的论证风格。他撰写过许多神学著作，在巴黎大学初登讲坛期间，他便把他的课堂演讲汇编成四卷本的《彼得·伦巴德<箴言录>注释》，该书得到了来自罗马教廷的高度评价。在此期间，他还为多明我会撰写了两部广为流行的小册子以供传道之用，它们就是后来被研究者们视为包含着阿奎那之后一系列著作的基本思想的《论自然的原理》和《论存在者与本质》。在他的著作当中，最有名的是煌煌百万余字的巨著《反异教大全》和《神学大全》，它们既是阿奎那个人神学思想和哲学思想的总汇，也标志着经院哲学的思想高度。阿奎那的著作在数量上和质量上都是前所未有的，他既有多部系统的论证性、辩护性和阐释性著作，也有大量的注释性著作，他对有关亚里士多德著作的注释在当时便有着广泛的影响，并直接促进了亚里士多德学说的基督教化和基督教神学的亚里士多德主义转向。

阿奎那借助亚里士多德的学说对基督教教义的诸基本主题都做了理智化的阐释和论证，并一再论证阿拉伯学者们的解释是多么的不可靠，而只有他在基督教神学框架下的理解才还原出了一个真实的亚里士多德，以至于他声称自己比亚里士多德本人还要理解亚里士多德。《神学大全》是阿奎那在对其早期著作《彼得·伦巴德<箴言书>注释》进行系统的加工和修订的基础上形成的，并且也是对《反异教大全》的进一步扩充。该书已有的篇幅是《反异教大全》的4倍，他在其中熟练地利用亚里士多德有关存在、灵魂、至善和幸福的思想讨论了基督教神学当中各个方面的问题。但是这一著作并没有完成，阿奎那在中途放弃了这项工作，原因据说是因为他在公元1273年的12月6日有过一次神秘体验，他告诉周围的人，这次神秘体验让他觉得自己曾经写作和论说的一切就像是毫无价值的草芥。他曾经坚信上帝可以通过言说被展现出来，一切存在者也可以通过陈述被说清楚，但是“西西里的哑牛”在振聋发聩二十多年后，还是重归沉默了。这使后人在面对他所留下的鸿篇巨制时有些无所适从，就像是人们在面对维特根斯坦的《逻辑哲学论》时那样。但是他的著作在当时和后世还是产生了空前绝后的影响，它们不仅对基督教的教义作出了卓有成效的阐释和论证，而且巩固了基督教信仰的合理性基础，并使基督教以更为理智化的方式影响和塑造了后世的整个欧洲文明。

二、理论内涵

（一）真理问题——实际存在的与可被理解的

托马斯·阿奎那写于公元1256年的《论存在者与本质》这

本小册子被基督教思想史家吉尔松誉为“形而上学历史上的一场革命”，这当然是西方形而上学传统中的一部经典之作，因为阿奎那在这本书里是努力以哲学上的“存在”范畴来诠释基督教神学中的“上帝”概念，把上帝看作存在本身和把上帝视为第一原因的观念，正是经由阿奎那利用亚里士多德的思想资源对基督教神学作出根本性改造之后才逐渐形成的。阿奎纳把一般而言的存在者分成3种类型的实体，即上帝、单纯实体和复合实体。人便是复合实体的一种，质料和形式构成了人的本质；而天使则是单纯实体，作为理智的实体，它的形式就是它的本质；但是本质并不等于存在，只有上帝是其本质和存在合二为一的真正单纯的存在者，因此上帝就是存在本身。这里所体现出来的道理在于，对于被造者来说，它的本质和存在不是一回事，阿奎那曾举例说：“我们能够理解一个人之所是或一只不死鸟之所是，然而却不知道其究竟是否实际存在。”对存在和本质之间关系的理解构成了阿奎那整个神学和哲学的理论基础，也为他使用这些概念将亚里士多德哲学融入基督教思想体系提供了前提。

贯穿阿奎那整个思想的观念是，一切有限的实体都是由行为和潜能、本质和存在构成的，而上帝则是完美无缺的独立存在者，我们只能经验到依赖于其他事物而存在的事物，但我们只能推断出上帝的存在而无法经验到他。上帝是超验的，独立于被他创造出来的一切事物之上，他是他自身的原因，换句话说，尽管被造物有赖于上帝，但上帝并不有赖于他所创造的事物。关于上帝和他所创造的事物之间的关系，人们通常会认为上帝作为造物者会影响他所创造的世界，但是在阿奎那看来，上帝严格来说并不介入他所创造的世界，上帝使得万物存在，但并不能把奇迹看作是上帝介入世界的证据，上帝并不以这种方式介入他的造物之中，而是普遍地创造了一切，奇迹只不过是由于上帝之外的其他原因或者原因的集合而导致的偶然事件。上帝作为安于自身的存在本身也把一切完满性统一于自身，一切事物都因为分有这一完满性而具有不同程度的完满性，因此上帝和其他事物之间有着一与多的关系，上帝的存在和本质是不可以通过属和种差来规定的，因此不光不能通过经验抵达上帝，而且也不可能用推理的方式抵达上帝，上帝同时在经验和逻辑之外。

（二）知识理论——人只能思索上帝之所不是

托马斯·阿奎那基于其形而上学的框架得出的结论是，我们拥有作为世俗真理的关于复合实体的各种知识，但是这些知识大都只是涉及属性而不是本质。在阿奎那看来，属性不是独立的，它依附于事物，而本质则是独立的，它不需要有什么载体。按照亚里士多德的学说，理性是人的本质规定，人是理性的动物，但是在阿奎那的框架下，人也是一种复合实体，其形式部分具有超越感性的认识能力，但是这种认识能力却又由于受制于其质料而不能直接把握事物的本质，而只能从感性开始借助理智的努力来摆脱质料的束缚。他认为复杂的事物来自于简单的事物，是较后出现的事物，但是我们只能从复杂的事物那里获得对简单事物的知识，从较晚出现的事物那里推知较早出现的事物，人们对事物本质的把握就是这样一个过程。然而在这一过程中，人们的认识往往发生偏离而错失事物的本质，这便产生了错误和假象。如果说只有把握事物的本质才能获得真知识，那么错失事物本质的知识便是一种假知识，假知识无法提供合理和真实的生活根据，因此对人来说，追寻和坚守真知识至关重要。

如何判定真知识，与真理问题密切相关，奥古斯丁曾经给出过一个著名的真理定义，即所谓真的东西就是那些存在着的东西，但是阿奎那并不接受这一定义，他运用亚里士多德的方法把真理问题归结为属和种差之间的逻辑演算关系，并把真的东西和存在的东西做了区分。阿奎那认为存在的东西是我们一切认识活动的起点，它囊括了一切可能为我们所认识的东西，但他并不只是我们所认识到的东西，并且我们关于事物的一切知识都必须被理解为对存在者的附加，这种附加并不是把存在者自身不具有的东西强加到它之上，否则那就是虚假的知识了。这种附加的意义在于，我们能够表达那些存在的东西为“存在”这个概念所不能表达的存在方式，如果我们获得了关于存在的东西的真知识，我们就能通过说出真的东西来表达它所固有的那些存在方式。真的东西并不是存在者本身，真的东西本身并不能被存在来描述，它只能被附加给存在的东西。很明显，阿奎那的真理观是符合论的，这种符合指的是存在者的存在方式与理智处在一种一致的关系中。人的灵魂有两种能力，即意志能力和认识能力，当意志促使灵魂追求与存在者的符合一致时，便构成了善；当认识导致灵魂达成与存在者的符合一致时，便构成了真。

理智是超越感性的认识能力，它所认识的是事物的形式，而质料则意味着较低等级的形式，对形式和质料之间关系的描述是阿奎那和亚里士多德的不同之处。在亚里士多德那里，存在着没有任何规定性的质料，但是阿奎那认为，质料和形式总是相对而言的，有质料的被造物都会具有某种形式，整个被造的世界是一个按其形式划分等级的世界，所谓质料其实是较低等级的形式。在这个意义上，理智与事物的符合并非与质料无关，人们关于事物的真正的知识总是某种程度上的真理，对某一层次上的形式的符合，既彰显出与之相对应的质料的意义，同时也掩盖了该质料作为其下一层次的质料的形式的意义。沿着这一思路，阿奎那把人造物和自然物也做了区分，认为人造物是依照人的理智而被制造出来的，而自然物则是依照上帝的理智而被创造出来的。因此人的理智最多只能被视为是人造物的尺度，而绝不能被视作一切事物的尺度，正相反，在真理问题上，自然物应该成为人的理智的尺度。但是人类理智无法跃出自己的界限去理解事物，真理的保证只能通过上帝来获得，因为人类理智和一切自然物以及作为一切人造物的质料的东西，都是通过上帝的理智创造出来的。由于人类的理智无法直接认识上帝，因此对上帝的认识也只能源自和止步于对世界当中事物的认识。

（三）理智能力——有理智是上帝和人的特征

托马斯·阿奎那对亚里士多德的改变还有更加根本的方面，这就是对人类理智能力的理解。在亚里士多德那里，理智作为一种德性能力，是人不同于其它动物的本性，因此他将人视为有理性的动物，而阿奎那则在形式和质料的层级体系中为有理智的人安排了新的位置，因为阿奎那认为亚里士多德的思想高度尚不符合基督教生活所提出的要求。他运用了许多来自柏拉图的思想方法来克服这一点，依照他的思路，所有被造物都分有造物者，尽管程度不同，由于上帝是自足的存在，因此上帝便成为一个在不同层次上存在的宇宙的中心和原因，它是一切存在的基础和一切认识的最终目标。这使托马斯·阿奎那的思想成为一个具有独创性的体系，它既不是亚里士多德主义，也不是柏拉图主义，而是托马斯主义。

在托马斯主义的视野中，亚里士多德认为常识的和经验的理智德性是超自然的神恩所赋予的，上帝赋予亚当的不仅是他的自然能力，而且还赋予了他超出其自然能力的额外的礼物，这一神话故事所表明的是一种深刻的内在结构。在亚里士多德那里，人由于具有理智德性而被称为有理性的动物，但是放在托马斯主义的框架下来看的话，人的有限的理智德性不同于上帝造物所遵循的理性原则，而是分有了他，因此理智是片面的理性，他只能以自我同一性为出发点，并以概念的演算来完成一系列的理解活动，基于世界的形而上学结构，人们的确可以运用理智达到对事物的真实认识，但这还远远不够。逻辑演绎是概念演算的核心，阿奎那认为只有通过概念的逻辑演绎才可以达到事物真实存在的观念被称为理智主义，但理性并不局限于此，理性的出发点也不是自我同一性，而是直观，理性以直觉为中心，并不满足于通过概念演绎所达到的认识，理性既借用概念体系又努力超出概念之外，努力去达到具有更高真实性的真理性存在。阿奎那从他的形而上学出发描述了一套完整的自然神学场景，并对人在此场景中的认识活动作出了一番考察。他认为，属于直觉的感觉在我们认识事物的过程中占有特别重要的地位，理性使人能够觉悟到自己独立于万物之外，并使万物在这种觉悟当中显现出来，感觉和理智都处在理性的范围之内。

托马斯·阿奎那的遗体在1369年被移至法国图卢兹的雅各宾教堂安葬

资料来源：https://commons.wikimedia.org/wiki/File:Dresden_Hofkirche_Thomas_Aquinas.jpg。

在西方哲学传统中，关于感觉和理智之间的关系一直存在着根本性的分歧，最具代表性的是德谟克利特的观点和柏拉图的观点，他们是两个极端，阿奎那既否认德谟克利特的“流射说”，也反对柏拉图的“回忆说”，他主张，我们的知识开始于感觉但不限于感觉，正如我们的知识以理智为中心而不限于理智。他强调，我们心灵中的知识部分来源于内在的影响，部分来源于外在的影响，内在的影响是指人的理智活动，外在的影响则是指感觉对象。感觉为我们提供了感性事物的可感形式，它是一种偶然的和个体化的形式，而如果没有普遍的和可理解的形式，我们关于事物的知识便无从谈起，因此必须要有理智活动参与其中。在阿奎那看来，人的理智是其灵魂的一种能力，它是潜在的，而理智在上帝那里则是纯粹的现实，人的感觉由于有理智活动的参与而不同于动物的感觉，理智活动的参与为人们从可感形式中抽象出可理解的形式提供了可能，这体现了理智活动的能动性。阿奎那把抽象活动理解为人的现实的认识活动，正如把理性直观理解为上帝的现实的认识活动，通过把人的认识活动过程化和层次化，他解决了长期困扰西方哲学家的抽象问题，也以这种方式解决了长期困扰经院哲学家的共相问题。

（四）身心关系——人的现实存在和本质规定

对认识论问题的处理已然表明，上帝的存在有别于其他一切事物，人们无法把任何表达事物存在方式的概念附加到上帝之上。同时阿奎那还强调，这并不意味着上帝是普遍的存在，并且绝不意味着上帝存在于一切事物中，因为普遍的东西具有接受附加的能力，我们的认识通常就是把种差附加到普遍的东西之上。阿奎那所要说的是，上帝是一种绝对纯粹的存在，其本质就是其存在，没有什么别的东西可以附加于它，上帝拥有全部的完满性，但不是以被造物的方式拥有它们，而是以其自足的单一性把一切完满性统一于自身。上帝的完满性表现为纯粹的现实性，而人的理智能力则表现为潜能，这就表明人在本质上既不同于上帝，也不同于天使，因为上帝的本质是他自身的存在，而天使的本质在于它自身的形式，阿奎那认为人的本质在于其形式和质料的组合，也就是说，灵魂和身体的组合是人的本质规定性。他还断言人的灵魂只是作为人的身体的形式和人的身体结合在一起，人不仅仅是灵魂，而是由身体和灵魂组合而成的，作为身体的形式的灵魂与作为纯粹形式的天使的区别在于，天使无须借助什么东西就能够获得关于上帝的知识，人的灵魂则需要借助身体和感官来认识事物和间接地认识上帝。

身体问题始终是阿奎那学说中的一个基础性问题，人的感觉活动总是先于理智活动，而人的感觉能力则是以人的身体的存在为前提，因此基于身体的感觉活动便成了人的理智活动的起点，人与上帝和天使的区别正在于其活动是否依赖于身体。自苏格拉底以来，西方传统的关于人的学说大都着眼于灵魂，教父哲学和早期经院哲学也是如此，但身体和灵魂之间的关系问题却始终存在。阿奎那经常批评柏拉图的一种观点，即认为人从本质上讲是有别于其作用对象的实体，灵魂和身体之间并不是像形式和质料一样结合在一起，而是具有一种驾驭者和被它驾驭的东西之间的关系，灵魂推动身体就像水手操作船只。阿奎那认为这种观点是不符合事实的，因为这就意味着灵魂和身体没有合为一体，然而作为感性和自然的实在，我们不可能是非物质的。按照阿奎那的看法是灵魂使有生命的东西和无生命的东西区别开来，一个身体活着绝不是因为它是物质性的东西，而是因为某种非物质性的原因，这就是灵魂。灵魂的意思在阿奎那这里近乎是“生命的本原”(The root principle of life）的意思，它不具有物质性，但它也是某种实存（Subsisting）的东西，它依赖于形体，但如果没有它，人也不会成为他所是的东西。因此，人同时具有身体和灵魂这两个方面，并且它们不能以任何方式被分离开，对人来说，身体不是灵魂运作的障碍，而是发挥其功能的必要条件，人的灵魂和人的身体是同时被造出来的，灵魂始终处在身体之中，并与身体协调一致，因为上帝是以最佳的安排生产人的身体的。他坚信上帝对人的灵魂和身体做了最好的安排，使它们互相匹配。与动物相比，人拥有更加发达的灵魂和更完满的触觉以及内感觉能力，而直立行走的能力和灵活的双手以及语言能力更是将灵魂与身体的关系体现得淋漓尽致。因此阿奎那认为不能把现实的具体的人仅仅理解为一个灵魂，因为人的活动并不都是表现为灵魂的活动。

既然人不仅仅是灵魂，那么人的个体性问题首先便取决于身体的个体性，因为这个身体不同于那个身体。阿奎那不仅强调身体的个体性，而且还强调灵魂的个体性，他认为即使是天使也应被理解为一个一个的个体，何况有身体这种质料的人。人的灵魂在现实性的程度上当然不同于天使，但是既然灵魂仅仅是形式而不具有任何质料，那么灵魂便不是由质料和形式组合而成的东西，因此它也不会表现为潜能，它总是现实地借助身体和感官，并进而借助可见的事物，在一定程度上认识事物。阿奎那认为既然灵魂是作为身体的形式而和身体结合在一起的，那么它必定就是充满身体，而不是仅仅处在一个它借以推动其他部分的部分之中。换言之，人的灵魂和身体的结合是完整而又全面的。这样一来，我们关于人的本质便会产生新的看法，因为不言而喻的是人不再仅仅是灵魂，而是集身体和灵魂为一体的存在，并且始终是个体的存在。在阿奎那这里，灵魂不再像柏拉图所认为的那样是一个类的概念，而是作为与实存的和现实的身体相结合的个体而与众不同。如果说像天使那样的精神实体不借助任何质料也有其个体化的方式，那么灵魂的个体化则离不开其质料的个体化，从而灵魂的理智能力和现实理解也势必会受制于来自身体和灵魂两方面的制约，而表现出个体之间的差异，这种个体性原则与亚里士多德本人尤其看重个别的和具体的事物的观点是一脉相承的。

（五）伦理学说——理性的基础和神学的超越

在阿奎那的伦理学中，理性的基础和神学的超越相互联系，世俗的道德和上帝的恩典相辅相成。借助世俗的道德，人自身的本性变得完满，柏拉图哲学中的智慧、勇敢、节制和正义成为幸福的源泉。传统的基督教并不认为追求世俗的幸福是人生存的目的，但阿奎那却认为，人如果被以正当的方式引导而变得完满，其结果就是世俗的幸福，神的力量就是这样对人的生活起着引导的作用。这就把基督教的伦理学和古希腊的幸福论结合在了一起。阿奎那的伦理学包含两个层次，即自然的层次和精神的层次。人的目的所在是完成对他来说是本质的东西，这个东西便是理智，即理性的欲望，它是人的灵魂所特有的东西，不是意志而是理智使人区别于动物。与柏拉图和亚里士多德关于人类理性的主张相比，它有着超自然的意味，但是另一方面，人的灵魂又具有感性的欲望，既包含情欲，也包含愤怒。情欲使人可以趋利避害和满足自己，愤怒使人可以克服障碍和保护自己，这些感性欲望是人和动物所共有的，人的行为同时受到感性和理性两种欲望的支配，两者并不是互相排斥的关系，而是处在某种秩序当中。这是一种关于人的本性的法则，它是上述所谓作为上帝支配万物的理念的自然法的一部分。

幸福对人来说并不是现成的东西，它需要通过努力才能实现，在阿奎那看来，获得幸福需要从身体和灵魂两个方面来积累条件。

他强调，现世的幸福有赖于身体的良好配置，也就是健康，否则人的道德活动便会受到阻碍，因为健康和德性都是人类幸福所必需的条件。根据阿奎那的观点，德性既是一种好的习性，也是人的能力的某种完满性，恶不是别的，它只是对能力的完满性的缺乏，对健康和德性都可以从缺乏的角度理解它们的意义和作用，而保持健康和具有德性都是需要为之付出努力的，幸福是对努力的奖赏。作为好的习性，德性可被分为三种类型，即理智的、道德的和神学的。依靠理智上的好习性，人们考察事物的原因，对它们作出科学和公正的判断，并把它们安排到一定的秩序当中，既有思辨的层次，又有操作的内容。依靠道德上的好习性，人们调节着自己的欲望和满足欲望的活动，使自身的本性得到完满的实现。神学上的好习性则是信仰、希望和仁爱，对邻人的爱是由对上帝的爱扩展而来的，它们属于同一个种类，这同一种爱也使人爱自己，对自己和邻人的爱被阿奎那视为友谊的根基，所谓待人如己，是因为相信彼此都属于上帝。阿奎那还从亚里士多德那里继承了“中道”原则，用来作为理智、道德和神学这三种德性的尺度，理智和道德唯有遵守中道，才能体现为实践智慧，而神学的德性同样会面临过犹不及的问题，人们不应该痴心妄想，以避免不必要的失望，也不应该为了爱上帝而对邻人和自己有太多苛责。

（六）信仰之谜——启示充实理性而非取消它

阿奎那的伦理学体现了其理论中的一项重要原则，即认为自然界为超自然所充实，自然界与神恩不是对立的关系，神恩并不取消自然界，而是充实它，这是自上帝创世以来就已经存在的关系。这一原则有着极为深刻的内涵，使阿奎那的理论既不同于轻视甚至否定和取消自然界的奥古斯丁主义，也不同于后来的新教神学。在新教神学看来，自然界在被创造时就是完满的存在，不需要神恩的补充，因此现实中也不存在任何超出自然的东西，这是文艺复兴以来最为流行的观念，也是理性主义和自然科学得以兴起的基础。但是在阿奎那这里，却有两个层次的存在，即自然界和超自然界，它们分处两个领域，但又以某种方式结合在一起，启示和神恩一样，都是作为超自然的东西在发挥着引导性的作用。和他关于复合物的观念相一致，阿奎那认为超自然的东西既和自然的东西一起形成了事物，也和自然的东西一起使我们形成了关于它们的知识。我们是通过上帝存在所产生的结果而知道上帝的存在，但上帝既不是质料也不是形式，人们不能把任何规定性加诸其上，因此便不可能像认识一个现成的东西一样去认识上帝及其存在。阿奎那把上帝理解为一种从事创造的活动，并且强调说，一件事物之所以被说成是存在的，就是因为它并不是处于潜在的状态，而是处于活动的状态，存在的基本意义就是活动，存在就是活动本身，它是一切活动的现实性。与在本体论上把存在理解为一个普遍的逻辑概念和在传统意义上把存在理解成现成的东西不同，阿奎那对何为存在这一问题的阐释是全新的。

基于这样一种对存在的理解，上帝被理解为一种能动的力量，一种生生不已的创造力。此前经院哲学中关于上帝存在问题的理解，流行着安瑟伦的本体论范式。按照安瑟伦的说法，甚至愚妄的人也会相信，在理智中必定有某个事物，没有比它更大的东西可以被思想，而那个没有比它更大的东西的事物应该不只是在理智中被思考的东西，因为如果它仅仅存在于理智当中，那么被思考为在实在中也存在的话，它就比那个仅仅在理智中的事物更大了。因此这个事物既存在于理智当中，也存在于实在当中，这就是上帝。阿奎那拒绝这个论证，并且认为这种证明是无效的，之所以无效，是由于本体论证明混淆了实在中的存在和理智中的存在，就像很久以后康德所说的，混淆了口袋里的 100 块钱和头脑里的 100 块钱。从阿奎那的认识论出发不难理解，本体论证明之所以无效，是因为人的认识是有限的，我们不可能具有关于上帝的直接认识，无论是把上帝置于理智当中，还是把上帝看作能够为我们的理智所把握的现实的存在，这都是虚妄的想法，对人来说，上帝是永恒的秘密。阿奎那认为必须要从现实世界，尤其是对自然事物的感性经验出发，来理解上帝的存在，也就是通过上帝存在的结果来认识上帝的存在。这体现了一种思维范式的转换，通过这种转换，宇宙论范式的自然神学取代了本体论范式的启示神学，这并不意味着关于上帝和神圣秩序的知识无须超自然的启示就能够获得，而是表明遵循一种从存在者推证出存在、从感性事物推证出超感性事物、从受造物推证出造物主的由果溯因的致思路线，比通过先天的观念和逻辑的雄辩作出的论证更有力。在中世纪，关于上帝的代表性观念包含着三个层次的内容。首先，就是把上帝理解为一切事物的根据，在这个意义上，上帝既是存在的根据，也是存在本身。其次，就是把上帝的首要性质理解为理智，世界之所以能够被理解，是因为世界有意义，能够被罗格斯把握，只有这样知识才是可能的，意义的最高承担者就是上帝的理智。最后，就是把上帝理解为绝对的善的意志，并把这种绝对的善看作是一切事物的最终目的，尽管所有被造物只是在不同程度上具有善和追求善，但上帝是这些善的最终根据和终极目标。尤其值得强调的是，在中世纪的主流观念中，上帝并不被理解为人，三位一体的三种位格，并不能够被简单地统一到人格当中，因为上帝是存在、理智和绝对意志这三种表现的统一体。基于上述原因，阿奎那认为唯有借助自然的理性之光而不是凭借上帝的启示之光来思考上帝和神圣的秩序，并且把上帝和秩序理解为一回事，才能对上帝的存在作出强有力的论证。

在《反异教大全》中，阿奎那分别从事物的受动性、动力因、实在性程度和秩序的安排出发，对上帝的存在作出了由果溯因的推证。在《神学大全》中，阿奎那更加强调感性经验这一出发点，并将其扩展为五种证明，这就是著名的“五路证明”，所谓路，就是方法和路径。事物的运动来自其他事物的推动，而对推动事物运动的事物的追溯终将抵达一个本身不被推动的推动者，这就是众所周知的上帝，这是从运动出发的证明。在感性世界中，没有什么事物是它自身运动的原因，造成运动的每一个原因本身又都是先前原因的结果，承认有一个最初的原因是很有必要的，否则将面临无穷倒退，这个一切原因的原因就是上帝，这是从原因出发的证明。事物既可能存在也可能不存在，既可能是这个样子，也可能是另外一个样子，要使既可能存在也可能不存在的事物存在，就必定存在某种必然存在的事物；要使既可能是这个样子也可能是另外一个样子的事物成为这个样子，就必定存在导致它成为这样的必然性。如果对来自其他必然存在的事物的必然性加以考察，就必须承认存在着某物，其自身具有终极的必然性，并为一切偶然的因素提供着必然性，这就是上帝，这是从可能性和必然性出发的证明。事物在完满性的程度上有所不同，有些事物比其他事物更好，就某种属性而言，与最高的完满性相比较，它们具有更多的相似性，要区别更多或更少的完满性，就必须借助超越于这些程度的完满性本身，因此必定存在最高等级的完满性，它具有最多的善，这就是上帝，这是从事物的等级出发的证明。凡事总有目的，而达成目的又是为了实现别的目的，从而变成手段，所以总有一个最后的目的，它是一切手段的终极目的，这绝非偶然，而是为理智设计出来的，这一理智的存在者就是上帝，这是从秩序的安排出发的证明。阿奎那的出发点并不是抽象的观念和雄辩的逻辑，而是对人们的感觉和理智来说确实和明显的东西，其中蕴含着明显的神学背景，这些神学预设作为先天因素和独断成分在证明当中也起到了至关重要的作用。同时以这种未免独断的方式，经验和理智也为信仰提供了坚实的基础。

三、主要影响

（一）对宗教神学的影响

托马斯·阿奎那成功地将亚里士多德的哲学基督教化，并将基督教的学说形而上学化，形成了具有独创性的托马斯主义思想体系。在阿奎那生活的时代，他的思想还只是经院哲学中的一个派别，在他去世后，他的学说甚至分别在巴黎大学和牛津大学受到了严厉的谴责，但随着历史的变迁，尤其是宗教改革的出现，托马斯主义取得了与正统天主教神学平等的地位，并在某些方面成为天主教哲学的同义词。在此后的时间里，尽管指责不断，但阿奎那作为思想家的地位却日益巩固，他对三位一体、神和人的关系、神的恩典和人的本质所作的哲学阐释，使他成为中世纪思想家中最伟大的代表。

德国德累斯顿圣三一大教堂的圣托马斯雕像

资料来源：https://commons.wikimedia.org/wiki/File:Dresden_Hofkirche_Thomas_Aquinas.jpg。

作为一名神学家，阿奎那的重要性是显而易见的，因为他不仅是公认的经院哲学大师，而且他对天主教神学的影响持续至今。他的学说尽管并不是天主教神学中的金科玉律，但是他所奠定的方法和基本观念，却成为后世神学研究中的标准和典范，并一再得到教会的重申。公元1323年，阿奎那被罗马教廷的教阶组织封为圣徒，并被赐予“天使博士”的头衔。公元1567年，他又被罗马教宗庇护五世赐予“普世博士”的头衔，罗马教宗利奥十三世在公元1879年发布通谕，把阿奎那的神学正式尊为天主教神学的典范。在《永恒之父通谕》中，教宗称颂他天下无双，并称他为所有经院博士的大师和帝王，高高地矗立在他们所有人之上，赞许他关于上帝的知识和关于人的知识竟是如此的丰富，说他就像是太阳。阿奎那之所以在身后取得如此崇高的官方地位，当然和后来宗教改革的历史背景密不可分，在新教和无神论的双重攻击下，托马斯主义成为天主教信仰的护教柱石。但在人文精神和自然科学越来越主宰着西方世界的近代社会，他的学说还具有如此强大的生命力，不能不说是因为他的方法和结论远远超越了他所处的时代，具有永恒的价值。

作为神学家，阿奎那的理论高度和思想深度都是举世无双的，他富有批判的精神和革新的能力，并以此构建了一个空前严密的神学思想体系。他广泛吸收了前人的成果，并在此基础上革故鼎新，成为中世纪经院哲学的集大成者和赋予宗教神学以空前的学术品格的思想领袖。

（二）对经院哲学的影响

经院哲学有时被理解为一门学说，有时被理解为一种方法。人们通常把中世纪修道院和教会学校里传授的神学知识称作经院哲学，但也有人把经院哲学的历史理解成理智和信仰斗争的历史。实际上，中世纪的经院哲学具有多种面孔，任何狭隘的理解都会遮蔽其本来的面目。如果考察词源，“经院”一词来自古希腊，它的原始含义是闲暇，进而又有了学者的意思，因为他们会把这些时间用来追求学问。中世纪的经院哲学家们也是这样一种因其职业身份而投身于神圣的精神事业的有闲暇的人。

在托马斯·阿奎那生活的时代，理智的事业为信仰的事业所支配，经院哲学家首先是神学家，其次才致力于以哲学的方式窥探信仰的奥秘，即使在阿奎那的著作中，神学性的内容也始终都是其哲学研究的主题，哲学上的结论和神学上的预设不可分离。然而以现代的眼光看待他的论证则会发现，他的哲学探索并不只是对神学信仰的表白，而是已经取得了相当程度上的独立性。他并不只是从《圣经》的权威和传统的教义那里寻找论述的根据，而是要从那些其本身就有理由让人相信的东西出发，来对宗教信仰作出更深层次的思索。和传统的启示神学相比，阿奎那的自然神学被他自己明确地宣布为一种哲学，并把它与神学区分为不同种类的学问。对于经院哲学来说，哲学无疑是工具性的，它对作为神圣学问的宗教神学的至上地位并不构成威胁，但作为哲学的自然神学显然已经对启示神学和传统教义的权威性构成了挑战。自然神学和启示神学都是关于上帝的学问，但就认识上帝的方式而言，它们具有截然不同的基础和路径。阿奎那把他的自然神学更进一步规定为理性神学，并将经院哲学传统中流行的本体论范式转换为宇宙论范式，来探讨上帝的存在及其本质，这就使得哲学的探讨得以进入宗教神学最为核心的领域。

早在教父哲学产生的年代，哲学的崇高地位是毋庸置疑的，但随着教会的产生和启示神学权威的建立，哲学沦为了神学的婢女，这一地位在阿奎那和他之前的时代已经被广泛地接受下来。然而阿奎那的哲学讨论尽管并没有超出一个虔诚的神学家的工作范围，却无疑已经在很大程度上恢复了哲学在神学领域中的尊严。

（三）对思想文化的影响

托马斯·阿奎那不仅在神学和哲学领域享有崇高的历史地位，而且也是世所公认的西方世界中屈指可数的重要思想家之一。按照当代哲学家罗素的评价，他在西方文明中的历史地位超过了康德和黑格尔，就其重要性和对当前的影响来说，甚至不亚于柏拉图和亚里士多德。世俗社会也给了阿奎那以极高的世界性声望，他的学说已经成为构成西方思想文化底色的基本元素之一，值得一提的是，在20世纪末的一次民意调查中，英国广播公司通过网上投票评选出了“千年十大思想家”，托马斯·阿奎那赫然在列，跻身前五。

菲律宾曼加尔丹教堂里的圣托马斯塑像

资料来源：https://commons.wikimedia.org/wiki/File:Saint_Thomas_Aquinas_in_Mangaldan_Church,_Pangasinan.jpg。

托马斯·阿奎那的理论和智慧是中世纪最为重要的思想遗产，它既体现了经院哲学成熟时期的时代精神，也接续了西方哲学自古以来的思想脉络，同时还为当代西方思想观念提供了有力的逻辑支点。自宗教改革和启蒙运动以来，中世纪的思想观念往往被世人报以敌视和轻蔑的态度，在人们看来，哲学被压制和反对，人性被扭曲和贬低，那是一个黑暗的时代。然而，中世纪的制度和文化并不因这种一概的批判和彻底的否定而失去其本来的光彩，中世纪前期的愚昧和野蛮固然世所公认，但作为中世纪思想遗产的托马斯主义和以经院哲学为代表的人类理智成就，如今又被当代人反复咀嚼、不再轻看。宗教对哲学的影响是双重的，既有压制和污染的一面，也有孕育和滋养的一面，宗教哲学的内在张力使人类理智事业始终保持着自我超越的诉求和自我革新的意识，并在不断应对难题和挑战的过程中得到一再的洗礼和历练，一些基本的观念和方法在长期的磨砺中沉淀为坚实有力的思想内核，并成为使新的讨论得以进行的理论预设。宗教思想的统治地位之取得、攻固、衰微和重构，都离不开人类理智事业的进步，中世纪经院哲学，尤其是阿奎那的思想，以一种相对独立的方式获得了超越时空的存在。

托马斯·阿奎那是为人类构建世界观的巨匠之一。在漫长的历史过程中，他的丰功伟绩、崇高地位和巨大影响一再得到来自宗教和世俗的承认，其原因至少部分地在于他的思想体系对人们精神追求、思维方式和道德生活的塑造，而他所着重探讨的理智德性、永恒法则和人的本质问题，对于人类的思想文化也具有不可磨灭的永恒价值。

四、启示

（一）对探求知识的启示

在彼得阿伯拉尔之后，亚里士多德的学说开始全面影响着欧洲人的精神生活，此前的经院哲学家们尽管早已从古代哲学家的遗产中发现了柏拉图，但亚里士多德作为一个全能型的哲学家，其真容直到此后的12世纪才随着阿拉伯学者和犹太学者们为西方世界提供的大量希腊哲学著作被翻译成拉丁文而逐渐展露。早在公元529年，查士丁尼皇帝关闭雅典学园之后，众多不堪被异端之名迫害的学者及其学生就带着之前希腊思想家们的著作转移到了东方，一批希腊典籍被译成叙利亚文，后来又被译为阿拉伯文和希伯来文，并在那里落地生根，开出了璀璨的文明之花。在大约公元1150—1250年期间，大量的希腊哲学著作和阿拉伯、犹太哲学家的著作被传播到西方世界，并引发了“百年译经运动”，这为西方文化史开启了新的篇章。新的哲学文献带来了新的视野和方法，一种新型的神学和哲学在经院学者中渐成风气，阿奎那便是受这一风气的熏染而成长起来的大哲学家和大神学家。

在阿奎那生活的时代，欧洲大陆尚未成为一个完整的文化整体，以罗马为中心受基督教影响的地区、西班牙等地受穆斯林文化影响的地区和以拜占庭为中心的受希腊文化影响的巴尔干地区鼎足而立，构成了纷繁复杂的历史场景，在来自不同文化背景的学者们对异质文化施加了不同的影响。深受亚里士多德影响的阿奎那首先要面对的就是阿拉伯哲学家们对亚里士多德哲学的解释，他们在关于世界、人生和道德方面的观点与基督教的基本教义格格不入，因此如何合理地解释和论证亚里士多德的哲学，并使之有益于基督教的信仰，是一项艰巨而繁重的任务。经历史学家考证，《反异教大全》一书便是阿奎那为了帮助身处西班牙基督教和穆斯林文化短兵相接之地的神职人员抵御阿拉伯学者们的冲击而写的。他针对阿拉伯学者们倡导理性真理不同于信仰真理的“双重真理论”提出，信仰所启示的真理和哲学所探究的真理都是建立在理性基础上的，哲学不仅不是否定信仰的学问，正相反，理性的权威决定了哲学和信仰绝不是对立的关系，哲学和信仰是一致的，它们所朝向的是同一个真理。由于该书主要讨论的是真理问题，因此它获得了另外一个名字，即《真理大全》。

（二）对寻求道德的启示

阿奎那的伦理学是建立在他的灵魂学说上的，他认为人的灵魂就其活动方式而言具有两种最基本的能力，这就是获取知识的能力和实现欲望的能力，与前者相关的是认识活动，与后者相关的则是道德实践。和基于感觉经验的认识论主张相一致，阿奎那也特别强调人的自然欲望和自然本性，并把它作为其伦理学或者道德哲学的出发点。与在认识论中区分出了感觉和理智相呼应，阿奎那在伦理学中也区分出了欲望的感性和理性两个方面，前者被理解为人们与生俱来地趋向所欲望的事物，后者则作为意志参与到实践活动中，两者都被视为“自然”的东西，它们都是人们与生俱来的本性。

从这一自然本性的观念出发，阿奎那认为有一种与之相关的自然法，自然法并不是我们通常所说的自然界的规律，而是那些永恒的、上帝在创造万物的时候就让它们从其支配万物的理念中分有的、不可改变的法则，和人们为自身制定的社会规范相比，它具有永恒性、本源性、普遍性和自然性等多方面的特点。它的永恒性体现为它是对上帝的永恒法的分有；它的本源性体现为它不是人们的行为习惯或者美德，而是使人们的习惯或者美德得以形成的东西；它的普遍性体现为它是写在每个人心中且不可能被废除的法；它的自然性体现为追求善和避免恶是人们的自然倾向，其中既包括世俗的东西，也包括对上帝和真理的认识。

（三）对追求崇高的启示

托马斯·阿奎那追随他的老师大阿尔伯特把理性的领域和启示的领域截然分开，并沿着亚里士多德的思想传统把理智看作是哲学和神学当中首要的东西。他们认为理性的秩序贯穿于宇宙之中，它是上帝那不变的心灵和法则的体现，但是一方面，人的理性在其自身的领域之内具有自主的权能；另一方面，纯粹神秘的领域则不是可以被理性证明的，从而也不是可以被理解和解释的。这是由人的心灵与外部世界的接触方式决定的，人们只能通过外部观察去领会现实，而不能通过灵魂对自身或者上帝的直接意识达到真理，人类的知识来自于外部现实的接触，而不是来自神圣的光照或者心灵与神的观念的直接沟通。阿奎那认为，就感官来说，凡被接受者，皆依接受者之存有方式而被接受；就知识来说，凡被知道者，皆依知道者之存有方式而在其心灵中。上帝之所以被人们认识，是因为他对世界的创造，而在自身的限度之内，人的理性也获得了一种能够理解周围世界和精神世界的尊严。

托马斯·阿奎那建立在身心关系学说基础上的伦理学把人的幸福提高到了前所未有的位置，阿奎那称之为人的终极目的和人的终极的完满性。理智的精神的快乐和感性的身体的快乐是幸福的标志和伴生物，而对幸福的获得和享用，从其成因的角度看乃是上帝。这种幸福观打破了宗教伦理和世俗伦理之间的传统界限，并和他立足身体的感觉经验与灵魂的理智思考的认识论融为一体。

五、术语解读与语篇精粹

（一）存在（Being）

1. 术语解读

存在，有时指存在着的事物，即存在之物；有时指使存在之物存在的性质，并非具体存在的事物。本章取第二个意思，使得存在之物存在的性质，这是一个很模糊的说法，因为存在本身就是一个很难解释清楚的事情。我们举存在着的一个瓶子为例，这个瓶子指的是某一个具体的瓶子，它有特定的形状、大小，在一定的时间和空间范围内“存在”着。它所具有的材料、形状、功能等一些属性，使得我们能够把它称其为瓶子。这就是它的本质，“瓶子”，所有使我们可称其为瓶子的属性。

存在和本质的问题，自柏拉图和亚里士多德以来，就成了一个哲学的根本性问题之一。存在和本质的定义及其互相的关系，哲学界一直争论不休，直到今日。存在和本质的先后关系，并非仅仅是时间上先后出现的问题，而是对于事物而言，哪一个是更加基础的，以及两者之间哪个是另一方前提的问题。

托马斯·阿奎那认为，存在是无限的，人不能通过思想来认识它，只能感受它；而本质是可以被界定的，是可以认识的。而一个瓶子拥有它的本质，首先要有这么一个瓶子存在着，即存在先于本质。如果瓶子被打破了，那么其作为“瓶子”的本质改变了，变成了碎片，但其存在并未改变。存在还包含了本质外的其他偶然属性，比如这个瓶子有一个缺口，这不属于其本质，但属于其存在。

2. 语篇精粹

语篇精粹 A

Substances of this kind, though pure forms without matter, are not absolutely simple; they are not pure act but have a mixture of potentiality. The following consideration makes this evident. Everything that does not belong to the concept of an essence or quiddity comes to it from outside and enters into composition with the essence, because no essence can be understood without its parts. Now, every essence or quiddity can be understood without knowing anything about its being. I can know, for instance, what a man or a phoenix is and still be ignorant whether it has being in reality. From this it is clear that being is other than essence or quiddity, unless perhaps there is a reality whose quiditty is its being. This reality, moreover, must be unique and primary; because something can be multiplied only by adding a difference (as a generic nature is multiplied in species), by the reception of a form in different parts of matter (as a specific nature is multiplied in different individuals), by the distinction between what is separate and what is received in something (for example, if there were a separated heat, by the fact of its separation it would be distinct from heat that is not separated). Now, granted that there is a reality that is pure being, so that being itself is subsistent, this being would not receive the addition of a difference, because then it would be not be being alone but being with the addition of a form. Much less would it receive the addition of matter, because then it would not be subsistent, but material, being. It follows that there can be only reality that is identical with its being. In everything else, then, its being must be other than its quiddity, nature, or form. That is why the being of the intelligences must be in addition to their form; as has been said, an intelligence is form and being. ①

译文参考 A

虽然这样一种实体只有形式而没有质料，但它们绝对不是这么简单的；而且它们并不是纯粹的现实，而是现实与潜能的混杂。以下论述清楚地表明了这一点。凡是不属于本质或本质概念的东西都来自于本质之外，并且进入其中与本质共同形成复合的存在。这是因为如果没有组成它的各个部分，没有本质能够被人理解。现在，在对其存在没有任何认知的情况下，所有本质都能被人理解。例如，我能够理解一个人是什么，或者在不考虑其是否真实

① Thomas Aquinas, *On Being and Essence*, Trans., Armand Maurer, Pontifical Institute of Mediaeval Studies, 1983, pp. 55–56.

存在的情况下，理解一只凤凰是什么。所以很明显，存在并非是本质或实质，除非有某种东西，它的实质就是它自身的存在。而这种事物必然是单一的和最基本的，因为任何事物只有在以下几种情况下才有可能成为多数的：或者是增加同一种类内部的差异，就像一个属的性质只有借着不同的物种才能增加一样；或者是形式进入各种不同的质料中，比如一个物种的性质会由于各个不同的个体而增加；或者，一样事物是独立的，但当其进入某些其他事物时就变成了另一种事物，例如，假设存在一种能够脱离质料的热度，它会由于自身脱离质料而不同于不脱离质料的热度。现在我们假设有一个事物，它只是存在，以至于它就是存在本身，那么它就不接受种类差异的附加。因为如果它接受种类差异，那么它就会在存在之外还附加有某种形式。如果这种事物还会进一步接受附加的质料就更不用说了，这样它就不再是自行存在的存在，而是有质料的存在了。所以唯一的可能是，一个事物和它的存在本身完全相同。对于任何其他事物而言，事物的存在本身和它的本质或者实质、本性、形式，并不完全相同。所以对于理智实体，存在并不仅仅是形式，正如我们已经说过的，理智实体是形式和存在。

语篇精粹 B

Whatever belongs to a thing is either caused by the principles of its nature (as the capacity for laughter in man) or comes to it from an extrinsic principle (as light in the air from the influence of the sun). Now being itself cannot be caused by the form or quiddity of a thing (by "caused" I mean by an efficient cause), because that thing would then be its own cause and it would bring itself into being, which is impossible. It follows that everything whose being is distinct from its nature must have being from another. And because everything that exists through another is reduced to that which exists itself as to its first cause, there must be a reality that is the cause of being for all other things, because it is pure being. If this were not so, we would go on to infinity in causes, for everything that is not pure being has cause of its being, as has been said. It is evident, then, that an intelligence is form and being, and that it holds its being from the first being, which is being in all its purity; and this is the first cause, or God. ①

译文参考 B

属于一件事物的性质，或者是由它的本性形成。比如，人有笑的能力；或者来自某种外在的原因，像空气中的光线来自太阳。这样一件事物的存在本身便不可能由该事物的性质或实质形成（我的意思是本质不可能是动力因），因为如果是这样，该事物就是自己的形成原因，并且产生自身的存在，而这是不可能的。所以所有存在和本质不同的事物都是因别的事物获得其存在的。既然所有通过别的事物而存在的事物，都可以还原到通过自身而存在的事物，来作为它的第一因。这样就必然存在着某个事物是纯粹的存在，并作为所有事物存在的原因。否则我们在寻求事物的起因时，就会陷入无尽的循环。因为正如前文所提到的，所有的不是纯粹存在的事物，都有一个存在的起因。很显然，理智实体

① Thomas Aquinas, *On Being and Essence*, Trans., Armand Maurer, Pontifical Institute of Mediaeval Studies, 1983, pp. 56-57.

是形式兼存在，而第一存在则是纯粹存在。这就是第一因，上帝。

语篇精粹 C

Everything that receives something from another is potential with regard to what it receives, and what is received in it is its actuality. The quiddity or form, therefore, which is the intelligence, must be potential with regard to the being it receives from God, and this being is received as an actuality. Thus potency and act are found in the intelligences, but not form and matter, except in an equivocal sense. So, too, "to suffer", "to receive", "to be a subject", and all similar expressions which seem to be attributed to things because of matter, are understood in an equivocal sense of intellectual and corporeal substances, as the Commentator remarks. ①

译文参考 C

每个从其他事物接受某种东西的事物，都与它接受的东西有潜在的相关性，而它所接受的东西就是他的现实。因此，本身就是理智实体的实质或形式，一定与他从上帝那里接受的存在有潜在的相关性，而这存在就成为他的现实。因此能在理智实体中发现的是潜能和现实，而不是形式和质料，除非是在模棱两可的意义中。所以同样的，"遭遇""接受""成为主体"所有这些类似的表述似乎都归因于有因着质料而存在的事物。这些表述在对理智实体和物质实体的模糊意义中被人理解，就像评论家们所说的那样。

① Thomas Aquinas, *On Being and Essence*, Trans., Armand Maurer, Pontifical Institute of Mediaeval Studies, 1983, p. 57.

（二）本质（Essence）

1. 术语解读

在共相的问题上，托马斯主义持温和的实体论立场，认为共相作为实体存在。共相先于殊相被创造，存在于殊相中，在人们认识殊相后被人们所认识。

在本体论（Ontology）上，托马斯主义重点讨论了存在与本质的关系，尤其在抽象意义上讨论了存在。即并非存在之物本身，而是存在之物地存在着，即有这一事物本身的哲学含义。虽然阿奎那并未直接使用这一表述，但他在书中表达出了存在先于本质的观点，并且提出上帝的存在与本质是合一的。

在认识论（Cognitive Theory）上，托马斯主义提出通过信仰和理性两个方式来获取知识。人们可以通过理性和经验来认识到上帝的存在，通过启示和信仰认识上帝的本质。经验和理性是直观的，但可能会出错，所以需要借助上帝的帮助。

2. 语篇精粹

语篇精粹 A

Form and matter are found in composite substances, as for example soul and body in man. But it cannot be said that either one of these alone is called the essence. That the matter alone of a thing is not its essence is evident, for through its essence a thing is knowable and fixed in its species and genus. But matter is not a principle of knowledge, and a thing is not placed in a genus or species through it but through that by which a thing is actual. Neither can the form alone of a composite substance be called its essence, though some want to assert this. It is evident from what has been said that the essence is what is signified through the definition of a thing. Now the definition of natural substances includes not only form but also matter; otherwise there would be no difference between definitions in physics and in mathematics. Nor can it be said that the definition of a natural substance includes matter as something added to its essence, or as something outside its essence. This is the kind of definition proper to accidents; not having a perfect essence, their definition must include their subject, which is outside their genus. It is evident; therefore, that essence embraces both matter and form. ①

译文参考 A

在复合实体中，质料和形式同时存在，比如灵魂和身体同时存在于人身上，但是我们不能够说形式和质料中的一个可以称作复合实体的本质，只有事物的质料本身不能构成复合实体的本质这一点是很明显的。因为事物是通过它的本质被认知和安排在它的种类之下。而质料却并非被认知的原则，一件事物被归在它的种类之下，也不是由它的质料所决定的，而是由某种现实的东西所决定的。只有实体也不可以说是复合实体的本质，虽然有人这样主张。因此，一件事物的本质显然是该事物所指的东西。然而，自然实体的定义同时含有形式和质料；否则，物理学上的定义就

① Thomas Aquinas, *On Being and Essence*, Trans., Armand Maurer, Pontifical Institute of Mediaeval Studies, 1983, p. 34.

会与数学上的定义没有区别。我们也不能说质料在自然实体中的定义是像把某种东西附加到它的本质上，或者存在于它的本质之外。这种定义仅仅适用于偶然性，而偶然性并不具备完善的本质。因为在它们的定义中包含有它们的基体，基体在种类之外。因此很明显，本质同时包含质料和形式。

语篇精粹 B

Neither can it be said that essence signifies the relation between matter and form, or something added to them, because this would necessarily be accidental or not belonging to the thing, nor could the thing be known through it, both of which are characteristics of essence. For through form, which actualizes matter, matter becomes an actual being and this particular thing. Anything that comes after that does not give matter its basic actual being, but rather a certain kind of actual being, as accidents do, whiteness for example making something actually white. When a form of this kind is acquired, we say that something comes into being not purely and simply but in a certain respect. It remains, then, that in the case of composite substances the term "an essence" signifies the composite of matter and form. Boethius agrees with this in his commentary on the *Categories*, where he says that *οὐσία* signifies the composite; for *οὐσία* in Greek means the same as our essentia, as Boethius himself observes. Furthermore, Avicenna remarks that the quiddity of composite substances is the composition itself of form and matter. The Commentator, too, says, "The nature that species have in things subject to generation is something intermediate, a composite of matter and form. This is reasonable, too, for the being that a composite substance has is not the being of the form alone nor of the matter alone but of the composite, and it is essence according to which a thing is said to be. So the essence, according to which a thing is called a being, cannot be either the form alone or the matter alone, but both, though form alone is in its own way the cause of this being. ①

译文参考B

但是我们也不能说本质指的是质料和形式间的关系，或者是附加到它们之上的东西。因为如果是这样，本质就成为事物的偶然性和事物之外的东西，这样事物就不是通过它的本质被认知，而这些都是本质的特点。因为形式是质料的现实，质料是通过形式才成为现实中存在着的和某个特定的事物。因而，那随附产生的事物并不能够绝对地使质料成为现实的存在而是使其成为具有特定形式的现实存在，就像偶然性一样。例如，当“白”这一本质使一个事物现实中是白色的时，情况就是这样。所以当有了这样的形式后，我们并不能简单地说一件事物产生了，只能说以某种方式产生了。因此，在复合实体中，“本质”(Essence) 这一术语依然意味着形式和质料的复合。波埃修在他的《论述篇》也同意这一观点，他说道，本质指的是某种复合的东西，希腊语中的“本质”(οὐσία) 和我们的“本质”(Essentia) 是一样的，正如波埃修自己所观察到的。此外，阿维森纳说过复合实体的实质就是

① Thomas Aquinas, *On Being and Essence*, Trans., Armand Maurer, Pontifical Institute of Mediaeval Studies, 1983, pp. 35-36.

形式和质料本身。评论家也说道："种相在可产生的事物中的本性是某种中间产物，也就是质料和形式的复合。"这也是符合理性的，因为一个复合实体的存在既不是形式本身的存在，也不是质料本身的存在，而是两者复合的存在，而且存在就是人们靠着它来形容某物存在的东西。所以人们靠其来称呼某物存在的本质，既不能是形式自己，也不能是质料自己，而是两者，虽然形式本身以自己的方式构成这类存在的原因。

语篇精粹 C

The essence of a composite substance accordingly differs from that of a simple substance because the essence of a composite substance is not only form but embraces both form and matter, whereas the essence of a simple substance is form alone. Two other differences follow from this. The first is that we can signify the essence of a composite substance as a whole or as a part. This happens because of the designation of matter, as been said. As a result we do not attribute the essence of a composite in every way to the composite; we cannot say, for example, that man is his quiddity. But the essence of a simple reality, which is its form, can only be signified as a whole, because nothing is there beside the form as its recipient. That is why the essence of a simple substance, no matter how we conceive it, can be attributed to the substance. As Avicenna says, "The quiddity of a simple substance is the simple entity itself," because there is nothing else that receives it. ①

① Thomas Aquinas, *On Being and Essence*, Trans., Armand Maurer, Pontifical Institute of Mediaeval Studies, 1983, p. 54.

译文参考 C

一个复合实体的本质与一个单一实体的本质不同，是因为一个复合实体的本质不仅仅是形式，同时包括形式和质料，而单一实体的本质只有形式自身。这也造成了其他两个不同。第一个是我们能用复合实体的本质来指代整体，也能用其来指代部分。如前文所提到的，这是因为质料的指代不同。故而我们不能在任何时候都用复合实体的本质来指代复合实体。例如，我们不能说一个人就是他的本质。但是单一实体的本质，也就是它的形式，只可以用来指代整体，因为除了它所接受的形式外没有什么别的东西。这也是为什么无论我们怎么去思想它，一个单一实体的本质总能被归到它的实体本身。就像阿维森纳说的，“一个单一实体的实质就是这个单一实体本身”，因为没有任何其他东西来接受这个形式。

（三）形式（Form）

1. 术语解读

形式是一个物体的特点，包括大小、形状、颜色等，是人们对于一个物体的认知。对于两个一模一样的瓶子，“一模一样”指的是具有相似的形式。形式使得一个瓶子是一个“瓶子”，而不是椅子，沙发或别的东西。不存在没有形式的质料，但是存在没有质料的形式，如天使。

在托马斯主义的框架中，形式是质料的基础和原因，某些形式可以独立于质料，但任何质料则必须具有某种形式。阿奎那认为，质料和形式总是相对而言的，有质料的被造物都会具有某种形式，整个被造的世界是一个按其形式划分等级的世界，所谓质料其实是较低等级的形式。

在这个意义上，理智与事物的符合，即人们关于事物的真正的知识，总是对某一层次上的形式的符合。阿奎那认为人造物是依照人的理智制造出来的，而自然物则是依照上帝的理智创造出来的，在真理问题上，自然物应该成为人的理智的尺度。真理的保证只能通过上帝来获得，因为人类理智和一切自然物以及作为一切人造物的质料的东西，都是通过上帝的理智创造出来的。

2. 语篇精粹

语篇精粹 A

We can see how this comes about if we examine the difference between body when it means a part of animal and body when it means a genus; for it cannot be a genus in the same way that it is an integral part. In short, the term "body" can have several meanings. In the genus of substances we give the name "body" to that which has a nature such that three dimensions can be counted in it; but these three determined dimensions themselves are a body in the genus of quantity. It does happen that something having one perfection may also possess a further perfection, as is evident in man, who has a sensitive nature and, besides this, an intellectual nature. So, too, over and above the perfection of having a form such that three dimensions can be designated in it, another perfection can be added, such as life, or something of the kind. The term "body", therefore, can signify that which has such a form as allows the determination of three dimensions in it, prescinding from everything else, so that from that form no further perfection may follow. If anything else is added, it will be outside the meaning of body thus understood. In this way body will be an integral and material part of a living being, because the soul will be outside what is signified by the term "body" and will be joined to this body in such a way that a living being is made up of these two, body and soul, as of two parts. ①

译文参考 A

如果我们检验一下意味着某个动物的一部分的物体和作为一个属相的物体的不同，我们就能明白为何事情会是这样。因为物体作为某个动物整体的一部分时，不可能是一个属相的。总之，“物体”这个词是有几个意思的。在实体这个属相下，被我们称作“物体”的东西，都有这么一种特性，即我们能在其中指明三个维度，但是这三个维度本身就是在数量这个属相下的物体。有时某个东西有一种完整性，而且有可能获得一种更进一步的完整性，这在人的身上体现得很明显。人有感觉的特性，除此之外，还有理智的特性。所以同样的，在拥有可以被指明三个维度这一形式的完整性上，还能够加上另一种完整性，比如生命，或者类似的东西。因此“物体”这个词，指代的东西拥有这样一种形式，它允许三个维度的限定性，而不允许其他任何事物的限定性，所以在这种形式下不会有更进一步的完整性。如果加上任何其他

① Thomas Aquinas, *On Being and Essence*, Trans., Armand Maurer, Pontifical Institute of Mediaeval Studies, 1968, p38.

的完整性，那么就超出了我们所理解的“物体”这个词的意思了。因此，物体就是生物不可或缺的质料部分，因为灵魂是超出“物体”这个词所指的意思的。而且灵魂可以进入物体中，因而这一生物就是由物体和灵魂这两个部分构成。

语篇精粹 B

The term “body” can also be taken to mean a thing having a form such that three dimensions can be counted in it, no matter what that form may be, whether some further perfection can be derived from it or not. In this sense of the term, body is the genus of animal, because animal does not include anything that is not implicitly contained in body. The soul is not a form different form that which gives to the thing three determined dimensions. That is why, when we said that a body is that which has such a form as allows the determination of three dimensions in it, we understood this to mean any form whatsoever: animality, stoneness, or any other for. In this way the form of animal is implicitly contained in the form of body, inasmuch as body is its genus. And such also is the relation of animal to man. If “animal” designated only a certain reality endowed with a perfection such that it could sense and be moved through an internal principle, prescinding from any other perfection, then any further perfection would be related to animal as a part and not as implicitly contained in the notion of animal, and then animal would not be a genus. But it is a genus when it signified a thing whose form can be the source of sensation and movement, no matter what that form may be, whether it be only a sensitive soul or a soul that is both sensitive and rational. ①

译文参考B

“物体”这个词也可以指代这么一种东西，它的形式能够指明在它其中三个维度的存在，无论这种形式是什么，无论是否有更进一步的完整性从其中生发出来。在这种意义上，物体是动物的属相，因为动物不包含有任何外在于物体的东西。灵魂这种形式，也不是一种有别于指明一个事物三个维度的东西。这也是为什么当我们说一个物体有某种形式，使得三个维度能在其中被指明出来时，我们知道这可能意味着任何形式：动物、化石，或者任何其他的。在这种情况下，动物的形式就蕴含在物体的形式中，因为物体就是其属相。动物和人的关系也是如此。如果动物只是这种现实，它包含的完整性只是能够通过内在的本性去感觉和运动，而不能有其他的完整性。那么任何更进一步的完整性只能作为一个独立的部分附加到动物上不能蕴含在动物的含义中。这样动物就不是属相了。但是当它指代一种事物，其形式可以作为感觉和运动的源泉时，动物是一个属相，无论这种形式是什么，无论它是只能感觉的灵魂还是既能感觉又有理性的灵魂。

语篇精粹C

Whenever things are so related to each other that one is the cause of the other's being, the one that is the cause can have being without the other, but not vice versa. Now matter and form are so related that form gives being to matter. Matter, then, cannot exist without some

① Thomas Aquinas, *On Being and Essence*, Trans., Armand Maurer, Pontifical Institute of Mediaeval Studies, 1968, p. 39.

form, but there can be a form without matter: form as such does not depend on matter. If we find some forms that can exist only in matter, this happens to them because they are far removed from the first principle, which is the primary and pure act. It follows that those forms closest to the first principle are forms subsisting in themselves without matter. In fact, not every kind of form needs matter, as has been said; and the intelligences are forms of this kind. There is no necessity, then, that essences or quiddities of these substances be anything else than form.①

译文参考 C

无论何时，当两个事物彼此联系，而其中一个是另一个的成因时，作为成因的事物能独立于另一个而存在，反之却并非如此。质料和形式联系得如此紧密，以至于形式使得质料得以存在。那么，质料是不能脱离某种形式而存在的，但是存在脱离质料的形式，因为形式的存在是不依赖于质料的。如果我们发现某些形式只能存在于质料中，这是因为它们远离作为最初和纯粹行为的第一原则。所以那些接近第一原则的形式即是能够脱离质料而自行存在的形式。事实上，正如之前叙述过的，不是每种形式都需要质料，理智就是这种形式。因而，这些实体的本质或者实质并不一定不能是形式本身。

① Thomas Aquinas, *On Being and Essence*, Trans., Armand Maurer, Pontifical Institute of Mediaeval Studies, 1968, p. 53.

（四）质料（Matter）

1. 术语解读

质料和形式是构成个别物体的两个部分，最早由亚里士多德提出。质料是构成物体的物质，形式是物体所有的特征。质料使一个物体成为“这个”物体，具有独一性；而形式使物体成为一个“这样”的物体，使物体间有相似性。托马斯·阿奎那继承了亚里士多德的观点并且与对上帝的信仰相结合，使亚里士多德的理论得到了发展。

质料是构成一个物体的材料，如构成一个瓷瓶的瓷，构成椅子的木材，都是质料。在具体的生活中，物体的质料各不相同，但在托马斯·阿奎那等哲学家看来，质料并无任何质上的区别。这并不是说，物体都是由同一种材料构成的，而是说质料在发挥构成物体的作用时，仅仅体现出物质基础这一作用。

质料使一个物体成为“这个”物体，假如有两个一模一样的瓶子，而人们可以分辨出这两个瓶子不是同一个，因为它们有各自的质料。质料使物体占据一定的空间，并且不会消失，只会改变不同的存在方式。

2. 语篇精粹

语篇精粹 A

Because matter is the principle of individuation, it might seem to follow that an essence, which embraces in itself both matter and form, is only particular and not universal. If this were true, it would follow that universals could not be defined, granted that essence is what is signified by the definition. What we must realize is that the matter which is the principle of individuation is not just any matter, but only designated matter. By designated matter I mean that which is considered under determined dimensions. This kind of matter is not part of the definition of man as man, but it would enter into the definition of Socrates if Socrates could be defined. The definition of man, on the contrary, does include undesignated matter. In this definition we do not put this particular bone and this particular flesh, but bone and flesh absolutely, which are the undesignated matter of man.

译文参考 A

因为质料是个体化的原则，所以似乎自身同时包含着质料和形式的本质，只能是殊相而不能是共相。如果确实如此，那么可以得出，要是本质就是被定义所指明的东西，共相就不能被定义。我们必须意识到的是，作为个体化原则的质料并不是指任何质料，而是特指质料。我所谓的特指质料是在指明的三个维度下考虑的质料。这种质料不是作为“人”的定义的一部分，而是会进入苏格拉底的定义中，如果苏格拉底能被定义。相反，“人”的定义，包含的是泛指质料。在这种定义中，我们没有具体的骨头和血肉，而是绝对意义上的骨头和血肉，而这即是人的泛指质料。

语篇精粹 B

It is clear, therefore, that the difference between the essence of Socrates and the essence of man lies solely in what is designated and not designated. This is why the Commentator says, “Socrates is nothing else than animality and rationality, which are his quiddity." The essence of the genus and the essence of the species also differ as designated and undesignated, though the mode of designation is different in the two cases. The individual is designated with respect to its species through matter determined by dimensions, whereas the species is designated with respect to the genus through the constitutive difference, which is derived from the form of the thing. This determination or designation which is in a species with regard to its genus is not caused by something existing in the essence of the genus; rather, whatever is in the species is also in the genus but in an undertermined way. If indeed "animal" were not wholly what "man" is, but only a part of him, "animal" could not be predicated of "man", since no integral part may be predicated of its whole.

译文参考B

很显然，苏格拉底的本质和“人”的本质之间的差别仅仅是特指质料和泛指质料的差别。这是为什么评论家会说“苏格拉底不过是人的动物性和理性，而这即是他的实质”。属相的本质和种相的本质之间的区别也在于特指和泛指，虽然这两种情况下指定的方式不同。一个个体相对于他所在的种相的指定是通过三个维度指明的质料完成的，而种相相对于所在的属相的指定是通过本质上的不同，即是从形式上的不同完成的。种相相对于所在的属相的限定不是由于属相本质中存在的某种东西造成的，相反，在种相中，只要不是被限定的，也都存在于属相中。如果“动物”不能完全涵盖“人”的定义，而是“人”的定义的一部分，那么“动物”就不能指代“人”，因为没有部分能够指代它所在的整体。

语篇精粹 C

It remains for us to see how essence exists in the separate substances: in souls, intelligences, and the first cause. Although everyone admits the simplicity of the first cause, some would like to introduce a composition of form and matter in intelligences and souls, an opinion that seems to have begun with Avicevron, the author of the *The Source of Life*. But this is opposed to what philosophers generally say; they call these substances separated from matter and prove that they are completely immaterial. This is best demonstrated from their power of understanding. We see that forms are actually intelligible only when they are separated from matter and its conditions; and they are made actually intelligible only through the power of an intelligent substance, by receiving them into itself and acting upon them. This is why every intellectual substance must be completely free from matter, neither having matter as a part of itself nor being a form impressed on matter, as is the case with material forms. The position is untenable that not all matter prevents intelligibility but only corporeal matter. If this resulted only from corporeal matter, matter would have this opaqueness to understanding from its corporeal form, since matter is called corporeal only because it exists under a corporeal form. This is impossible, because this corporeal form, like other forms, is actually intelligible insofar as it is abstracted from matter. In a soul or intelligence, therefore, there is no composition of matter and form, understanding matter in them as it is in corporeal substances.

译文参考 C

我们仍然需要去探究本质是怎样存在于脱离质料的实体，即灵魂、理智和第一因。虽然每个人都承认第一因的单一性，有些人倾向于在理智和灵魂中引入形式和质料的复合，这个观点开始于《生命之源》的作者阿维斯布朗。但是这与哲学家们通常所说的相悖，他们把理智和灵魂称作脱离质料的实体，并且证明它们是完全非物质的。这是从他们的理解力得出的最好的推论。我们认识到只有当形式从它们的质料和条件完全分离后，才能被理解。而且形式只能通过理智实体的能力才能被理解，这是通过理智实体接受进入其中并且作用于形式。这也是为什么所有的理智实体都要必须完全脱离质料的原因，它既不能使质料作为自己的一部分；也不能是，像在具体事物中，附加在质料上的形式。并非所有的质料都阻碍可理解性，而是只有有形的质料才会如此，这个命题也是不成立的。如果仅仅有形的质料会阻碍可理解性，质料的这种阻碍源于它有形的形式，而质料会被称作有形的，仅仅是因为它存在于有形这个形式中。这是不可能的，因为有形这个形式，和其他形式一样，是可以被理解的，因为它是从质料中抽象出来的。因此，在理智和灵魂中，没有质料和形式的复合，也不能像是在有形的实体中理解质料。

（五）属相（Genus）

1. 术语解读

属相即事物所属的种类，在托马斯·阿奎那看来，我们所拥有的各种世俗知识大都只是涉及属性而不是本质。属性依附于事物，而本质则是独立的。由于受制于其质料而只能从感性开始借助理智的努力来摆脱质料的束缚，理智对事物种类的分辨就需要从属性和种类开始。

神学的根本问题之一在于认识上帝，自然神学认为人可以通过生活中的经验和理性来认识上帝，启示神学认为可以通过信仰和启示来认识上帝，先验神学认为人可以通过天生就有的逻辑和思想来认识上帝。在中世纪早期，人们普遍接受的是启示神学，即人们对上帝的认识来自于上帝对人的启示，而人的经验和理性是不可靠的，直到阿伯拉尔认为人们应该靠着理性来认识上帝。托马斯·阿奎那将理性与信仰进行了调和，使通过理性认识上帝的理论被人们所接受，使自然神学开始发展起来。

托马斯·阿奎那主要通过经验和理性论证上帝的存在，他认为任何现象的发生都有另一个现象作为其原因，而作为原因的现象也有其原因。但这种推导不应该是无穷的，而是有第一原因，这一原因即是上帝。托马斯·阿奎那认为自然神学能够推出上帝的存在，但不能认识到上帝的本质。对于上帝本质的认识，只能通过上帝的信仰和启示。人的理性是会出错的，所以需要信仰的帮助。

2. 语篇精粹

语篇精粹 A

The genus, then, signifies indeterminately everything in the species and not the matter alone. Similarly, the difference designates the whole and not the form alone, and the definition also signifies the whole, as does the species too, though in a different way. The genus signifies the whole as a name designating what is material in the thing without the determination of the specific form. Thus the genus is taken form matter, though it is not matter, as we can clearly see form the fact that we call a body that which has a perfection such that it is determined by three dimensions, a perfection that is related as material with respect to a further perfection. On the contrary, the difference is a term taken from a definite form in a precise way, without including a definite matter in its primary notion; as for example when we say "animated" (in other words, what has a soul) we do not specify what the thing is, whether it is a body or something else. That is why Avicenna says that the genus is not conceived in the difference as a part of its essence, but only as something outside its essence, as the subject is contained in the notion of its properties. That is also why, according to the Philosopher, a genus is not predicated of a difference properly speaking, except perhaps as a subject is predicated of its property. As for the definition or species, it embraces both, namely the determinate matter signified by the name of the genus, and the determinate form signified by the name of the difference.①

译文参考 A

那么属相不确定地指代所有种相中的事物，而不是质料本身。

---

① Thomas Aquinas, *On Being and Essence*, Trans., Armand Maurer, Pontifical Institute of Mediaeval Studies, 1983, pp. 40–41.

就好比种差限定全体而不仅仅是形式本身，定义和种相也限定的是全体，虽然它们限定的方式各不相同。属相作为一个名称指代一个全体时，限定的是事物的质料而没有限定特定的形式。因此属相虽然不是质料，却是来源于质料的，我们能清楚地在“物体”上看到这一点。我们把拥有这样一种完整性的东西叫作“物体”，这种完整性限定了它的三个维度，并且相对于更进一步的完整性作为物质基础。与之相反，种差这个词是准确地来源于确定的形式的，而在其原本的概念中是没有限定质料的。例如，当我们说“动物”时（换句话说，意味着有灵魂），我们并没有具体限定这个东西是什么，是物体或者别的东西。这也是为什么阿维森纳说属相不被认作为事物本质的一部分存在于种差中，而是作为某种于本质之外的东西，就像主体与属性的概念的关系。这也是为什么哲学家认为，严格来说属相并不述说种差，除非是像主体述说属性这样的类似情况。而定义和种相，是同时包含质料和形式的，也就是既指明了由属相的名称所指代的质料，也指明了由种差的名称所指代的形式。

语篇精粹 B

From this it is clear why genus, species, and difference are related proportionately to matter, form, and composite in nature, though they are not identical with them. A genus is not matter, but it is taken from form as designating the whole; and a difference is not form, but it is taken from form as designating the whole. That is why we say that man is a rational animal, and not that he is composed of soul and body. We say that man is a being composed of soul and body as from two things there is constituted a third entity which is neither one of them: man indeed is neither soul nor body. If in a sense we may say that man is composed of animal and rational, it will not be as a third reality is made up of two other realities, but as a third concept is formed from two other concepts. The concept "animal" signifies the nature of a being without the determination of its special form, containing only what is material in it with respect to its ultimate perfection. The concept of the difference "rational", on the other hand, contains the determination of the special form. From these two concepts is formed the concept of the species or definition. This is why, just as a reality composed of several things cannot be the subject of attribution of its constituent elements, neither can a concept be the subject of attribution of the concepts from which it is formed: we do not say that the definition is the genus or difference. ①

译文参考B

因此，我们可以清楚地得出为什么属相、种相和种差分别对应质料、形式和自然中两者的复合，虽然它们互相并不完全等同。属相不是质料，但却是来源于质料并指代全体；种相也不是形式，但来源于形式并指代全体。因此，我们说人是有理性的动物，而不是灵魂和身体的简单的复合。我们说人由灵魂和身体组成，是说灵魂和身体这两个事物产生了第三个事物，而这个事物不是两者中的任何一个，所以人既不是灵魂也不是身体。在某种意义上，

① Thomas Aquinas, *On Being and Essence*, Trans., Armand Maurer, Pontifical Institute of Mediaeval Studies, 1983, pp. 41-42.

我们说人是由动物性和理性组成，这不意味着人是这两个东西组成的第三个东西，而是“人”这个概念是由另外两个概念复合而成的。“动物性”指的是一个存在的本性中不指明其特定的形式的部分，相对于该存在的终极完整性，“动物性”包含的是其中的物质部分。与之相反，“理性”这个概念指明特定的形式。这两个概念共同构成了人的种相或者说定义。因此，正如一个由多个东西组成的事物不能作为它组成部分属性的主体，一个概念也不能作为构成它的概念的属性的主体。所以我们说定义不是属相或者种差。

语篇精粹 C

Although the genus signifies the whole essence of the species, it is not necessary that different species of the same genus have one essence. The unity of the genus comes from its indetermination or indifference, but not in such a way that what is signified by the genus is a nature numerically the same in different species, to which would be added something else (the difference) determining it as a form determines a matter that is numerically one. Rather, the genus denotes a form (though not precisely any one in particular) which the difference expresses in a definite way, and which is the same as that which the genus denotes indeterminately. That is why the Commentator asserts that primary matter is said to be one because of the elimination of all forms, whereas a genus is said to be one because of the community of the designated form. It is clear, therefore, that when the indetermination which caused the unity of the genus is removed by the addition of the difference, there remain species different in essence.[①]

译文参考 C

虽然属相可以指代种相的整体本质，但是相同属相的不同种相的本质并不相同。属相的统一性来自于它的非限定性或者无差别性。但这并不意味着属相是数字的“一”个特性，不同的种相中都相同，在其上附加上其他东西（也就是种差）来限定它，就像形式所限定的质料那样是数字上的“一”个。不如说，属相给出一种形式（虽然不是某种具体的形式），而种差以某种特定的方式表达这一形式，属相以非特定的方式表达这一形式。所以，评论家说原始的质料由于排除了所有的形式就是一个，而属相由于集合了所有的特定的形式被称为一个。因此很显然，当形成了属相统一性的非限定性由于种差的附加而消除时，留下的就是本质各不相同的种相。

（六）自然法（Natural law）

1. 术语解读

自然法被认为是所有法律的基础，是人类社会普遍适用的原则。从古希腊时期，哲学家就提出了与自然法有关的观点。亚里士多德认为存在着一种普遍的，能通过理性认识到的正义，这是自然法的起源思想之一。到了罗马帝国统治时期，法律已经十分完备，自然法的思想正式出现，它是基于斯多葛学派的观点。该

---

① Thomas Aquinas, *On Being and Essence*, Trans., Armand Maurer, Pontifical Institute of Mediaeval Studies, 1983, p. 42.

学派认为个人理性和普遍理性是一致的，而且所有人在一些普适性的法律下是平等的。

到了中世纪，一些神学家认为自然法是出于上帝的意志，人们靠着信仰能够领悟到。而托马斯·阿奎那认为自然法是上帝所设立的规则，规定了人类所应当具有的品质和德性。自然法可以通过理性被人们所认识，因而不仅仅是基督徒，所有人都可以认识到相同的法则。自然法是一种对正义的和道德的理念，是不变的，是适用于每个人的。然而人们虽然能认识到自然法，却不能完全遵守它。只有信徒可以通过信仰和启示认识到更加高级的神法，完成救赎，并能够更好地遵守自然法。

阿奎那认为自然法和普通的法律不同，自然法侧重于人的内心良知，普通法侧重于人的外在行为。他并非否定普通法律的作用，他认为人的内心难以鉴查，而为了维护社会的稳定与和平，对人的行为约束是必不可少的。自然法的作用更像是道德约束，并无强制力来使其实行，而是靠人的道德标准。

2. 语篇精粹

语篇精粹 A

Since all the things subject to divine providence are regulated and measured by eternal law, it is clear that all things in some way participate in eternal law. More precisely, because eternal law is imprinted on them, they have inclinations toward their own proper acts and ends. Now among all creatures, the rational creature is subject to divine providence in a more excellent manner, because he himself participates in providence, providing for himself and for others. Hence, in him, too, there is a participation in eternal reason through which he has a natural inclination to his due act and end. And the rational creature's mode of participation in the eternal law is called natural law. Hence, after the *Psalmist* (*Psalm* 4: 6) has said, "offer up the sacrifice of justice", he adds, as if someone were asking what the works of justice are, "Many say, 'Who is there to show us good works?'" In reply to this question he says, "The light of Your countenance, Lord, is imprinted on us" —as if to say, the light of natural reason, by which we discern what is good and what is evil. This has to do with natural law, which is nothing other than the imprint of God's light within us. Hence, it is clear that natural law is nothing other than a participation in eternal law on the part of a rational creature.①

译文参考A

既然所有被上帝的旨意所管辖的事物，都被永恒法所管理和测度，那么很明显所有的事物都在某种程度上与永恒法有份。这意味着，因为受永恒法的影响，所有的事物都倾向于表现特定的行为，完成特定的目的。在万事万物中，有理性的生物尤其受到上帝美好旨意的关照，因为他被赐予管理的职分，既管理自身，也照管其他。所以他也与永恒理性有份，对特定的行为和目的有自然地倾向。而永恒之法在智慧生物上的体现，就是被称为自然法。因此《诗篇》作者说(《诗篇》4：6)“当献上公义的祭”，

① Thomas Aquinas, *Treatise on Law The Complete Text* (*Summa Theologicae I–II*, *Questions* 90–108), Trans., Alfred J. Freddoso, St. Augustine's Press, 2009, p. 10.

然后好像是有人问什么是公义之事，他接着说："有许多人问，谁能引我们向善?"《诗篇》作者回答道："耶和华啊，求你仰起脸来，光照我们。"这是说我们靠自然理性之光分辨善恶。自然法的作用，无非就是神的光在我们身上的印记。因此很显然，自然法就是永恒之法在智慧生物上的体现。

语篇精粹 B

There are two senses in which something can be called a habit. In the first sense, something is called a habit properly and essentially, and in this the natural law is not a habit. For it was explained above (q. 90, a. 1) that the natural law is something constituted by reason, in the same way that a proposition is a work of reason. But what someone does or makes is not the same as that by means of which he does it or makes it. For instance, it is by means of the habit of grammar that someone makes a coherent utterance. Therefore, since a habit is that by means of which one acts, no sort of law can be a habit properly and essentially.

In the second sense, that which is had by means of a habit can itself be called the habit—in the way that the Faith is that which is held by means of faith. And since the percepts of the natural law are such that even though at times they are actually being considered by reason, at other times they exist only habitually in reason, one can say in this sense that the natural law is a habit. In the same way, the indemonstrable principles in speculative matters are not the habit itself with respect to those principles; rather, they are principles with respect to which there is a habit.[①]

译文参考 B

习惯可以分为两种。第一种意思是指特定和本质的。从这个意义上来说，自然法不是一种习惯。我们在第九十题第一篇文章中论述过，自然法是理性的产物，就像命题也是理性的产物一样。一个人所做的事和他做这件事所凭借的东西不相同，比如他能正确说话是靠语法的习惯。既然人们依靠习惯来行动，那么自然法不是特定和本质的习惯。

第二个意思，习惯是指在这种习惯中我们坚持做的事，因此信仰就是我们在信仰中所坚持的。自然法的规则有时是人的理性实际想到的，有时是习惯性地出现在理性中，而根据习惯的这个意思，这时自然法就可以被称为习惯。同样，在推理中无法证明的原理，不是我们靠其来得到这些原理的习惯，而是我们习惯性得到的这些原理。

语篇精粹 C

As was explained above (aa. 4-5), the natural law contains in the first place certain very general precepts that are known to everyone, but it also contains certain secondary, and more particular, precepts that are like conclusions lying in the neighborhood of the principles. Thus, as far as the universal principles are concerned, the natural law cannot in any way be erased entirely from the hearts of men. However, it is erased with respect to particular actions insofar as reason is impe-

① Thomas Aquinas, *Treatise on Law The Complete Text* (*Summa Theologicae I-II*, *Questions* 90-108), Trans., Alfred J. Freddoso, St. Augustine's Press, 2009, pp. 37-38.

ded from applying a universal principle to a particular action because of sensual desire or some other passion, as was explained above (q. 77, a. 2). However, as far as the other, i. e., secondary, precepts are concerned, the natural law can be erased from the hearts of men, either (a) because of bad arguments, in the same way that errors occur in speculative matters with respect to necessary conclusions, or (b) because of depraved customs and corrupt habits—in the way that, as the Apostle points out in *Romans* 1: 24 ff., theft or even vices contrary to nature are not thought of as sins by some people.[①]

译文参考 C

正如在第四节和第五节所说到的，属于自然法的，首先是众所周知的普遍原则；然后是某些次要和更加具体的原则，这些原则是接近普遍原则的结论。对于普遍原则，自然法理论上是不会在人的心中消失的。但是在具体的行为中，自然法会消失。在这种情况下，就像七十七题第二节中所提到的，由于情欲或者其他欲望的缘故，理性不能将普遍原则应用于特定的行为。但是对于其他原则，也就是次要原则，自然法会在人的心中消失。这种消失可能是由于错误的偏见，就像在推理中必然结论也会出错；或由于不良的风俗和习惯，就像有人认为偷窃，甚至使徒在《罗马书》第一章第二节中提到的男女违反天性的行为，都不是罪。

① Thomas Aquinas, *Treatise on Law The Complete Text* (*Summa Theologicae I-II*, *Questions* 90-108), Trans., Alfred J. Freddoso, St. Augustine's Press, 2009, p. 48.

第四章　梅斯特·约翰尼斯·埃克哈特：失乐园的安慰书

All creatures have a negation in themselves: one negates by not being the other. An angel negates by not being another. But God negates the negation: He is one and negates all else, for outside of God nothing is. All creatures are in God and are His very Godhead, which means plenitude, as I said before.

——Meister Johannes Eckhart

所有创造物自身都有所否定：一个造物本身不能成为另一个造物，这便是一种否定。天使自己作为一体，不能成为另一位天使，这当中也就有了否定。但是上帝否定了否定本身：他是太一，并且否定其他所有，因为上帝以外一切皆空。所有创造物都处于上帝里面，并且是上帝自己的神性，也就是说我先前说的上帝包揽万有。

——梅斯特·约翰尼斯·埃克哈特

一、神秘主义大师

（一）多明我会

梅斯特·约翰尼斯·埃克哈特（Meister Johannes Eckhart），是中世纪晚期著名的神学家、哲学家和神秘主义者，他于公元1260年出生在德国图林根州塔姆巴赫的一个骑士家庭。在15岁那年，埃克哈特进入埃尔福特多明我会修道院，10年后进入科隆继续学习神学，并成为托马斯·阿奎那的老师大阿尔伯特的学生。

大阿尔伯特曾在意大利和德国学习神学，公元1223年在意大利的帕多瓦成为多明我会成员，并在博洛尼亚和其他地方继续学习神学，随后被派到科隆、雷根斯堡、弗赖堡、斯特拉斯堡等地讲授神学。大阿尔伯特在公元1245—1248年之间获得巴黎大学博士学位和神学教授资格，随后回到科隆创办了德国第一个多明我会修道院，并成为多明我会德国分会会长。公元1260年被教皇亚历山大四世任命为雷根斯堡主教，之后他有时在巴伐利亚各地布道，更多的时候，则隐居在多明我会的几个修道院里，从事教学和研究。大阿尔伯特在使亚里士多德获得崇高权威地位的过程中起到了核心作用，但与他的学生托马斯·阿奎那相比，他的思想中混合了不少典型的新柏拉图主义的内容，在后人的印象中，大阿尔伯特被那个时代大量出现的新资料所包围，他还不能解决所使用的不同资料之间的矛盾，以形成一套和谐完整的理论。

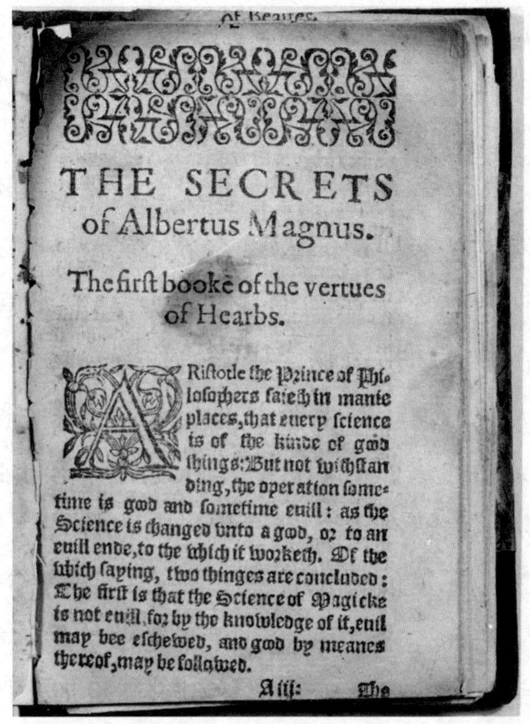
of Beastes.

THE SECRETS
of Albertus Magnus.

The first booke of the vertues
of Hearbs.

ARistotle the Prince of Philosophers saieth in manie places, that euery science is of the kinde of good things: But not withstanding, the operation sometime is good and sometime euill: as the Science is changed vnto a good, or to an euill ende, to the which it worketh. Of the which saying, two thinges are concluded: The first is that the Science of Magicke is not euill, for by the knowledge of it, euill may bee eschewed, and good by meanes thereof, may be followed.

A iii: The

出版于公元1599年的一部关于大阿尔伯特的著作

资料来源：https://commons. wikimedia. org/wiki/File：Portrait _ of _ Albertus _ Magnus. _ Wellcome _M0006319. jpg。

大阿尔伯特认为，主动的理智并不是上帝独有的，每个人都有自身的主动和潜在的理智，它们是从上帝能动的理智那里流溢出来的，人自身主动和潜在的理智是其灵魂的一部分，就像感官使我们易于接受感性形式一样，正是由于它们的存在，我们才易于接受理性的形式并从事思考。他认为人们之所以既能够思索那些自明的真理，也可以借助饱学之士的教导来获取知识，其原因在于人的主动理智所发挥的作用，但由此得到的并不是永恒的真理，它们有待被扩充和推进到仅凭人本身就能够完美地沉思到答案的地步，这就需要使主动和潜在的理智相结合，赋予人以神的理解力，在一定意义上能够接受所有那些能够被理解的东西。这种状态是奇妙的，在这种状态下人变得和上帝合为一体。这一具有鲜明新柏拉图主义色彩的论述，在埃克哈特这里得到了明显的继承和发挥。埃克哈特把沟通人和上帝的灵魂中的理性称作心灵之光，理性的根源在于上帝，而世界是从上帝那里流溢出来的，因此上帝既内在于一切被造物之中，也作为灵魂的根基发挥着奠基性的作用。人凭借灵魂与上帝合为一体，这是一种神秘的体验，它不是一般意义上的认识活动，它本质上是宗教上的灵修和伦理上的实践。大阿尔伯特对埃克哈特的影响也体现在以实践为目的这一方面，因为大阿尔伯特正是想要通过描述这样一种状态，并为其可能性作出论证，来探讨人所能够追求的最大幸福是什么这个问题，而这一愿望在埃克哈特的思想中被更加发扬光大了。

（二）求学与讲道

科隆在很早之前就成为多明我会总学馆的所在地，这里聚集了一批最杰出的多明我会修士，同时这里也是方济各会的一个重要的学术中心，在经院哲学的历史上有着独特的重要性。埃克哈特也曾到过巴黎，并在公元 1293 年成为巴黎大学的一名格言讲师，成为一名大学中的神学家，他的同事之一就是方济各会著名的邓斯·司各脱。但在次年埃克哈特就离开了巴黎，回到埃尔福特，担任了图林根代理主教和他少年时进入的那所多明我会修道院的院长。大概是在公元 1302 年和公元 1303 年之间，埃克哈特获得了巴黎大学的硕士学位和神学教授资格，并成为萨克森教团大主持，公元1307年任波西米亚省副主教，公元1313年起担任斯特拉斯堡主教长达10年之久。在此期间，他使用德语讲道，他所著的最为人所知的《论属神的安慰》和《论贵人》两篇名作写成于公元1318年。

《教诲录》是埃克哈特在担任图林根代理主教和埃尔福特修道院院长期间，他向教会中的青年传道时的谈话记录。与主要面向市井平民申述《圣经》要旨的《讲道录》相比，这部著作的内容相对枯燥平淡，但与《讲道录》行文旨趣的微妙玄远相比，这部著作的风格又相对简要清晰。其正文是在一个一个艰难的道德和宗教问题的设问和解答当中一步步展开的。

埃克哈特在《论贵人》和《论属神的安慰》中都特别申明了，“太一”在使人离苦得乐方面所起的基础性作用。所谓“太一”，是埃克哈特为了阐明其思想旨趣而自创的一种表达方式，用以说明将事物“归一”的可能，用以显明与神性“合一”的状态。这种在西方思想史中独具特色的表达方式固然有其新柏拉图主义的理论渊源，但也更容易使人联想起“众生皆有佛性”的东方智慧。在佛教学说当中，也有一个不生不灭、不垢不净、永恒不变的极乐净土，这个涅槃世界不仅真实不虚，而且是向一切明心见性、顿然大悟的人敞开的。

作为多明我会修士，埃克哈特始终保持着对底层贫民的同情，他的讲道也主要是针对普通的平民百姓，埃克哈特虽然有着教区主教的职务和头衔，但他始终活跃在向虔诚的信徒们布道和解惑的第一线。当时在埃克哈特所处的教区当中，还存在着许多以宗教生活为中心的妇女团体，多明我会在教廷的要求下负责对她们

位于德国慕尼黑的埃克哈特正在讲道的雕塑

资料来源：https://commons.wikimedia.org/wiki/File:Bad_W%C3%B6rishofen_Meister_Eckhart_(Skulptur)_2012.jpg。

进行指导，这进一步扩大了埃克哈特的影响范围。

（三）异端之死

作为业绩卓著的教区主教和多明我会成员，从公元1323年开始，埃克哈特到科隆讲学，但公元1326年科隆大主教针对他德语讲道中的一些语句进行了指控，并把他送上了宗教法庭。同年的9月20日，埃克哈特接受第一次传讯，科隆委员会对他受指控的语句作出了鉴定。公元1327年1月24日，宗教法庭第二次传讯了他。同年的2月13日，埃克哈特在科隆的多明我会教堂中作出无罪声明，承认了某些错误之处，也表达了对信仰的虔诚。2月22日，教团大主持亨利希·冯·奇格诺率三名讲师与埃克哈特一起前往阿维尼翁教廷，向教皇约翰二十二世面陈缘由。埃克哈特在第二年，即公元 1328 年，便死在了阿维尼翁。①

左侧为德国科隆市政厅的埃克哈特塑像

资料来源：https://commons.wikimedia.org/wiki/File:Rathausturm_K%C3%B6ln_-_Meister_Eckhart_-_Johann_I._(Brabant)-4871.jpg。

教皇在公元 1329 年 3 月 27 日签发训谕，对埃克哈特在讲道

① Lerner, R. E. New Evidence for the Condemnation of Meister Eckhart, in Speculum, *A Journal of Medieval Studies* 72, 1997, pp. 347-366.

和写作中的28种说法做了彻底的谴责，并以罗马教廷的名义禁绝了埃克哈特的全部著作。教皇在训谕中说，埃克哈特是蛊惑人心的大毒草，他逾越出他应该知道的范围而想知道的更多，并且胡编乱造。对埃克哈特的指控成因复杂，既有学说本身的把柄，也有政治上的牵扯和派系之间的争斗。埃克哈特的《赞美上帝集》收录了《论属神的安慰》和《论贵人》，这本书和他广为流传的讲道记录是引起教会指控的最初缘由，因为埃克哈特对科学理论和拯救灵魂两者之间关联的强调，以及他对教廷和教皇地位的贬低，令当局十分不满。恰逢埃克哈特在科隆讲学期间参与了多明我会修道院关于教团规章纪律的一系列改革，这也引起了世俗教士们的反感和报复。尽管埃克哈特在活着的时候为自己做了必要的解释和辩护，但教皇却认为，他使那些普通百姓心灵中的信仰变得淡薄了。埃克哈特的讲道被教皇视为“敌人在主的耕地上播撒的杂草和荆棘种子”，因此务必要在它们生根发芽之前铲除灭尽。另外，埃克哈特的死因一直是个谜。

（四）逸闻一则

关于埃克哈特的生平事迹，除了那些历史性的事件和标志性的履历，其余人们所知不多，但是一些以埃克哈特为中心的逸闻，却使我们有机会领略其多明我会修士的风采，而不必介意其属实还是虚构。以下是一则柏拉图式的对话录，作者借他人之口道出埃克哈特核心主张的一幕[①]：

埃克哈特大师对一位贫苦的人说：“愿上帝给你一个美好的

① ［德］埃克哈特：《埃克哈特大师文集》，商务印书馆，2010年，第516~517页。

早晨，兄弟！”

“先生，给您自己留着吧，我还没有过糟糕的早晨呢。”那人如是说。

“为什么呢，兄弟？”埃克哈特大师问。

“因为凡是上帝让我忍受的，我都为了上帝的缘故而愉快地忍受下来了，还是觉得做得很不够，我也从来不因此而感到悲伤和烦恼。”那人如是说。

“你最初是在哪里找到上帝的呢？”埃克哈特大师问。

“当我将一切被造物全都撇下之时，我就找到了上帝。”那人如是说。

“那么，你将上帝放在哪里呢？”埃克哈特大师问。

“放在所有纯真的心中。”那人如是说。

“兄弟，你究竟是怎样的一个人呢？”埃克哈特大师问。

“我是君王。”那人如是说。

“那你统治什么呢？”埃克哈特大师问。

“统治我的身体：因为，为了将我的灵心希望从上帝那里得到的一切都加以实施和忍受，我的肉体比我的灵心更为敏捷地去领受它们。”那人如是说。

“君王总要有王国。兄弟，你的王国在哪里呢？”埃克哈特大师问。

“在我的灵魂之中。”那人如是说。

“这怎么可能呢，兄弟？”埃克哈特大师问。

“当我管辖住我的五个感官，全身心地向往着上帝的时候，我就发现，上帝在我的灵魂之中一如他在永生之中那么的光辉和喜悦。”那人如是说。

“你是可以成圣了。那么，兄弟，是谁使得你成圣的呢?”埃克哈特大师问。

“是我的静心和我那高高在上的思想，以及我跟上帝的合一。是这些将我提升到天上去的，因为，只要是少于上帝的，都无法使我平静下来。现在我找到了他，在他这里永远地得到了安宁和喜悦，而就时间性而言，这超越了一切的王国。没有任何一件外在的事情，可以完美到不会去妨碍内心的专心致志。”那人如是说。

二、理论内涵

（一）神秘主义——让经院哲学可被经验

埃克哈特是著名的神秘主义者，也是大众神秘主义运动的倡导者，但在有的学者看来，他的学说并没有超出经院主义的藩篱，而是有着托马斯主义的基本构架。无论把他看作神秘主义的经院哲学家，还是把他看作一名经院中的神秘主义者，都不会影响他与神秘主义之间的关系和他作为中世纪宗教哲学中神秘主义代表人物的地位。

作为大阿尔伯特的学生和多明我会成员，埃克哈特对托马斯·阿奎那的见解和方法并不陌生，但他的著作和讲道在内容上却绝不是托马斯主义的，他所使用的方法和术语既有经院哲学和托马斯主义的成分，也带有明显的非正统色彩，因为他试图以实践而不是理论为目的来理解和诠释阿奎那的体系。埃克哈特把抽

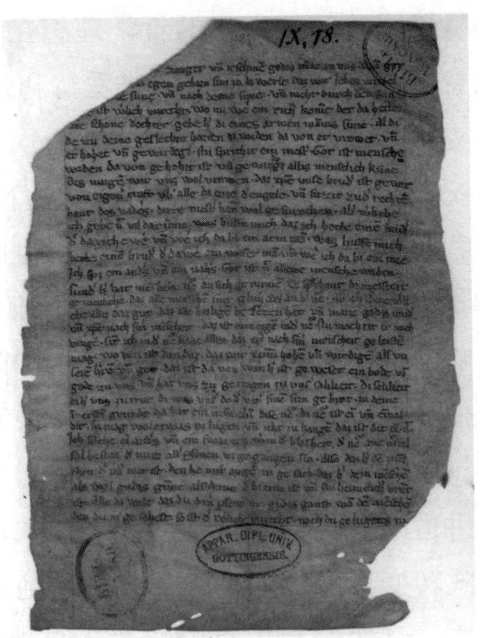

现存最早的埃克哈特作品残片

资料来源：https://commons.wikimedia.org/wiki/File:Meister_Eckhart_Fragment_1003_cropped.jpg。

象的经院哲学概念与热烈的宗教情感相联系，意在使人们可以经验到经院哲学所要表达的东西。比如，在关于上帝存在的问题上，埃克哈特教导说，存在就是生活，就像持续不断的流水，循环往复，生生不息，没有什么比存在本身更接近存在者的，上帝就是存在活动本身，它不是一个静态的概念。而另一方面，这位神秘主义大师的深厚学养和经院学者身份又使他成为神学家和哲学家共同感兴趣的人，并把他视为神秘主义哲学化的开端，因为他对神学问题的阐述，往往是从哲学的角度开始的。

如果说阿奎那通过对哲学和神学加以区分而赋予哲学以相对的独立性，那么在埃克哈特这里，哲学则取得了完全的自主性。

不少哲学家认为，埃克哈特使古代的哲学理想在中世纪得到了传承，同时由于他意在以一种哲学的眼光来看待和处理神学的问题，人们也常常把埃克哈特与现代性相联系。因为埃克哈特的思想与德国唯心主义传统的亲缘性突出地表现为，他们都格外强调人的自主的理性的自我实现，以至于甚至有人把埃克哈特看作是一名在中世纪开展启蒙活动的思想家。但事实上，他既深受柏拉图、亚里士多德的影响，也不容置疑地把奥古斯丁和阿奎那的信仰作为自己的信仰，他力图调和异教思想家们的学说和正统的基督教理论之间的关系，而这一做法正是多明我会修士通常会采取的策略，他们以对人讲道的方式捍卫信仰，他们的护教活动主要表现为借助理智的方式转变异教徒的信念，并使其他思想与基督教信仰相调和。支持这一看法的是埃克哈特关于自然理性和《圣经》之间关系的看法。他不认为自己的目的是借助哲学的论证来阐明基督教信仰，而是完全相反的方向，自然理性获得其效力的原因，就在于和《圣经》相符合，与理性相比《圣经》具有优先的地位，《圣经》在形而上学、物理学和伦理学的解释和论证中发挥着基础性的作用。

（二）否定神学——启示和理性的再整合

埃克哈特以否定神学的方式把神性看作超越于任何特殊性质的作为存在的根据的东西，而上帝则被看成是真和善的原则。因此上帝是至真和至善的规定性，是本质性的东西，是柏拉图意义上的理念和事物的原型。埃克哈特神秘主义思想的来源之一就是新柏拉图主义，这在很大程度上可以归因于大阿尔伯特对新柏拉图主义感兴趣的阶段所造成的影响。

对这样一种神秘体验的强调和追求表明，埃克哈特思想中的神秘主义和通常所理解的诉诸非理性体验的神秘主义没有多少关系，这就可以使我们把埃克哈特从常见的争议和误解当中解救出来。因为很明显，埃克哈特的学说既以理性为目标，同时也奠基在理性基础上，其神秘主义的色彩也主要体现在人对神的向往、人和上帝的合一，以及哲学论证和神秘体验的互为前提之上。埃克哈特把基督教思想与新柏拉图主义结合起来，以用哲学统摄神学的方式，在阿奎那努力区分开哲学和神学之后再次模糊了它们之间的界限。

在埃克哈特看来，几乎所有关于上帝的问题都可以通过这种新柏拉图主义的方式得到解决。同时，埃克哈特也和阿奎那一样强调自然理性，他的意图不是在于借助哲学的论证来阐明信仰和教义，而是在于表明信仰和教义可以借助自然理性被展现为一系列关于命题、推论和属性的真理，他力图以此将启示神学和理性神学整合在一起。如此一来，在阿奎那那里仅仅成为信仰对象的三位一体，便取得了一种哲学上的可证明性和可理解性。他借助否定神学的方法提出，神性既不创造什么，也不被什么创造，没有任何性质且超越于一切特殊性质，仅仅作为单纯的根据而发挥作用，并通过逻各斯将自我转化为客体，在此过程中创造出个别的事物。三位一体，便意味着一切被造物的实在性都是被造物者赋予的相对的实在性，逻各斯贯穿着世界的永恒创造过程，只有和永恒的实在性相联系，只有通过逻各斯返回到上帝，被造物的实在性才是有根据的。

（三）神圣智慧——超越理智主义的信仰

对于人来说，灵魂是人和上帝之间的纽带，从上帝那里分离出来的本质性的东西通过灵魂返回到上帝，这就构成了逻各斯。所谓本质性的东西，就是事物的原型和柏拉图意义上的理念，它们被视为神的话语和赋予被造物以实在性的方式，它以从上帝那里分有而不是被上帝创造的方式存在于每一个灵魂之中，超越于灵魂的各种偶性和差异，构成灵魂的基础和内核，这就是心灵之光。如果人的灵魂背离上帝，不与永恒的实在建立联系，便无法真正认识被造物的实在性，从而必将陷入假象和虚无之中无法自拔，因此灵魂有必要从自身的有限性中解脱出来，从变化多端的现象当中分离出去，通过与上帝合而为一来获得拯救，以摆脱一切有限因素的困扰。这种非静态的上帝观念也意味着上帝是永恒的现在，无时无刻不在具体环境下的个体之中，以内心的情感和外显的善恶呈现其存在、观照其自身，世俗世界和神圣世界之间的差异于是被取消了。对于埃克哈特来说，存在就是上帝本身，万物通过上帝的存在而存在，整个世界从造物主那里分有和共享其存在，上帝以这种方式在场。

与埃克哈特的论证思路相比，阿奎那对上帝存在的证明仅仅强调了信仰的理性形式，使之获得了亚里士多德式的自然哲学和逻辑推演方面的支撑，但却忽略了宗教信仰的真正内容，并且试图从有限的经验世界推演出无限，这项努力的有效性也是大可怀疑的，因为如果没有预设的信仰作为支撑，阿奎那的体系势必缺乏一个坚实可靠的基础，同时也是难以自圆其说的。正是基于这一点，埃克哈特把追求真正的神圣智慧而不是人的有限理智作为自己的理论目标，并希望通过建立与神的合一来超越经院哲学以理性论证上帝存在的失败。他从上帝的绝对超越性出发，坚持主张其本质上的神秘性，并排斥以单纯的理性进路去认识上帝，这表明他对信仰的本质有着更深刻的理解。阿奎那认为上帝是自然事物存在的原因，而埃克哈特则宣称上帝和存在没有差异，其存在是永久的和自明的。因为如果在上帝之外还有所存在或是上帝由于存在以外的原因才是上帝的话，那么上帝和存在的根源就都是成问题的了，因此上帝和存在是一回事，没有什么先于存在的存在，也没有什么优于上帝创造的活动，因为创造就是无中生有。

上帝是非被造、同时又能创造的存在，并赋予所有被造物以存在，上帝和被造物之间的关系，其核心就在于存在本身和这样或那样的存在者之间的区别。被造物具有这样或那样的规定性，作为具体的存在者，它们必定是从属于某一个种类，并互相区别，成为非此即彼的东西，但是上帝却不然，他非此非彼，超越于一切种属的划分，上帝不是世界万物之中的一物，他是一切存在的根源。一切被造物都是平凡而普通的，但由于上帝的创造，它们也有不凡的一面，因为上帝以其创造活动而内在于万事万物之中，因此上帝就是万物，这一具有浓厚泛神论色彩的见解，是神秘主义的特征所在。美国实用主义哲学家威廉·詹姆斯在其名著《宗教经验之种种》里评价说，泛神论是反自然主义的，同时也是乐观主义的，这种关于存在的神秘主义观点为从另一个维度揭示真理创造了条件。

（四）两重本性——内在的贵人自在自为

在西方近代思想史上，英国是理神论的主要阵地，法国是无神论的主要战场，德国则是泛神论的精神故乡。作为德国神秘主义之父，埃克哈特对人的精神活动和内心生活有着浓重的情结。他强调，人本身具有两重本性，即肉体和灵心，而灵心又具有善恶两种本性，肉体和邪恶的灵心使人关注一己私利，甚至做出邪恶的事情，而善良的灵心则能够导人向善，使人与神合为一体，获得永生，如果被肉体的欲望和邪恶的灵心主宰，人将无法从上帝那里得到其应当从那里得到的东西。精神和肉体的对立是埃克哈特立论的前提，这又是埃克哈特思想与阿奎那思想的一大不同之处。

埃克哈特认为，人在被造时按其本性是高贵的，人出于神的恩典所能达到和应当达到的目标将是属神的，但是作为被造物，人又是被肉体包围并与肉体混杂在一起的黏附于灵魂的东西，于是埃克哈特认为，既有外在的人，又有另一个内在的人隐藏其内。外在的人被称为旧的人、属地的人、怀有敌意的人和奴颜婢膝的人，内在的人则被称为新的人、属天的人、富有友情的人和高贵的人，他的名作《论贵人》就是从有关这一划分的《圣经》解释和文献解读开始的。他紧接着引用权威者的话说，任何一个人都具有一颗善良的灵心，也具有一颗邪恶的灵心，它们就像天使和魔鬼一样分别劝导人们行善和作恶。邪恶的灵心始终与外在的人进行着对话，就像伊甸园里的蛇引诱夏娃，内在的人则如同亚当，因为上帝在他身上置入了自己的形象，埃克哈特也称灵魂中最完善的理性为灵魂里的男人。为了说明外在的人，他引用《圣经》里保罗的话说：我在我里面感到有某种东西在阻碍着我，在违背着上帝已经命令的和教导的，违背着上帝还在我灵魂深处对我说着的事。保罗也曾说，我真是苦啊，谁能救我脱离这取死的身体？

埃克哈特引出这一问题是为了给出答案。在埃克哈特看来，能够使人得到解救的只有那另一个内在的自己，也就是内在于灵魂中的天使，即善良的灵心，因为内在的人所倾向的始终是善，它可以处在自在自为的状态，不受任何干扰，要得到解脱，所要做的就是顺从善良的灵心作出的劝导。埃克哈特认为这一观点具有伟大的传统，奥古斯丁就曾把内在的人视为生活的榜样，然而内在的人所起的作用根据人的整体状况的不同会出现如下几种情况：在最低级的阶段，就像是站立不稳的人需要扶着椅子或者靠在墙上，内在的人是需要效法的榜样，但榜样毕竟是从外部起作用，如果一个人关注上帝的教导，追求属神的智慧，他就不再需要一个外在的榜样了，他就变成了一个脱离了低级趣味的人，一个内在的人，一个高贵的人。这样的人无忧无惧，不懈怠，不妄为，对于和上帝结合在一起的喜悦报以满腔的热情，并厌弃一切与上帝相背离的东西，再往后他就可以抵得住诱惑、经得起考验，不畏惧麻烦和苦难，并能够心满意足地静享至高的智慧，在上帝的永恒之中得到对短暂易逝的当下生活的超脱，获得永生、安宁和福乐。

这就是作为埃克哈特思想主题之一的内在的贵人。埃克哈特认为，内在的贵人之所以具有属神的本质，是因为上帝播种其内，即使有时候被隐蔽起来，他也可以为人们所认识，因为他是灵魂的根基。为了论证这一点，埃克哈特举例说，太阳总是在发光的，但如果阳光被云雾遮挡，或是我们的眼睛有视力的故障，阳光便无法显露，但即使如此太阳也仍旧在兀自发光。他还举例说，雕刻家用木头或石头制作一幅肖像，并不需要把什么东西加到它们里边，而是从中去掉一些东西，使被掩盖着的肖像显露出来。因此，外在的人就像是那些需要被去掉的石粉木屑，如果灵魂一心向外，哪怕是按照外部的规范或是遵照外部的榜样做尽好事，也将毫无功德，因为神圣的本性完全被琐屑的效法覆盖掉了。

（五）合而为一——内在德行的养成之道

在道德方面，埃克哈特首先着重探讨了顺从上帝的问题。他认为，以上帝的公正，如果人们能够从自我当中解脱出来，那么上帝便会在必要的时候进入他们，像为自己一样为人们要到一切他们所要的东西。假设上帝不会这样，那么上帝就会显得不公正了，这与上帝所示的真理相违背，根据教义，他必定是至善的，而不是愚弄世人的恶魔。因此，放弃自己、顺从上帝，并不是什么损失，而是人们保持无忧无虑、追求至善至美的必要方式。但另一方面，人们又不应带着功利心去顺从上帝，不应以寻求什么或祈求什么的姿态去讨好上帝，因为在“我要什么”和“我不要什么”的意愿当中，包含着不顺从的祸根，只有当人们完完全全地放弃了以自我为中心的考量，使上帝进入其中，或使自身进入上帝，上帝的安排才能体现其公正和可贵，而此时的人们也正体现出了顺从上帝的美德。就此而言，一颗纯净的心灵是必不可少的。当人们的心灵不受任何东西的迷惑，也不为任何东西所牵连，当人们不追求自身的利益，遇事不是首先想到满足自己，当人们完完全全地沉浸在上帝的旨意之中，彻底抛弃了属于他自己的一切，那么他便会与上帝合而为一。相反，当一个人为私念所蔽，便除了他的自我不再拥有任何东西。

埃克哈特所看重的是人在面对上帝时的直接性，他拒斥一切中介性的东西。埃克哈特认为，凡是认识到上帝的人，同时也就认识了被造物，如果只是通过被造物的种种属性去认识它们，人们所看到的将只不过是一些形形色色的有差异的形象，而如果是通过上帝去认识被造物，那么人们将看到它们无差异地处于“太一”之中，上帝也在另一个层次上存在其中。人们天生就有认识事物的倾向，认识乃是心灵之光，当一个人仰望上帝时，他自然也认识到自己在仰望着上帝，但埃克哈特认为认识到自己正在认识上帝的那种认识并不是给人以喜悦的核心，因为我们也可以对坏事有所认识，因为喜悦的核心首先就在于使灵魂得以直面上帝，灵魂由此得知其存在的全部意义。关于这一点，埃克哈特做了进一步的论证，他引用阿奎那所举的例子说，使眼睛可以看到东西的和使眼睛认识到他所看到的东西的是不同的力量，眼睛看到东西完全是借助颜色而不是有颜色的东西，在这个意义上，和颜色相比东西更加外在，因此也不如颜色重要，并且对有颜色的东西的认识也是建立在颜色这一基础上的。埃克哈特就此引申说，一个人取得其存在的全部意义，要获得喜悦和永生，并不依赖于认识到自己在认识上帝，也不依赖于其对上帝的认识，而是得益于来自上帝的内在的人，贵人除了上帝别无所知，然而只要实实在在地认识了上帝，他同时也就认识了被造物。埃克哈特强调，那个使人知道和认识到其看见什么东西的力量，要比那个使之得以看见的力量更为高贵，因为两种能力的根基和方向不同，就像上帝的查看和我们的仰望尽管都是观看，但彼此却完全不同，因此人应该从内在的人那里和“太一”那里寻得知识和信念，如此才能不被微不足道的东西引向别处，错失直面上帝的幸福。

埃克哈特的另一部论著《论属神的安慰》(*The book of Divine Comfort*) 又称《上帝慰藉之书》或《安慰书》，与《论贵人》写成于同一年，该书在名义上是埃克哈特为匈牙利女皇阿格涅斯（Agnes，约公元1280-1364年）所作，但他借此对自己的神秘主义思想作了全面和系统地阐释。女皇的父亲哈布斯堡阿尔布雷希特一世（Albrecht I）在公元1308年被谋杀，因此这部著作就是从人世间的种种不幸和苦难引入的。他说有三种苦难使人不堪困扰：一种是由于财产的损失；一种是由于亲友的不幸；一种是由于自身的遭遇，使身处逆境、悲痛和苦难之中的人们得到安慰，这正是他写作此书的目的所在。这部论著的第一部分是埃克哈特的正面教诲，他试图使人们看到普遍的真理，因为从中可以引出使任何种类的困苦烦恼得到安慰的东西；第二部分则由一系列能够使人得到安慰的理由所构成；最后一部分是对一些堪为楷模的人们在蒙受苦难时的言行所做的介绍。

埃克哈特在第一部分的一开始就向我们展示了一幅柏拉图式的图景，他说有智慧的人与智性，说真话的人与真理，正义的人与正义，善良的人与善性，两者之间是密切关联的，智性、真理、正义、善良等和被造物之间的这种本质关联构成了埃克哈特的基本论题。埃克哈特认为，善性不是被创造出来的，也不能被制造或生养出来，相反，它有所生养，善良的人就是由善性生养出来的，善良的人与善性合而为一。当我们谈到善良的人时，不多不少正好就是在谈论单纯的善性，因为善良的人之为善良，是因为他处在善性之中，以善性来作出行为，善良的人和善性不可分离，使之成为善良的人的只不过是他在善性之中。埃克哈特的这一解释模式也适用于其他方面，比如智性、真理、正义，以及其他一切“由上帝所生养而在地上没有父亲的东西”，并且其中除了上帝所注入的自己的肖像，不再有别的什么东西。但这也就意味着，作为被造物，人的灵魂如果不能摆脱外在于人的种种限制，不能克服来自肉体的种种情欲，不能坚守对上帝的效仿和追求，便不能超脱自身、脱胎换骨。因为一切苦难的来源都在于其没有进入上帝的部分，就像正义不会使上帝陷入痛苦一样，人也不会因为全身心进入上帝里边而陷入痛苦，只有没有进入上帝的灵魂才会为那些不能进入上帝的东西所困扰。

（六）本性自由——坚守至善至美的意愿

埃克哈特坚信，要使上帝以榜样的角色常驻内心，就必须为之付出不懈的努力，持之以恒地训练自己，只有像学书法一样勤学苦练，才能有力地实质性地将上帝引入自己内心深处，将上帝铭刻在心中。这比由思考而抵达的上帝要实在得多，也容易得多，而且不会由于思考时的停顿和反复而背离上帝，这将使他在所有事物面前被上帝照亮变得不费力气。埃克哈特解释说，在这种状态下，一个人别无所求，因为他所爱的上帝既在里面照亮着他，也显现在他所遇到的一切事物当中，再没有什么会妨碍他的安宁了。处在安宁中的他也不必再去刻意寻求安宁，其从容自如就像是掌握了书法艺术的人那样，不假思索便可驾轻就熟。

使自己完完全全地远离一切既非上帝也不属神的事物，是真正的忏悔和至善的德行，一个人在这方面越是长进，他的忏悔也就越是真实，不同于一时的灵感和虚假的觉悟，真正的忏悔能够保障一个人坦诚正直和从容不迫。埃克哈特说，人们不必由于并没有像耶稣基督和一些圣徒那样遭逢苦难便怀疑自己是否可以心安理得地跟随上帝，也不必由于犯下大罪而认为自己再也不能靠近上帝。实际上，远离上帝还是靠近上帝，取决于人们的选择。在埃克哈特看来，上帝绝不远离什么，他始终在近处，任由人们对他信靠或是背弃。埃克哈特强调精神的行为胜过肉体的行为，人们不一定要效仿圣徒们受尽苦难，但人们应该努力在精神上效仿他们，并从最乐意和最方便的事情上开始实践人们自己的方式。埃克哈特认为，一个人如果完全把自己交托给上帝，让自己的心灵在任何时间都习惯于效仿他们，让自己的行为在任何场合都习惯于实践它们，那么一切耻辱和劳累的苦难、一切喜悦和感恩的舒适，都可以心平气和、理直气壮地领受，而不必陷入绝望或是不安。这个人在这些苦难或是享受中不是自作主张，而是把上帝看作持之以恒的普遍的拯救者，让自己更多地得到上帝的引领，这个人始终满足于一个良好而正直的意愿，而不是由于自身的利害得失就改变心意。

埃克哈特认为，一个真正养成了德行的人，其灵魂与上帝的亲近程度远远胜过一个人的肉体和灵魂之间的亲近程度，其灵魂与上帝合而为一的程度，也远远超过把一滴水滴入一个酒桶那样的程度。灵魂和肉体、水滴和美酒，无论亲近到何种程度、融汇到何种程度，他们总还是彼此之间有区分，水就是水，酒就是酒，而灵魂与上帝则是不可区分地、完全地合而为一。但即便是一个有德行的人，他在与上帝连在一起的同时，也仍然会有许多难以摆脱的缺陷，但这些缺陷却不会对他的德行产生妨碍，因为那些感官的侵扰，无论苦难还是诱惑，都不能触动他的心灵。内在的德行具有最高的力量，并且苦难和诱惑越是强烈，用以克制冲动、保持德行的意愿就越是高尚和虔诚。克制冲动和保持德行都可以被看作内心的活动，并且是内在地带有强制性的自我驱使和自我约束，这种内在的活动，既反映了灵魂与上帝合而为一的属神状态，也表现出一个人的自由本性。

在埃克哈特看来，真正有德行的人，其内在的活动实际上是在与上帝共同活动，一个人的内在活动借助其施加于外的行为得以展开，并取得实效，且又将实效引入内心，作为确认和检讨其属神状态的参照。人们只要使内在的活动牢牢占据主动，就能够避免让那些外在的事物产生破坏作用，人们只有使外在的行为遵循内心的意愿，才能让那些出于自由本性的德行成为习惯。这样一来，人们不是被迫去实施什么行为，而是已经超脱了自己的所有行为，并且对于一个有德行的人来说，在上帝面前唯一合乎情理的行为就是否定自己，人们在上帝面前越是谦卑，越是能够由与自己合而为一的上帝来完成这种否定，从而越是能够拥有完美的德行。埃克哈特指出，一个人在至善者面前谦虚和自卑的程度，影响着他在一切被造物当中完美和高尚的程度；另一方面，上帝至善的意愿也不希望人们仅仅鼠目寸光地占有或是纠缠于眼前这一点点事物，而是毋宁要人们什么也不要占有，因为对眼前的事物占有的越多，一个人对上帝的内在拥有就越是贫乏和淡薄，对一切事物越是少有爱恋，一个人就越是能够享有上帝所提供的一切。其道理在于，由于坚信上帝赐给每个人的都是上帝所认为最适合于他的东西，这其中也包括使一部分人达到足以称为真理的知识，人们便应该满足于上帝的旨意。上帝的一切恩赐和一切行为都可以被视为出自有德行的人自己的意愿，从而有德行的人更少感到得失之间的不安和恐惧，且更多由于意愿的满足而收获安宁和喜悦。

三、主要影响

（一）社会变革的推手

公元1980年，埃克哈特在教会中的名誉得以正式恢复，梵蒂冈并为此成立了负责文档整理工作的埃克哈特委员会。在当代神学家们看来，埃克哈特的学说是将基督教恢复到了其最纯粹的原始形态，在长达7个世纪的贬抑和禁绝之后，他的许多思想和论点得到了非凡的重视。但官方的预期和实际的作用总是有所区别，实际上，埃克哈特的学说从来没有失去影响，即使在教皇签发训谕之后，他同时代的人，尤其是多明我会内部，支持和同情埃克哈特及其思想的人就不在少数。他们有的保存埃克哈特的手稿并匿名发表，有的在自己的著作中大量运用埃克哈特的学说，这使埃克哈特的学说和影响不仅没有消失殆尽，反而作为异端思想而具有了独特的魅力。

埃克哈特十分看重理性思考的作用，因为在他看来，人们不仅应该使自己从事物的阻碍中解脱出来，而且还应该让一切事物为内心充满了上帝的人们所用，这是一个不断成长的过程，也是一个有待推进的领域。他主张人们应当时时处处都运用自己的理性，以使其意识对自己的内心世界和一切外部事物保持警醒和洞察力，以便从中认出上帝。如果一个人能够保持这样通达的心灵，一以贯之地处理最属神的事情和最世俗的事情，那么他便能最大限度地运用自己的理性，在一切活动中都得到安宁。人们只要活着，就必有各种各样的活动，要首先竭尽全力使自己与上帝同在，并经常运用理性和意志提高自己，才能在日积月累的考验中持之以恒。人们使自己不受外物的牵绊，得享内心的安宁，既不是值得就此止步的终极目标，更不是高不可攀的理想状态，这只是一条正确道路的起点。

在埃克哈特死后，第一个有影响的公开支持者是发起宗教改革运动的马丁·路德，作为基督教新教的创始人，路德在其著作和德语讲道中广泛地引用和阐述了埃克哈特的学说，并把他视为日耳曼民族的骄傲。此后便有众多日耳曼神学家开始对埃克哈特的学说和著作进行着系统和深入的研究，而哲学家们对埃克哈特的迷恋更是有过之而无不及。近代德国古典哲学便是在埃克哈特思想的荫蔽和启发下发展起来的，而到了19世纪中叶，古典哲学的批判者们同样也从埃克哈特那里汲取了丰富的养分。埃克哈特的影响既始终保持在学术和理论的层次，也直接或是间接地塑造了每个时代普罗大众的思想观念和生活方式，在20世纪上半叶的德国，甚至还曾出现过一次带有纳粹色彩的埃克哈特热。但无论如何，埃克哈特的影响力和重要性是不言而喻的，其思想不仅可以在逆境和顺境中都保持其无法忽视的存在，而且能够经受住时间的考验，保持着永恒的活力。

（二）古典哲学的先声

关于理性和美德的关系，埃克哈特的见解很显然启发了后世的康德，在埃克哈特的论述当中，甚至出现了“哥白尼革命”式的主张，他把内在的属神的心灵视作恒常纯净的形式，外在的德行只不过是对固有的东西的甘愿服从，实际上是内在的东西的外在表达。但理性这一超越之物在埃克哈特这里具有更为神秘的根基。人们是通过使自己内心的世界保持属神的状态来使自己的理性适应于上帝的，上帝则完全地、永恒地拥有理性，从不被改变，也从不受影响。理性在上帝那里合乎本性、顺理成章，但在被造物身上则容易遭受破坏和颠倒，有着败坏的危险和丧失的可能，倘若不使自己理性的根基植入上帝那里，人们就需要花费很大的力气才能保持它、恢复它、找回它，并冒着被误导的风险把理性的判准放置在外在的被造物之上，从而变得无所适从、软弱可欺。因此，人们要养成坚韧和正直的习惯，就不应该在被造物面前无法自持，就不应该根据无常的变化转移兴趣，一个具有良好习惯的人不会随俗浮沉，不会见异思迁，不会动辄得咎和心生怀疑。

在这个意义上，人们所应该具有的良好的意愿就不是那种充满偶然性、多样性和条件性的非本质的意愿，那只是出自一时的冲动，而不是出自理性的要求，人们应该具有的是那种习以为常地与上帝连为一体的旨趣和虔敬，这将使人们在一切事物面前变得纯朴、高贵和意志坚定。埃克哈特认为，一个正直的人，其所作所为也会是正直的，一个善良的人，其行为举止也会闪现出道德的光辉，但切不可单从人们的行为举止和所作所为去断定其是否善良和正直，因为使人神圣的并不是他的行为，相反，是人们应该使其行为神圣。使人们的行为得以神圣的是人们所具有的神圣的存在，因此人们应该努力具有和成为这样神圣的存在，成为善良和正直本身，唯有如此才不会失其根本，才不会察言观色，才不会欺世盗名。一个具有神圣存在的人，哪怕是在吃喝、沉睡、玩乐，其行为都会得以神圣，而那些没有神圣存在的人，由于其行为不是出自其神圣存在，也便毫无意义。听其言而观其行，无法为我们显示一个人的善美，但一个人越是将其心灵投向上帝，越是崇仰上帝，就越是能从上帝那里领受善美，“一切属神的东西就来依附他，一切跟上帝格格不入的东西就离他远去”。一个人追求和依附上帝，与上帝同在，上帝便使他具有一切好的品德，“你先前所寻找的，现在来寻找你；你先前所追求的，现在来追求你；你先前想要避开的，现在却避开你”。埃克哈特的这一看法，在康德那里得到了更为精到的阐释，康德以相似的见解为其道德行为实乃出于敬重理性的道德形而上学奠定了基础。

这条指向道德形而上学基础的原则，被埃克哈特称作“为德行而行德行”。他认为，内在德行的外在表达，并不只是在清贫时不怨天尤人、在委屈时要忍辱负重，要想把这种泰然处世的方式称作美德，人们所做的还远远不够。辨别一个人是否真正具有美德的方法是看他是否倾心于美德胜过所有别的事物，只有出于对美德的爱心而履行德行，而不是由于其他的什么缘故，一个人才谈得上是具有美德。唯有如此，一个人表现于外的德行才无需做什么准备，也无需有什么条件，无缘无故的、自由实施的德行才是真正的德行。这一条原则，在康德的道德形而上学那里得到详加论证之后终于被发扬光大。

（三）存在主义的前奏

埃克哈特认为一个人倘若做了错事需要悔改，他首先应该向上帝忏悔他的罪过，责备自己，让自己的心灵恢复属神的状态，以此保持正直和善良，这比表露于外的忏悔重要和根本得多。实际上，对于一个属神的心灵来说，来自内心的促动和束缚比那些来自外在的诱惑和妨碍更能影响到他的行事和为人，学会使自己避免受到内心的谴责，比起不让自己受到外面形形色色的误导更是完好和根本的美德，因为这需要运用自己的理性，并养成良好的习惯。

在埃克哈特看来，即使一个正直善良的人，有时也会难免产生犯罪的冲动，然而这种做坏事的冲动却并非全无好处。原因就在于，冲动和倾向不同于意愿和行动，正是这种犯罪的倾向所引起的冲动和激情，促使人们严守德行、守正不屈。他引用圣保罗的话来佐证这一看法："好的品德是在软弱上显得完全。"一个人也许天生软弱，但只要能够有力地克制自己的软弱，他的美德就比那种没有或很少受到什么邪恶引诱的人来说更为宝贵，理应得到更多的称赞，这是由于奋斗得胜而取得的收获。有德行的人越是感受到自己的软弱，就越是会加倍地武装自己。如此一来，这些冲动和倾向便又成了使人奋发向上的力量。犯罪的倾向并不是罪，一个人品德的完善就在于其意志通过奋斗，不为犯罪的倾向所动。

这一看法是讲得通的。埃克哈特论证说，一个人如果真正投入到上帝的旨意中，就会发现罪恶可以使人增加爱心、变得谦卑，在犯了罪并为此感到内疚和相信上帝使他有此遭遇是为了使他得到最大的好处之间并不存在矛盾。上帝甘愿容忍罪恶祸害，蒙受各种屈辱，目的就在于要人们认识他的怜悯心，增加对他的爱心的认识，使人变得虔诚和感恩，一个人每增加一次悔过，他也就增加一次爱心。但悔过的方式也有高下之别，一种是感性的、暂时的，另一种是超自然的、属神的。感性的悔过使人陷入身处绝境的悲伤，总是导致更大的苦难而不能自拔。属神的悔过则使人意志坚决地永远摒弃一切罪恶，使灵魂从一切苦难和悲哀中得以升华。如此一来，借助属神的悔过来摆脱罪恶的人便赢得了精神上的喜悦，每当他感到自己的软弱和欠缺，他就可以立即转向上帝，乞求他亲临自己的灵魂，赶走也使上帝讨厌的罪恶。属神的悔过上升到上帝那里，倘若灭绝了所有的罪恶，便堪称是一个完美的悔过。埃克哈特认为，人们应当尽可能地摆脱一切不完全是属神的事物，这样的忏悔才是真正的、至善的忏悔，心灵的升华使人得以强有力地、持之以恒地改邪归正，并以一颗无可动摇的爱心对上帝怀有信心和希望。如此一来，信、望、爱便有机地结合在了转向上帝的内心当中。真正而完善的爱心必然会产生毫无保留的信任，正是出自对上帝高度的爱心，一个人对上帝的信任和对希望的寄托才无可置疑，不存疑虑的爱心会强有力地为他驱除罪恶和恐惧。

四、启示

(一) 对安身立命的启示

良好的意愿是美德和一切美好的东西栖身的地方，即使无法如愿以偿，一个人也可以无忧无惧，不必认为自己缺少什么，同时也不会丧失什么，只要他的意愿是足够完美的。埃克哈特认为，就如同有了恶的意愿就有了罪，有了良好的意愿，即使尚未付诸实施，这在上帝面前就已经与实际上实现了良好的意愿没有什么不同，因为上帝是自足的，而人不是，人有德行上的缺失，更有能力上的限制。一个正当的、完美的意愿，同时就会是上帝的旨意，一个人的意愿越是正当和完美，在他能力所及的范围内要使他的意愿成为现实就越是困难和渺茫。

因此，一个真正有德行的人不见得就是那种大有作为、功德显著之辈。良好的意愿隐藏在灵魂之中，谁有更多，谁有更少，只有上帝知道。而与良好的意愿相关的行动就显得十分不同，它们有时并不是出自良好的意愿，而只是有意或者恰好符合良好的意愿，它们比无力地具有良好的意愿距离至善更加遥远。埃克哈特却也并不因此就贬低或是轻看现实的行动，在他看来，那些真正出自良好的意愿的行动，比如从神圣的狂喜当中离开，去做一件雪中送炭、救死扶伤的实事，即使会导致一个人放弃和丧失不管是肉体上的还是精神上的好处，也仍旧是理所应当的事情，以至善的上帝的意愿为自己的意愿，将使一个人得到至高无上的安慰。

埃克哈特教导众人说，所谓良好的意愿，实际上就是放弃自己的全部意愿，而单单以上帝至善的旨意为意愿。唯有如此，一个人才能摆脱那种心随境转的感觉，才能克服那种世事无常的误解，才不会由于上帝隐而不现而以为远离了上帝。一旦一个人完全地放弃了自己的意愿，他便走上了永恒之道，成为一个完善的、纯真的人。一个人越是能够抛弃自己的私愿，就越是能够真正地投身于上帝，而一旦完完全全地投入上帝的怀抱，他就得到了上帝完完全全的护卫。就如同触碰一个人先要触碰他的衣服，任何被造物必须先得触动上帝才能触动他，他的一切感觉都是属神的赐予，不管多大的苦难，总是先经过上帝的承受，然后才到达于他。苦难对上帝的触动远远超过对他本人的触动，上帝所为之感到的难过，也远远超过他本人所感到的难过，凭着全能的上帝所示的真理，那些上帝也在遭受并且经过上帝才降临到他的苦难，必定是属神的，上帝从中预见到了对他的好处，使他能够由此受益。因此，不论在苦涩还是甘甜当中，他都没有失去上帝的安慰，就像圣保罗和奥古斯丁所认为的，善良的人万事都会得到益处，哪怕发现自己身处罪恶之中。

（二）对价值冲突的启示

德行的养成是一个充满挑战的过程，埃克哈特认为人们需要在此过程当中全力以赴、满怀虔诚，德行的保持更是一个永无止境的过程，埃克哈特认为人们不可朝秦暮楚、浅尝辄止。他提出了一种追随上帝的良好方式，即永远满怀希望地祈求上帝赐给自己上帝认为是至善至美的东西，对上帝的旨意一心一意、不加怀疑，而不去妄求他自己的东西，这样就可以从中感到满足，并将良好的德行保持下去。埃克哈特认为不应把这种方式看作许多种良好的方式里的一种，并且即便另有自己更喜欢的方式，也应该把那些别的方式都纳入上述这一方式中。其理由是，这是上帝认为最好的方式，凡是上帝认为最好的东西，我们也必定能够在一切良好的东西中找到它们，这种方式所带给人们的万事万物是“多”中的“一”，是良好意愿的终极追求，是各种殊途的同一归宿。因此，他主张人们必须通过这个“一”去把握万事万物，否则就会陷入不稳定的状态，而难以做到毫无闪失地、一贯地持守德行。他认为，凭着自己的兴趣而改变方式是完全没有必要的，最好的方式就是从一开始就选择最好的方式，人们应该抓住这种良好的方式始终保持，并把所有良好的方式都归到这里，如此一来，只要上帝没有什么闪失，与上帝同在的人们也就不会有什么闪失了。

与此相应的是，倘若人们发现万事万物彼此之间竟不相协调，各种方式彼此之间竟互不相容，那么这就会是它们并非来源于上帝的明确信号。埃克哈特坚信，上帝出于其善美的本性，对万事万物都力求其最佳，各种善美之间绝不互相排斥，某一种善美的实现绝不会以另一种哪怕微小的善美的破坏为代价。这一认识的根本点就在于，把上帝看作至善至美的根据。上帝不会破坏某种善美的东西，按照其本性，上帝的恩典只会完成那些善美的东西，能够选择不公正地破坏某种善美，恰恰是具有自由意志的人的本性，倘若该意愿是来源于上帝，它们就会被完美地包容。人们对自己的选择和行为有自主性，上帝同样也不会破坏这种本性，其恩典只会完成这种本性，即以不带强制的方式向人们指明行善和行恶。提升和堕落都是他们可选择的自由。这就意味着，人们固然可以自由地选择以达成某一种善美为目的去破坏另一种善美，但这并非就是至善的意愿和上帝的旨意。按照上帝的本性，倘若人们使自己与上帝合一，便绝不会作出为达目的不择手段，或是由于善小而不为一类的事情。而正是由于人们具有意志自由的本性，才有了选择把上帝至善的旨意当成他自己的意愿从而获得提升，以及不去追随上帝并由此走向堕落的可能。

（三）对道德修养的启示

尽管十分倡导内在和灵性的生活，埃克哈特却并不认为那种离群索居的慎独静修对人有什么益处。他主张，一个人若是真的为人正直，则会不拘环境，无论在何处，与何人相处，都是一个正直的人。原因就在于，正直的人心中有至善和良知，无论何时何地，都是至善和良知在对他的所作所为起作用。谁都无法阻碍他对高尚理想的追求，谁都无法阻碍至善对他行止的引领。他在其所有的意向当中都与良知志同道合，正所谓“万物静观皆自得，四时佳兴与人同”。这样一来，他便能从万事万物当中感受到天人合一、大化流行。他以从容的眼光观察事物，以谨严的方式省察内心，这在离群索居的人那里是做不到的。所以，和心中没有善念，必须从外部寻求规制和禁忌的人相比，一个心中存有至善和良知的人，时时处处都能保持其美德和善行；和那些甘愿以独处的方式寻求安宁的人相比，一个学会内在独居的人，不需要依靠逃离现实来照亮其内心和环境。这无疑是一种“慎独”的功夫。

埃克哈特认为，人们之所以会出现厚此薄彼、满怀私念这种情况，是因为颠倒了人和事物之间的关系，在一切情况下，使人感到不安的正是人们自己，如果不能把自己抛弃，一个人在多大范围的外界事物中也寻求不到想要的安宁，并且这种寻求只会适得其反。

破除“我法二执”方可离苦得乐，东西方的智慧在这里展现出了共识。然而基督教语境中的埃克哈特毕竟有其独到之处，他认为人们所能够抛弃的东西，不多不少地也正是上帝会进入其中的东西。他援引《马太福音》里上帝的话:“若有人要跟从我，就当舍己。”一个人即使抛弃了全部外在的东西，而单单没有抛弃自己，那么他仍旧会处处障碍，时时不安，因为不先抛弃自己就等于什么都没有抛弃。相反，如果一个人抛弃了自己，哪怕是他没有抛弃任何别的什么东西，比如财富和荣誉，他也已经实际上抛弃了一切，由于摆脱自己而成功地摆脱了一切障碍和不安。这就是埃克哈特可堪玩味的逻辑。

五、术语解读与语篇精粹

（一）灵魂（Soul）

1. 术语解读

对于基督教而言，人是上帝所造的，是受造之物。《圣经》中明确地记载了上帝用尘土造了亚当，向他吹了气，使人成为

"有灵的活物"。人作为受造之物，按照神的形象被赋予了身体、思想、灵魂，其中灵魂是人所独有的。埃克哈特关注的不仅仅是这一过程，他试图找出人的被造的本质。他认为对于人而言，最重要的是灵魂深处的神性（Divinity），为了解放神性，人需要放弃被造的其他属性的束缚。

埃克哈特提出不仅是人，三位一体的神也是由神性而来的，这与正统的神学不符，也因此他被认为是异端。神性，作为世界的起源，类似于柏拉图提出的"理念"(Idea）和黑格尔的"绝对精神"(Absolute Spirit)，其实是一种客观的精神实体。人在被造时，灵魂中就有和神同源的神性，因而人才能回到最初的本质，与上帝合一。

而要做到与上帝合一，就要解放出灵魂深处的神性，或者按照埃克哈特的说法"灵魂火花"。而这并不容易，因为人的灵魂中充斥着外在的环境和内在的思想引起的各种感觉、想法和概念等。埃克哈特认为，人必须放弃这些被造时所赋予的东西，仅仅保留"灵魂火花"。不仅仅是感官的经验、事物的概念和认识都必须被摒除，从而人可以不倾向任何事物。就如同《圣经》上所说的，"清心的人有福了，因为他们必得见上帝"。

2. 语篇精粹

语篇精粹 A

One should first know, and it is in fact obvious, that man has two kinds of nature: body and spirit. Accordingly it says in one book, "Whoever knows himself knows all creatures, for all creatures are either body or spirit." Thus too the scriptures say of man that there is in us an outer man and another, inner man. To the outer man belongs all that is attached to the soul but embraced by and mixed with the flesh, and co-operating with and in each bodily member such as the eye, the ear, the tongue, the hand, and so on. And scripture calls all that the old man, the earthly man, the outward man, the hostile man, the servile man. The other man who is within us is the inner man, whom scriptures call a new man, a heavenly man, a young man, a friend, and a nobleman. And it is the whom our Lord means when he says, "A nobleman went away to a distant country, and gained a kingdom for himself, and returned."①

译文参考 A

首先，我们应当清楚认识到，人的本性有两重：肉体和心灵。对此某本书中有相应的表述："凡是认识自己的，也就认识一切被造物，因为所有的被造物，无非不是肉体就是灵心。"这句话指出，人由外在及内在两重构成。凡依附灵魂却又被肉体环抱，且与肉体紧密结合的部分，属外在，包括人的眼、耳、舌、手等协调肉体一致的身体成员。经文中将这部分的人称为俗人、外人、不怀好意、卑躬屈膝的人。而构成我们另一部分的是那内在之人，经文中称其为新人、天上之人、富有朝气之人、高贵之人、我们的朋友。也就是说主在"有一个贵人往远方去，要为自己争取一个国王，然后返回"这句话中提及到的"贵人"。

---

① Meister Eckhart, *The Complete Mystical Works of Meister Eckhart*, The Crossroad Publishing Company, 2009, p. 557.

语篇精粹 B

It should also be known that St. Jerome, and the masters in general, declare that every man, from the beginning of his human career, has a good spirit, an angel, and an evil spirit, a devil. The good angel advises and continually inclines him to that which is good, that is godly, that is virtue and heavenly and eternal. The evil spirit advises and inclines the man continually to that which is temporal and transient, to what is sinful, evil, and devilish. This same evil spirit forever woos the outer man, and through him ever secretly plots against the inner man, just as the serpent wooed Lady Eve and, through her, the man Adam (Gen. 3: 1-6). The inner man is Adam. The man in the soul is the good tree that continually brings forth good fruits, of which our Lord speaks (Matt. 7: 17).[①]

译文参考 B

我们还应当认识到，圣杰罗姆和其他大师们向我们揭示了，所有人创造伊始便拥有一颗善良的心灵，宛若天使，以及一颗邪恶的心灵，状如魔鬼。那良善天使一直孜孜不倦，劝人行善、劝人去做侍奉神的事，劝人践行美德、劝人投身神圣永恒的事业。而那狰狞的恶鬼则三番四次煽惑人去做不能长久的事，以及罪孽深重、穷凶极恶的魔鬼勾当。同样是这个邪恶的心灵去不断撩拨那外在的人，并且通过这人阴谋策划加害内在的人，就如当年那蛇唆使女人夏娃，并通过她挑拨男人亚当一样（《创世记》3：1-

① Meister Eckhart, *The Complete Mystical Works of Meister Eckhart*, The Crossroad Publishing Company, 2009, pp. 557-558

6)。亚当便是那内在的人，是属灵的人，“是好树，就像我们的主所说的，凡好树都结好果子”（《马太福音》7：17）。

语篇精粹 C

Our masters say the soul is called a fire because of the power and because of the heat and the radiance that is in her. Others say she is a spark of the celestial nature. A third school calls her a light. A fourth says she is a spirit. A fifth says she is a number. We can find nothing so bare and pure as number. And so they wanted to name the soul after something that was bare and pure. There is number among the angels—we say one angel, two angels—and in light there is number as well. And so they called her after the barest and purest, but still this falls short of the ground of the soul. God, who has no name—He has no name—is ineffable, and the soul in her ground is also ineffable, as He is ineffable. There is yet another reason why he says she hates. The word that denotes the soul means the soul as she is in the prison of the body, and therefore he means that whatever the soul is in herself, that she can think of, refers to her as she is in her prison. As long as she has any regard to these inferior things and draws them into herself at all through the senses, she is at once constricted; for words cannot give a name to any nature that is above her.①

译文参考 C

有大师说，灵魂之所以被称为火，是因为其蕴含力量、热度

---

① Meister Eckhart, *The Complete Mystical Works of Meister Eckhart*, The Crossroad Publishing Company, 2009, pp. 148-149.

和光辉。还有大师说，灵魂是天国本质的闪耀。也有大师认为灵魂是光。还有人认为它是灵。最后还有人断定它是数。数确实最为纯粹，因此他们希望为灵魂取一个纯粹的名称。天使是可数的，我们会说一位天使、两位天使；光也是可数的。他们试图寻找最单纯、最洁净的名称，然而即便这样也未能触及灵魂的根底。上帝是无名的，是不可言喻的，而灵魂根本上也同样不可言喻。他说灵魂厌恶自身还有一个原因。用来称呼灵魂的词，其所指称的“灵魂”是深陷身体这一囹圄中的灵魂，言外之意便是，灵魂一旦想到自身所处，那么无论其置身何处，都存在于自身的监狱中。只要灵魂顾及这些下等的事物，并通过感官汲取它们，那么它马上就会受到限制，因为任何名词都无法为其之上的本质命名。

（二）心灵（Spirit）

1. 术语解读

埃克哈特把沟通人和上帝的灵魂中的理性称作心灵之光，理性的根源在于上帝，而世界是从上帝那里流溢出来的。因此，心灵是以从上帝那里分有，而不是被上帝创造的方式存在于每一个灵魂之中，超越于灵魂的各种偶性和差异，构成灵魂的基础和内核，这就是心灵之光。

人们天生就有认识事物的倾向，认识乃是心灵之光。埃克哈特主张人们应当时时处处都运用自己的理性，以使其意识对自己的内心世界和一切外部事物保持警醒和洞察力，以便从中认出上帝。如果一个人能够保持这样通达的心灵，一以贯之地处理最属神的事情和最世俗的事情，那么他便能最大限度地运用自己的理性，在一切活动中都得到安宁。埃克哈特把内在的属神的心灵视作恒常纯净的形式，外在的德行只不过是对固有的东西的甘愿服从，实际上是内在的东西的外在表达。让自己的心灵保持属神的状态，就能外在地表现为正直和善良，这比表露于外的忏悔重要和根本得多。

在埃克哈特这里，心灵（Spirit）不同于灵心（Mind），后者与肉身对应，构成人的本性的两个方面，任何一个人，都具有一颗善良的灵心，也具有一颗邪恶的灵心，它们就像天使和魔鬼一样分别劝导人们行善和作恶，并不具有灵魂当中属神的部分这种心灵所独有的含义。

2. 语篇精粹

语篇精粹 A

The outer man is the hostile man and the enemy who has sown and cast tares on the field.（Matt. 13：25）Of him St. Paul says，“I find within me that which hinders me and is opposed to what God commands and what God enjoins and what God has spoken and still speaks in the highest，in the ground of my soul”.（cf. Rom. 7：23）And again he says and laments，“Oh wretched man that I am，who shall deliver me from this mortal flesh and body?”（Rom. 7：24）And elsewhere he says yet again that the spirit of man and his flesh are constantly fighting with each other.（Gal. 5：17）The flesh counsels to vice and evil；the spirit counsels to the love of God，joy，peace，and all virtues. Whoever follows and lives after the spirit，according to its counsel， belongs to eternal life. The inner man is he of whom our Lord says: "A nobleman went away to a distant country to gain a kingdom for himself." That is the good tree of which our Lord says that it always brings forth good fruits and never evil (Matt. 7: 18), for he wills the good and tends toward the good, and to goodness resting in itself and untouched by *this* and *that*. The outer man is the evil tree that can never bring forth good fruit.①

译文参考 C

那外在的人是不怀好意的敌人，在田野上播种稗子。(《马太福音》13：25）圣保罗对他的评价是："我在我里面感到有某种东西在阻碍着我，在违背着上帝已经命令的和教导的，违背着上帝还在我灵魂深处对我说着的事。"(参考《罗马书》7：23）他还在别处悲叹："我真是苦啊，谁能救我脱离这必死的身体呢?"(《罗马书》7：24）在经文中的又一处，他还叹息人的灵与肉天长日久地抗争。(《加拉太书》5：17）肉体筹划行险恶缺德之事；心灵则受天主之爱的感召，行那平安喜乐、美德满载之事。凡听从心灵者，必得永生。对于那内在的人，天主的评价是："一个贵人往远方去，要为自己争取一个王国。"这就是天主所说的好树，只会结出美好的果实，从不结出败坏的果实(《马太福音》7：18)，因为这棵好树一心向善，从未受它物玷污。而外在的人则是邪恶之树，永远无法结出美好的果实。

① Meister Eckhart, *The Complete Mystical Works of Meister Eckhart*, The Crossroad Publishing Company, 2009, p. 558.

（三）贵人（The Nobleman）

1. 术语解读

内在的贵人是埃克哈特的思想主题之一。埃克哈特认为，能够使人得到解救的只有内在的自己，也就是内在于灵魂中的天使，即善良的灵心，因为内在的人所倾向的始终是善，它可以处在自在自为的状态，不受任何干扰，要得到解脱，所要做的就是顺从善良的灵心作出的劝导。

埃克哈特认为，既有外在的人，又有另一个内在的人隐藏其中。外在的人被称为旧的人、属地的人、怀有敌意的人和奴颜婢膝的人，内在的人则被称为新的人、属天的人、富有友情的人和高贵的人。他的名作《论贵人》就是从有关这一划分的《圣经》解释和文献解读开始的。

内在的贵人之所以具有属神的本质，是因为上帝播种其内，即使有时候被隐蔽起来，他也可以为人们所认识，因为他是灵魂的根基。为了论证这一点，埃克哈特举例说，太阳总是在发光的，但如果阳光被云雾遮挡，或是我们的眼睛有视力的故障，阳光便无法显露，但即使如此太阳也仍旧在兀自发光。他还举例说，雕刻家用木头或石头制作一幅肖像，并不需要把什么东西加到它们里边，而是从中去掉一些东西，使被掩盖着的肖像显露出来。因此，外在的人就像是那些需要被去掉的石粉木屑，如果灵魂一心向外，哪怕是按照外部的规范或是遵照外部的榜样做尽好事，也将毫无功德，因为神圣的本性完全被琐屑的效法覆盖掉了。

2. 语篇精粹

语篇精粹 A

“Man” in the proper meaning of his name in Latin means in one sense one who bows and submits himself wholly to God, all that he is and all that is his, looking upward to God, and not his possessions which he knows to be behind him, below him, and beside him. This is perfect and genuine humility: the name comes from the earth (humus). I shall say no more of this for now. Further, when we say “man,” the word means something that is above nature, above time, and above whatever to time or smacks of time, and I say the same too of place and corporeality. Furthermore, this man has in one sense nothing in common with anything, that is, he is not formed or likened to this or that, and knows nothing of “nothing,” so that one only finds in him pure life, being, truth, and goodness. A man of this sort is a “noble man” indeed, neither more nor less. ①

译文参考 A

拉丁文中的“人”本义指那躬身于天主前、顺服天主的人，他尽其全部心力，耗其一切所有，抬起头敬仰天主，他所拥有的那些在他身后、身下及身旁的物质不在其中，只有这样才能称得上是名副其实、完完全全的谦卑。“谦卑”一词本身来自于大地（译注：英文中“谦卑”与“土壤”一词同源）。关于这一点的

① Meister Eckhart, *The Complete Mystical Works of Meister Eckhart*, The Crossroad Publishing Company, 2009, p. 543.

讨论到此为止。接下来，当我们使用“人”这个词的时候，其中包含了某种超越自然、时间，以及随时间流逝而改变及与时间有千丝万缕联系的含义。对于空间和物质，我认为也是如此。更深入地讲，这“人”在某种意义上不与任何事物有共通之处，也就是说，他并不与此物或彼物相似，且对一切都一无所知，我们只能看到他身上那纯粹的生命、存在、真理及善性。具备这样条件的人就可称为“贵人”，这样的称呼即不过誉，亦没有轻估。

语篇精粹 B

There is still another way of explaining what our Lord terms a noble man. You should know that those who know God naked, also know creatures with Him: for knowledge is a light of the soul; all men desire knowledge, for even the knowledge of evil things is good. The masters say that when one knows creatures in themselves, that is evening knowledge, for then one sees the creatures in images of varied distinction; but when one sees creatures in God, that is called morning knowledge, and then one sees creatures without all distinction, stripped of form and deprived of all "likeness," in the One that is God Himself. This too is the noble man of whom our Lord said, "A nobleman went out" —noble because he is one and because he knows God and creatures in the One. ①

译文参考 B

对于我们的天主所言的“贵人”，还可通过另一种方式进行

① Meister Eckhart, *The Complete Mystical Works of Meister Eckhart*, The Crossroad Publishing Company, 2009, p. 562.

解读。我们应当清楚认识到，凡心无杂念一心向往认识上帝的人，同样会认识创造物：因为知识是灵魂的光亮，所有人都渴望得到知识，即使那是邪恶事物的知识。大师们说，当人们从创造物自身角度出发去认识它们，这样获得的知识被称为“暗夜的知识”，因为人可以看见形态清晰的各种创造物；但是当人追随上帝的脚步去认识创造物时，由此获得的知识被称为“早晨的知识”，这时候人就不会看见创造物之间有任何差异，它们变得无形，且不再相似，已经融入了“一体”，即上帝当中。这也是天主所说的“有贵人往远方去”中的贵人，其之所以成为“贵人”，是因为其已经在这“一体”中认识了上帝和造物。

语篇精粹 C

I would now refer to and discuss yet another sense of "nobleman". I say that when a man, the soul, the spirit, sees God, he realizes and knows himself as knowing. That is, he knows that he sees and knows God. Now some people have thought, and it seems credible, that the flower and kernel of bliss lies in that knowledge, when the spirit knows that it knows God; for if I had all joy and did not know it, what good would that be to me, and what joy would that be? But I definitely deny that that is so. Though it is true that the soul cannot be happy without that, yet felicity does not depend on it; for the first condition of felicity is that the soul sees God naked. From that she derives all her being and her life, and draws all that she is, from the ground of God, knowing nothing of knowledge, nor of love, nor of anything at all. She is utterly calm in God's being, knowing nothing but being there and God. But when she is aware and knows that she sees, knows, and loves God, that is a turning away and a reversion to the former stage according to the natural order: for none knows himself to be white but he who is white. Therefore, he who knows himself to be white builds and supports himself on being-white: he does not receive his knowing without mediation or unknowingly, direct from the color: he gets his knowledge of it and about it from that which is now white, not drawing knowledge and awareness from the color alone and in itself; he gets knowledge and awareness from what is colored or white, thus knowing himself to be white. White is much less, and much more external than whiteness. There is a big difference between the wall and the foundation on which the wall is built. ①

译文参考 C

对于“贵人”，我还想从另一方面展开讨论。我认为，当一个人以及他的灵魂和心灵朝仰上帝时，他就同时意识到自己获得了知识。换句话说，他已经意识到自己是在朝仰和认识上帝。此时有部分人相信，当心灵意识到自己正在认识上帝时，那福泽之花及其泉源就存在于那认识当中，这似乎有点道理。这种观念的理由是，如果人享受到快乐，但并未意识到自己乐在其中，那这快乐对人来说又有何用？这快乐是否有名无实？对此，我必须义正词严地予以否定。虽然灵魂缺乏此道便不能感到快乐，但福泽并不依赖于此。因为福泽的首要条件便是灵魂毫无阻隔地去朝仰

① Meister Eckhart, *The Complete Mystical Works of Meister Eckhart*, The Crossroad Publishing Company, 2009, pp. 562-563.

上帝，这是人存在及生命的源泉。上帝这一根基衍生出她所属的一切，她同时对一切一无所知，无论是知识、爱或其他事物。她在上帝的存在中感到万分宁静。除自身的存在及上帝以外，她别无所知。但是倘若她意识到自己正在朝仰、认识及热爱上帝时，事情便自然而然地起了变化。她开始初心渐远，偏离了先前的状态。就好比只有本身是白人，才能认识到自己的肤色是白色。因此，认识到自己是白人的人便会依赖这一点，进一步构建和强化自身"白皮肤"的自我认知。他并不是直接从"白"这一颜色本身出发，凭直觉获得这样的认知，而是经过了思想上的来回推演。他从"我原来是白皮肤"这种意识中，获得关于自己肤色的认识，而不是单单从白颜色本身获得这样的认知。他因为自己贴上的"白皮肤"的标签，才开始对自己的肤色有所认识。与白色本身相比，白色的认知更微不足道、更游离于本质之外。这就好比一面墙和它赖以存在的地基之间，存在着巨大的差别。

（四）太一（One）

1. 术语解读

埃克哈特提出了一种独特的因果律，即起因等同于结果。一般意义上而言，一个事件的结果依赖于它的成因，并且结果与成因并非是相同的。比如，一个人外表很干净，因为他注重个人卫生，注重个人卫生是因，外表干净是果。按照埃克哈特的观点，可以推出注重个人卫生即是外表干净，反过来说也是如此。埃克哈特更多的将这种因果律应用在人的思想和心灵上。一个人思想的行为和被思想的事物本身是同一的，这种情况下，人所有的思想的不仅仅是一种念头，而是人的思想就是这个事物本身。比如，自由的人本身就是自由，而自由也是自由的人，自由也是这个人自由的想法。这种思考的人，与思考的事物，思考的过程相统一的观点和埃克哈特神秘主义的合一思想是一致的。

埃克哈特认为，三位一体的神也反映了这种因果律。圣父于心灵中产生了圣子，而圣子即是圣父，圣父也是圣子，圣父和圣子共同生发出圣灵。对于埃克哈特而言，圣父、圣子、圣灵都是由神性所生的。埃克哈特的这种合一的思想可以追溯至柏拉图，柏拉图认为万物都由一个理念生的，人的一生都应该寻求认识这种理念。而埃克哈特将其与基督教神学相结合，认为人应该与神性相合一。

但凡宗教理论，都难以避免地有神秘主义的倾向，认为人可以通过精神活动，与超自然的存在达到某种心灵上的契合，从而获得超自然的经验或能力。埃克哈特认为信徒应该追求与上帝的合一，这种合一是灵魂与上帝的合一。他认为在人的灵魂最深处，存在着上帝的神性，所以可借此与上帝达到合一。人的灵魂过多地被世界所缠累，不能回到上帝所造的最本真的自我。人需要主动地去寻求"超脱"，因而能"成为独立的一个，而每一个又都是与上帝组合成的一个"。[①]

对于埃克哈特而言，单纯的爱和理性都不能把握上帝，需要两者的结合。

---

① 王亚平：《基督教的神秘主义》，东方出版社，2001 年，第 308 页。

2. 语篇精粹

语篇精粹 A

God belongs to no one, and no one belongs to Him: God is one. Boethius says God is one and does not change. All that god ever created, He created changeable. All things, as they are created, bear the mark of change on their backs. This means that we should be one in ourselves and apart from all... It is impossible that anything of change or mutability can get into God. Whatever seeks another place outside of Him, is changeable. God has all things within Him in plenitude, therefore He seeks nothing outside Himself, but only in the plenitude as it is in God. As it is the way God bears it in Himself cannot be grasped by any creature. ①

译文参考 A

上帝不属于任何事物，任何事物也不隶属于他。言外之意便是，上帝就是“太一”。波伊提乌曾经说过，上帝是太一，他永恒而无变改。所有上帝创造过的事物，创造之时便被设定为可变可改。所有的创造物，它们被创造时都在背上附上了变迁的标记。这意味着我们自己本身要争取成为这个“太一”，与万物分离开来……一切可变或易变的事物都无法接近上帝，成为他的内在。所有寻求上帝以外的栖身之所的事物，就是可变的。但上帝怀抱着万有，因此不会去寻求自身以外的东西，而是自己本身就拥有

---

① Meister Eckhart, *The Complete Mystical Works of Meister Eckhart*, The Crossroad Publishing Company, 2009, p. 466.

的万物。没有创造物能够理解上帝将万有囊括在其中的方式。

语篇精粹 B

St. Paul says,"One God." One is something purer than goodness or truth. Goodness and truth do not add anything, but they add in thought, something is added. The One adds nothing, where He is in Himself before flowing forth into the Son and the Holy Ghost. Therefore he says, "Friend, draw up higher." A master says, "One is the negation of the negation." If I say God is good, that adds something. One is the negation of the negation and a denial of the denial. What does one mean? One means that to which nothing is added. The soul receives the Godhead as it is purified in itself, with nothing added, with nothing thought. One is a negation of the negation. All creatures have a negation in themselves: one negates by not being the other. An angel negates by not being another. But God negates the negation: He is one and negates all else, for outside of God nothing is. All creatures are in God and are His very Godhead, which means plenitude, as I said before. He is one Father of all Godhead. I speak of one Godhead, because there nothing is yet flowing forth, and nothing is touched or thought. If I deny God goodness (but I cannot really deny God anything) —but in denying God anything I grasp at something in Him that He is not, and that must go! God is one—He is a negation of the negation.①

① Meister Eckhart, *The Complete Mystical Works of Meister Eckhart*, The Crossroad Publishing Company, 2009, pp. 467–468.

译文参考 B

圣保罗说道："一位上帝。"这当中的一即为"太一"，是比善性或真理更为纯粹的某种事物。善性和真理不会加增任何东西，但有助于思考，所以某种意义上也算有所增加。当上帝还是独为一体，神性尚未流向圣子与圣灵时，太一没有增加任何东西。因此他才会说："朋友，请上座。"一位大师说过："太一是否定的否定。"如果我要说，上帝是良善的，那么这就给上帝加增了一丝。太一则是否定的否定，否认的否认。那么，太一到底意味着什么？太一意味着没有任何的加增。灵魂接受神性的洗礼，这神性纯洁至极，没有任何的加增，或者任何加增的念头。太一是否定的否定。所有创造物自身都有所否定：一个造物本身不能成为另一个造物，这便是一种否定。天使自己作为一体，不能成为另一位天使，这当中也就有了否定。但是上帝否定了否定本身：他是太一，并且否定其他所有，因为上帝以外一切皆空。所有创造物都处于上帝里面，并且是上帝自己的神性，也就是说我先前说的上帝包揽万有。他是所有神性之父。上帝的神性尚未流出，且没有任何部分被触及或思考到，因此我要说一种神性。如果我要拒绝承认上帝的善性（但实际上我无法拒绝承认上帝任何东西）——在这否认的过程中，我把握到的是非上帝的事物，而这是不可取的。上帝是太一，是否定的否定。

语篇精粹 C

"One God." By God's being one, God's Godhead is perfected. I declare God could never beget His only-begotten Son if He were not one. From God's oneness everything derives that He performs in creatures and in the Godhead. I say further: God alone has oneness. God's property is oneness; it is on this basis that God is God; otherwise God would not be. Whatever is number depends on one, and one depends on nothing. God's riches and wisdom and truth are all absolutely one in God: it is not one, it is oneness. God has everything He has in one, it is one in Him. The masters say heaven revolves in order to bring all things to one, that is why it revolves so rapidly. God has all plenitude as one, God's nature depends on it, and it is the soul's blessedness that God is one: it is her adornment and her glory. He said, "Friend, climb up higher, glory awaits you." It is the glory and honor of the soul that God is one. God behaves as if He were one merely to please the soul, and as if He adorned Himself to make the soul fall in love with Him alone. This is the reason why man wants now one thing, now another, cultivating now wisdom, now some art. Because she has not got the one, the soul never finds rest until all becomes one in God.①

译文参考 C

"一位上帝"，上帝在这里就是"太一"，其神性由此得以完全。我可以大胆认定，如果上帝不是太一的话，就无法成为他的独子的父亲。因循这太一，上帝在所有创造物中所做的一切得以铺展开来。我还要说：上帝的统一性是唯一的，上帝本身的属性就是唯一性，基于这个唯一性，上帝才得以成为上帝。所有数字都依赖于一，但一不依赖任何事物。上帝的丰盈、智慧及真理都

---

① Meister Eckhart, *The Complete Mystical Works of Meister Eckhart*, The Crossroad Publishing Company, 2009, p. 469.

融为一体存在于上帝之中：不是太一，是统一性。在太一之中，上帝拥有一切，而太一又是属于上帝的。有大师说，日月运行，天地流转，为的是将所有事物纳入一体，这就是为何这运转是如此快速。上帝是万有的主宰，这万有统一归入太一当中，而上帝的本性则在其中。上帝就是太一，灵魂才有了福泽。太一是灵魂的装饰及荣耀。上帝说道："朋友，请上坐，那时就有光彩了。"灵魂的光辉和荣耀促成了上帝成为太一。上帝的表现似乎说明他成为太一的目的是为了满足灵魂，似乎他是为了使灵魂心无他念，只痴迷于他，而装饰自己。而这也是为什么人朝三暮四，一时渴望拥有智慧，一时则希望探讨艺术。归根结底，是因为灵魂还没有进入到太一中。

（五）义人（Good Man）

1. 术语解读

基督教的教义认为除了由神降世为人的耶稣基督外，世上没有一个完全意义上的义人。因为自亚当夏娃偷吃了禁果后，罪性（Sinful Nature）就进入每一个人心中，只有从圣灵而生的耶稣除外。《圣经》上记载的义人，都是信仰上帝，行为品行很端正的人，但是也避免不了犯罪，比如诺亚醉酒。《圣经》上说，"没有义人，一个也没有""世人都犯了罪，亏缺了神的荣耀"。然而耶稣被钉十字架后，人就可以因信称义，因着信耶稣为自己死而洗刷了罪，就成了一个义人。成为义人不代表一次罪也不再犯，而是罪被耶稣所洗刷了。

对于埃克哈特而言，成为一个义人代表人本身就成为正义，也就是义人即是正义。这当然不是说将人等同于正义这一德性，而是指义人与正义的神性的合一。基督教认为，教义中的正义和爱、恩典等都是神的性情，是神性的一部分。人本身由于罪的存在，是不能成为正义的，称义要信仰上帝；神会借着圣灵使人成为义人，有正义的品质。而埃克哈特认为义人即意味着与正义这一神性的合一。义人知道何为正义时，他就可以脱离其作为被造之物的其他属性，从灵魂中解放出正义的神性，并且与正义的神性合一。不仅如此，义人，正义的行为，正义这一德性，三者都可以是合一的。

2. 语篇精粹

语篇精粹 A

Now he says, “In their mouth no lie was found.” As long as I have a creature and as long as a creature has me, that is a lie, and that was not found in their mouths. It is the sign of a good man that he praises good people. So if a good man praises me, then I am truly praised, but if a bad man praises me, then in truth I am blamed. But if a bad man blames me, then in truth I am praised. “Of that which fills the heart, the mouth speaks.” (Matt. 12: 34) It is always the sign of a good man that he likes to speak of God, for people like to speak of what they are concerned with. Those who are concerned with tools like to talk about tools, those who are concerned with sermons like to talk about sermons. A good man likes to speak of nothing so much as God.[①]

译文参考 A

他（译者注：约翰）说："在他们的口中没有谎言"。只要说我拥有创造物和创造物拥有我这样的话，那就是谎言，而且他们说不出那样的话。赞美别的义人是义人的一个特征。所以如果一个义人赞美我，那我就真的得到了赞美。但如果一个坏人赞美我，事实上我是被诅咒了。但如果一个坏人诅咒我，事实上我是被赞美了。"因为心里所充满的、口里就说出来。"（《马太福音 12：34）义人的特征是他总是会提到上帝，因为人们总是会提到与自己有关的事情。那些摆弄工具的人总是会谈论工具，那些参与讲道的人总是会谈论讲道。一个义人提到上帝的次数会比其他任何东西都多。

语篇精粹 B

Now we can clearly perceive how well, and in how various ways, a goodman is consoled on all sides in suffering, in sorrow, and in action. One way, if he suffers and works for God's sake, and another way, if he is in divine love. And a man can also tell and know if he is doing all his works for God's sake, and if he is in God's love; for assuredly, if a man finds himself woeful and disconsolate, to that extent his work was not done for God alone, and—observe! —to that extent he is not quite in God's love. King David says, "A fire comes with God and before God, that burns up all round about whatever God finds opposed to Him and unlike Him" (Ps. 96: 3), that is grief, discon-

---

① Meister Eckhart, *The Complete Mystical Works of Meister Eckhart*, The Crossroad Publishing Company, 2009, p. 161.

solateness, unrest, and bitterness.[①]

译文参考 B

我们现在可以清楚地认识到，义人在受难、悲伤或是行事时，会在各方面受到多么充分和全面的安慰。当他为神受难和行事时，会受到一种方式的安慰，而当他沐浴在神圣之爱中，则会受到另一种方式的安慰。其他人也能够分辨他是否在行神之事，以及被神所爱；显而易见的是，如果一个人认为自己历尽苦难、孤独惆怅，那么他所行之事就不单纯是为了神本身，这时候我们应该睁大眼睛看——他也并不为神所爱。大卫王对此讲道：“有烈火在他前头行，烧灭他四围的敌人以及一切与他不同的东西”(《诗篇》96：3)，即：悲伤、凄惨、不安和怨恨。

语篇精粹 C

Now we can see the dullness of people who are commonly surprised when they see good people suffering pain and distress, and they often get idea and the notion that this is due to their secret sins. And sometimes they say, “Oh, I thought he was such a good man. How is it that he has to endure such great pain and sorrow? I thought he had no faults.” I agree that if it were really painful, and if they actually suffered in pain and distress, then they would not be good and sinless. But if they are good, then their suffering is no pain or misfortune, but a great happiness and blessing. “Blessed,” said God, who is truth, “are they that suffer for righteousness, sake.”(Matt. 5：10)

---

① Meister Eckhart, *The Complete Mystical Works of Meister Eckhart*, The Crossroad Publishing Company, 2009, p. 549.

And so the Book of Wisdom says that "The souls of the righteous are in God's hand. Foolish folk think and believe that they die and perish, but they are at peace."（Wisd. 3：1-3）When St. Paul describes how many saints have endured many sorts of pain, he says that the world was unworthy of them （Heb 11：36-38）, and this saving contains, rightly understood, three meanings. One is that the world is unworthy of the presence of many good people. Another sense is better, namely, that the goodness of this world is despicable and worthless：God alone is of value, and therefore they are worthy in God's eyes and worthy of God. The third sense, that I mean now, and shall declare, is that this world, that is to say those that love this world, are unworthy to endure pain and distress for God's sake. therefore it is written that the holy apostles rejoiced that they were worthy to endure pain in God's name （Acts 5：41）.①

译文参考 C

有些人在看到有义之人遭受痛苦和不幸时通常会吃惊，在我们看来这是愚钝的。那些人常常认为这是由于一些隐而未现的罪造成的。有时他们会这样说：“哦，我一直以为那个人是有义之人。我曾经认为他没有缺点，他怎么会遭受如此大的苦难和不幸啊!”不过我也同意：如果他们确实觉得他们所承受的是非常痛苦和不幸的，那么他们就的确不是有义之人，也谈不上是无罪的。但是，如果他们是有义之人，那么对他们来说，受苦就并不意味

① Meister Eckhart, *The Complete Mystical Works of Meister Eckhart*, The Crossroad Publishing Company, 2009, p. 550.

着痛苦和不幸，而是一种祝福和喜乐。上帝，就是真理，说道，“为义受逼迫的人有福了”(《马太福音》5：10)。《所罗门智训》中也写道：“义人的灵魂在上帝手中。愚蠢的人才以为义人也一般地死去和腐烂掉。然而他们却始终处在平安之中。”(《所罗门智训》3：1）当圣保罗描述很多圣者承受各种痛苦时说，他们“本是世界不配有的人。”(《希伯来书》11：36）如果人们正确地理解，这句经文有三层意思：第一层意思，这个俗世根本就不配有许多有义之人。第二层意思要美好一些，是说，俗世中的义在上帝面前是卑微和毫无价值的；只有属于上帝的义才有价值。所以在上帝眼中，这些有义之人是有价值的，是配得上上帝的。第三层意思也是我要表达和宣告的，这个俗世也指热爱这个俗世的人们，不配为了上帝而遭受痛苦和不幸。所以《圣经》中写道，圣徒们“心里欢喜，因被算是配为这名受辱。”(《使徒行传》5：41)

（六）安慰（Comfort）

1. 术语解读

埃克哈特认为，作为被造物，人的灵魂如果不能摆脱外在于人的种种限制，不能克服来自肉体的种种情欲，不能坚守对上帝的效仿和追求，便不能超脱自身、脱胎换骨，因为一切苦难的来源都在于其没有进入上帝的部分，只有没有进入上帝的灵魂才会为那些不能进入上帝的东西所困扰。

在埃克哈特看来，有三种苦难使人不堪困扰：一种是由于财产的损失，一种是由于亲友的不幸，一种是由于自身的遭遇。然而就像正义不会使上帝陷入痛苦一样，人也不会因为全身心进入到上帝里边而陷入痛苦。

要使身处逆境、悲痛和苦难之中的人们得到安慰，就需要使人们看到普遍的真理，因为从中可以引出使任何种类的困苦烦恼得到安慰的东西。上帝是自足的，而人不是，人有德行上的缺失，更有能力上的限制，然而一个正当的、完美的意愿，同时就会是上帝的旨意，一个人的意愿越是正当和完美，在他能力所及的范围内要使他的意愿成为现实就越是困难和渺茫，但以至善的上帝的意愿为自己的意愿，将使一个人得到至高无上的安慰。

2. 语篇精粹

语篇精粹 A

I declare that all sorrow comes from love of that which loss has deprived me of. If I mind the loss of outward things, it is a sure sign that I am fond of outward things, and really love sorrow and discomfort! Is it to be wondered at, then, that I am grieved, if I love and seek sorrow and discomfort? My heart and inclination ascribe to creatures what belongs to God. I turn to creatures, whence by nature discomfort comes, and turn away from God, from whom all comfort flows. Is it to be wondered at that I am sad and grieved? For indeed, in very truth it is impossible for God or the whole world to give solace to one who looks for it in creatures.[①]

译文参考 A

① Meister Eckhart, *The Complete Mystical Works of Meister Eckhart*, The Crossroad Publishing Company, 2009, p. 527.

我想指出，所有的哀愁都来自于我对那些自己失去的东西的热爱。如果我十分在意外在事物的损失，那这必然意味着我热爱这些外在事物，那么我也是在热爱哀愁和无慰！因此如果我因热爱及寻求哀愁和无慰而感到忧伤，也就不足为奇了。我把来自上帝的一切美好附加于创造物之上，这是我的内心所向往和热爱的。尔后我转向这些创造物，因此无慰就自然而然出现了，我也叛离了上帝那一切安慰的源泉，我因此而感到忧伤及哀愁，这是最自然不过的事情。的的确确，对于在创造物中寻求安慰的人来讲，上帝乃至于全世界都没有办法让他得到安慰。

语篇精粹 B

No hardship or loss is without some comfort, and no loss is total loss… Let us suppose a man has a hundred marks, of which he loses forty and keeps sixty. If he goes on brooding over the forty he has lost, he must remain disconsolate and woeful. How can he take comfort and be free from care, if he turns toward the loss and tribulation, impressing it upon himself and himself upon it, so that he look at it and it looks back at him, and he talks and converses with the loss and the loss converses with him, and they gaze at each other face to face? But if he would but turn to the sixty marks he still has and turn his back on the forty that are lost, and reflect on the sixty and gaze at *them* face to face, then he would assuredly be consoled. What exists is good and can comfort us, but what is naught and is no good, what is not mine and is lost to me, can only bring disappointment, woe, and distress.①

译文参考B

苦难和损失来临时，通常伴随着安慰，人在某处有所失去，也必在另一处有所收获……让我们想象一下，一个拥有一百马克的人，失去了四十，只剩下六十。如果这人一直对失去的四十马克念念不忘，那么他就会郁郁寡欢，惶惶不得终日。具体来说，如果他转向损失和苦难，使自己全部心智陷入其中，并与之对视，以及成天将其挂在嘴边，久久不能释怀，那还怎么能得到安慰，免于忧心呢？倘若他可以转而关注还在手上的六十马克，不再理会那失去的四十马克，聚精会神于其中，那么他当然就会得到安慰。美好的事物能使我们得到安慰，但那些丑恶的事情，以及不属于我的东西和我所失去的东西，只会带来失望、悲哀和痛苦。

语篇精粹C

St. Augustine says, "Lord, I did not want to lose thee, but in my greed I wanted to have creatures besides thee; therefore I have lost thee, for thou wouldst not have man possess the falsehood and deceit of creatures alongside thee, who art truth." And elsewhere he says that he is altogether too greedy who is not content with God alone. And again he says, "How should God's gifts to creatures satisfy a man who is not satisfied with God Himself?" To a good man that should be no comfort but pain which is alien to God, unlike Him and not God Him-

---

① Meister Eckhart, *The Complete Mystical Works of Meister Eckhart*, The Crossroad Publishing Company, 2009, p. 528.

self alone. He should always say, "Lord God my comfort, if thou sendest me away from thee to anything else, then give me another thee, that I may go from thee to thee, for I want nothing but thee." When the Lord promised Moses all blessings and sent him into the Holy Land, which denoted heaven, Moses said, "Lord, send me nowhere but where thou wilt accompany me." (cf. Exod. 33: 15)[①]

译文参考 C

圣奥古斯丁曾说道:"上帝啊,我本不愿失去你,但我却曾贪心地想与你一起去占有被造物;我因此而失去了你,因为作为真理的你,当人们要与你一起去占有被造物之虚假和欺诈时,你是深恶痛绝的。"他还在别处提及,那些觉得只有上帝还是不够的人,是十分贪婪的。他另外还说道:"凡是不满足于上帝本身的人,又怎能满足于在被造物里上帝的恩赐呢?"一切上帝以外的,以及不纯粹是上帝本身的事物,对义人来说应该是一种痛苦,而不是安慰。他时时刻刻应当铭记:"上帝啊,你是我的安慰,如果你要把我遣送到别处,那么求你赐予我另一个你吧,这样我就能从原来的你过渡到另外一个你,因为除了你,我别无所求。"当上帝向摩西许诺要赐予他福泽,并使令他进入天堂圣地时,摩西说道:"主啊,除非你也同往,不然就不要差遣我去。"(《出埃及记》33:15)

① Meister Eckhart, *The Complete Mystical Works of Meister Eckhart*, The Crossroad Publishing Company, 2009, p. 529.

第五章 奥卡姆：唯名论的剃刀法

No universal is a substance regardless of how it is considered, on the contrary, every universal is an intention of the mind which, on the most probable account, is identical with the act of understanding. Thus, it is said that the act of understanding by which I grasp men is a natural sign of men in the same way that weeping is natural sign of grief.

——Ockham

无论怎样考虑，没有任何共相是实体。相反，所有的共相都是一种心灵的意向，这种意向最有可能被认为是等同于认知行为。因此，人们认为，我用来理解人类的认知行为是人类本质的一种表征，就像哭泣是悲伤的一种本质的表征一样。

——奥卡姆

一、坎坷而丰厚的一生

（一）牛津论战的青年时代

中世纪经院哲学在公元 13—14 世纪时期达到了最盛阶段（High Middle Ages），最重要的三位经院哲学家：托马斯·阿奎那（1224/5—1274）；约翰·邓·斯各脱（约 1266—1308）；奥卡姆的威廉（约 1288—1347）都出现在这一时期。在公元 13 世纪哲学中，哲学家们将精力投放于古希腊和阿拉伯哲学遗产的吸收，并融合成新的哲学图式的话，公元 14 世纪开始质疑传统哲学图式本身，开始检验这一哲学图式的基础，并为接下来的哲学变革做准备。托马斯·阿奎那作为经院哲学的集大成者，在艰难地融合亚里士多德的哲学理性与基督教神学的启示真理，而约翰邓·斯各脱和奥卡姆则在一步一步地转换哲学的视野和问题意识，中世纪哲学在衰落，而新的哲学在慢慢生长。奥卡姆就是这一转向中的重要人物。中世纪哲学研究者戴维·诺尔斯（David Knowles）对奥卡姆的历史地位有一段非常著名的评价："在许多世纪中他的转向被忽视了，同时仅仅把他作为一个恐吓年轻的托马斯主义者的怪物，他被托马斯或斯各脱主义中世纪思想研究者看作毁掉了中世纪黄金时代创造的恶魔、大骗子和破坏者。在最近这些年，另外一些人将他看作伟大创造者中的一个，那个时代作品中包含着笛卡尔哲学、反教皇改革、当代科学与世俗国家的胚胎形式的人群中的一个。”奥卡姆就是这样一个颇有争议的历史人物，他的思想革故鼎新，埋葬旧的哲学，为新的哲学奠基。

英国萨里郡一教堂彩色玻璃上的威廉形象

资料来源：https://commons.wikimedia.org/wiki/File:William_of_Ockham.png。

奥卡姆的威廉（William of Ockham）出生于英国伦敦地区西南部的萨里郡（County of Surrey）的奥卡姆村，因而我们一般用奥卡姆来称呼他。关于他的具体出生年，一直有着争议，一般认为他出生于公元1285—1290年之间，而最新的研究成果显示他出生于公元1288年左右。对于少年时代的奥卡姆，我们所知甚少，只有一份文件证明他在公元1306年2月26日被任命为副助祭。

中世纪的英国一直有着独立于欧洲大陆的经验论传统，因而孕育了像斯各脱、奥卡姆、休谟这样的具有浓厚大不列颠特色的哲学家。大约公元1305—1315年，奥卡姆加入了弗兰西斯修会并在牛津大学学习。按照当时的通例，逻辑与自然哲学的学习在14岁时开始，然后才能学习神学。因而在公元1302年左右，他开始进入修道院，在修道院时期，奥卡姆有幸聆听了斯各脱的课程。当时，斯各脱由巴黎被流放到英国，并进行了一些学术活动。早年与斯各脱本人的这段交集，也成为构成奥卡姆思想的斯各脱成分的重要原因。大约公元1309年开始，奥卡姆开始了在牛津大学神学课程的学习，他的导师是理查德·科宁顿（Richard Coningtonton），一位著名神学家。公元1317年秋天，奥卡姆开始于牛津大学开课，讲授《圣经》，隆巴德《箴言四书》等课程。公元1321年，虽然没有获得硕士学位，但已经修习完神学硕士各门课程的奥卡姆被任命为弗兰西斯修道院的讲师（lecturer），从公元1321年到1324年，奥卡姆开始了自己一生中最丰产的时代，他写出了他的逻辑著作《逻辑大全》《对亚里士多德的范畴篇的注疏》《对亚里士多德物理学的注疏》，等等。

同时，公元1321—1324年这一时期也是奥卡姆受到诸多批评的时期，自从他来到牛津大学，就与校长托马斯主义者约翰·路德莱尔（John Lutterel）发生了争执，后者阻挠他的授课活动，路德莱尔认为奥卡姆已经误入歧途。而在这一时期，首先是他的同事——沃尔特·查顿（Walter Chatton），他攻击包括奥卡姆的共相（Universals）地位，以及辩护与恩赐的关系问题，量与关系的地位问题以及圣餐问题在内的许多观点。事实上，在这个时期中，奥卡姆与查顿的作品表现出一种相当大程度上的互相独立与对话关系；另外一位攻击奥卡姆的是理查德·坎普索（Richard Campsall），他攻击奥卡姆的指代（Supposition）理论。奥卡姆与他同时代人的辩论的中心问题之一是关于共相的争论，奥卡姆认为只有实体和属性是真正的实体，而共相不是，这种极端唯名论的想法在当时是与主流的声音相冲突的。另外，他在宗教问题上的观点，如他认为人可以对非存在物体具有直觉认知，关于恩赐与辩护的论题，以及关于圣餐变体和关于教会是否可以拥有财富的问题也引起了很大的争议。

也许是因为大量的批评声音，公元1323年，奥卡姆被要求解释他对于亚里士多德范畴的看法。同年，雷丁的约翰，给奥卡姆带来了来自教皇法庭的指控，原因是他错误的和异端的教学。大约在公元1324年5月，奥卡姆离开英格兰，前往阿维农（Avignon）接受审查，他在那里的弗兰西斯修道会度过此后的四年时间。

（二）遭受审判的宗教异端

早在公元1323年，约翰·路德莱尔（John Lutterel）就到达了阿维农，并将奥卡姆对于《箴言四书》的评论中出现的56个命题呈现给教皇，想要判处奥卡姆为宗教异端。而当奥卡姆于公元1324年到达阿维农时，他自己又带来了另一个版本的评论，在其中他做了不少校订，因为他并不接受路德莱尔对他的指控中的所有命题，教廷认为其中有51个命题是神学命题，他们接受了路德莱尔版本的33个命题，并加上了一些自己的发现。一部分命题被认为是异教的，另一部分被认为不重要或者错误。但是审判进程并不顺利，以至于奥卡姆在阿维农待了四年之久。公元1327年年初，弗兰西斯修会的领导人西塞那的迈克尔到达阿维农，约翰二十二世教皇召唤他，对他本人对教廷贫困问题的攻击进行回答。迈克尔与奥卡姆在这个问题上观点非常接近，由于共同受到教廷审判和迫害的经历，两人于公元1328年5月28日夜一同逃出阿维农。

14世纪绘画作品：奥卡姆和他的朋友

资料来源：https://commons.wikimedia.org/wiki/File:Occam_et_C%C3%A9s%C3%A8ne.jpg。

（三）笔尖为剑的流亡岁月

逃离阿维农的奥卡姆和迈克尔首先来到意大利，在那里他们加入了巴伐利亚的路德维希皇帝的宫廷，据说路德维希皇帝曾经在继承皇位的问题上与教皇发生过矛盾，接着奥卡姆一行随同皇帝到达慕尼黑，在那里奥卡姆度过了自己的后半生。有一种说法是奥卡姆很可能并没有一直待在慕尼黑，他可能参与了德国南部（斯特拉斯堡）省的一些协会，如公元1340年在巴塞尔举办的会议，在那里他与他的一些旧友恢复了联系。据说为了表示对皇帝的效忠，奥卡姆曾经对皇帝说：“你用剑来保护我，我用笔来保护你。”

奥卡姆一生的学术活动与他的人生遭际相对应地分为两个阶段，阿维农及之前阶段与慕尼黑时期（1329—1347）。在慕尼黑时期，奥卡姆放下哲学与神学写作，将自己的主要精力投放于与约翰二十二世及本尼迪克特十二世的论战的政治著作写作中来，论战的要点就是关于使徒贫困的问题。在这些作品中，奥卡姆讨论了贵族所有权的意义问题、所有权与使用关系问题、国家与教会的关系、自然法与立法权力问题等。他还提出了教堂内的权威性问题：教皇、圣经与传统的各自地位，等等，以捍卫王权和平衡教权作为自己的主要观点。公元 1347 年 11 月，路德维希皇帝去世，新即位的皇帝与教廷和解，因而奥卡姆再次被传唤到教廷，但他始终捍卫路德维希皇帝的地位，因而没有与教廷达成一致。公元 1349 年左右，奥卡姆在慕尼黑死于当时蔓延整个欧洲的黑死病，他被埋葬在慕尼黑的老弗兰西斯教堂。他在圣坛后唱经楼中的坟墓，于公元 1802 年被移走，他的遗体被放置到一个迄今为止无人知晓的地方。

二、理论内涵

（一）奥卡姆对实在论的批评

奥卡姆学术生涯中最常为人们所提起的就是他对于中世纪共相问题的处理，以及他的极端唯名论的立场。在讨论这一问题之前，有必要回顾一下中世纪共相问题的演进过程。中世纪共相问题起初来自新柏拉图主义者波菲利在介绍亚里士多德范畴的《导论》(*Isagoge*) 一书，波菲利指出关于共相问题的真正重要问题，比如种与属的问题，探讨它们是独立于心灵的实体还是仅仅是心灵中的概念；如果它们独立于心灵，它们是物质的还是非物质的；以及如果它们是非物质的，它们独立于可感知的东西还是寄生于它们之中。从以上波菲利对于这个问题的两个注解开始，中世纪哲学家们就开始对将两个最伟大的哲学家——柏拉图与亚里士多德的思路区分开来的问题进行尝试的推进。波埃修虽然更倾向于柏拉图主义的回答，但是却提出了一种亚里士多德主义的思路：共相是一个基于事物的本质的、相似性的、组合性的思想。但是早期的中世纪哲学家并不太倾向于这种想法，因为他们还没有真正接触到亚里士多德的《范畴篇》与《形而上学》。

在公元12—13世纪哲学中，由于亚里士多德与伊斯兰教注释者在拉丁西方的出现，中世纪哲学家开始发展出对于共相问题的新的处理。13世纪对共相问题讨论最有影响力的因素是形而上学的发展，伊斯兰学者将共相视为自身具有一定的本体论地位的性质，并且与是否存在外在于心灵的个别事物还是作为心灵中的思想无关 。阿威森纳支持一种双层的形而上学，即实在的个别物体与不同于这些物体的本质同时在实在中都有立足之处。共相问题也涉及一些神学问题，如在隆巴德的《箴言四书》中，就有关于神的观念的多样性问题的讨论。在唯名论与唯实论讨论的中间路线中，包括阿奎那和根特的亨利等人，他们认为在理性中不同的东西在事物自身之中能完成呈现并统一出来，就像“理性”(Reason) 与“动物”(Animal) 虽然意义类型不同，但是在事物之中，却能够同时有这些不同的特征。

对于奥卡姆来说，最重要的影响是来自于弗朗西斯修会的斯各脱。斯各脱认为个别事物有着共同性，也有个性，而个性和共同性都只是形式，不是真正的实体，按照蒂莫西·诺恩（Timothy B. Noone）的说法，这里就好像上文中提到的“理性”与“动物”的区别，现在被用来解释共相与殊相的区分。在斯各脱那里，共相与殊相在被认识被知道这个意义上，是处于同一个层面的，而共相是我们在不同类型的事物之间做出区分时才会出现的，但在本体论意义上，两者并没有本质性的不同。

奥卡姆对于共相问题的讨论从一个 14 世纪的实在论者沃尔特·波莱（Walter Burley）的想法出发，波莱的想法与罗吉尔·培根（Roger Bacon）相似，认为共相在心灵之外真实存在，不同于个别实体，也不同于任何个别实体的附属物，同时普遍物如同柏拉图的理念一般，与个别物的特征或谓述一样多，并且共相无法从殊相中产生出来。[①]而且作为科学研究的对象，共相必须与人类思考和理智行为的对象能够彼此区分，但是很显然科学并不处理殊相，而处理共相，因而如果有真正的科学，那么必然有共相的实际存在。最后，一个像“人”这类的词从发生学的角度来看，必然先有一个指称才能使用，但是它又不可能指称殊相或个别物，因而它必然指称一个共相。[②]奥卡姆反对这种想法，认为它“完全是错误和荒谬的”，并提出了自己的观点。如果共相是真实的存在，那么它必然能够一直独立于殊相存在，如果不能，那么

① Ordinatio I d. 2 q. 4，1970，pp. 100-101.

② ibid.，pp. 101-102.

相关的想法是没有价值的，奥卡姆认为很难说共相不能用来代表个别实体，而真正的科学处理的是命题，命题显然代表着事物的集合，而非共相的集合。最后，一个类名，如“人”，并不在指称个别事物的意义上使用，而总是与个别的人或事物处于“例示”与“概念”的关系之中。

针对认为共相不仅是独立实体，而且能够多样化为个别实体（斯各脱的早期观点）的观点。奥卡姆指出，如果存在共同的人性实体，同时苏格拉底的人性不同于柏拉图的人性，那么我们就没有必要假设同一的“人性”概念的存在。因而，奥卡姆发现了共相概念存在的内在荒谬性，即同一的实体与多样化的显现之间的矛盾。

奥卡姆所提出并反对斯各脱的另一个想法，即共相不是一个事物（thing，res），而是一个本质（nature，natura）。本质是无所谓个别还是普遍的，它可以在事物中是个别的，同时在心灵中是普遍的，在经院哲学中，本质是一个个别事物的本体论特征。斯各脱认为，一个本质，不是一个个别实体，它不是事物自身，但是通过加在它上面的东西而成为事物。一个本质仅仅在心灵中能够成为普遍的，而在个体中只能成为诸种谓词，本质作为本质特性仅仅具有最小化的连接体（Unity）。[①]奥卡姆虽然很敬仰斯各脱，但是他也很难接受这种已经很接近他的极端唯名论的想法。他提出两条质疑：第一，离开个别事物的形式差异是不可能的，斯各脱实际上假设了形式上彼此相异的共相实际上具有的是不能重叠或不可互相转化的特性。因而，形式相异的共相实际上就是事实

---

① Ordinatio I d，2q. 6，1970，pp. 161-167.

上相异的事物，因而这种形式相异实际上作用不大。第二，奥卡姆进一步说明了形式差异的不融贯性。比如，斯各脱说本质具有最小化的连接体，但是苏格拉底的人性与柏拉图的人性都只存在于各自的例示当中，所以只存在各自的连接体，而最小化的连接体只是臆想出来的。

奥卡姆认为，实在论如果想区分殊相与共相，一共有四种方式：①两个形式上不同的实体，这在对斯各脱的反驳中已经证明了其起不到作用。②两个完全不同的实体，这已经在上文中被证明不可能了。③两种不同的理性存在者，这是阿奎那持有的观点。但很显然，殊相或个别事物不是理性存在者。④一个实际存在的事物与一个理性存在物，但这就与实在论的初衷相违背了。

（二）概念主义——共相只存在于思想之中

在简要地论述了中世纪共相问题的讨论史和奥卡姆对实在论的批评之后，我们将介绍一下奥卡姆的正面看法，首先介绍的是奥卡姆的逻辑观以及语言哲学。

在《逻辑大全》一书中，奥卡姆接受了波埃修的不同类型论说（Discourse）的理论，即把论说分为三种：写下的、说出的和心灵的。前两种是在物理意义上可感知的，我们用眼睛和耳朵感觉到它们，同时，它们是由约定的符号组成的。而心灵语言的单位，则与前两者不同，是由无法通过外感官直接把握到的概念来组成的。这些概念内在于思考着的心灵之中，它们对事物的指称不是约定的，而是自然的。运用概念进行思考是一件私人的活动，但是它们同时也是自然的过程，由于人与人之间生理活动的相似性，思想也是很可能对所有人具有普遍性的。心灵语言优先于并位于所有的文字或口语表达的背后，并作为其意义的来源。无论论说是写下的、说出的，还是心灵中的，它们在自己的层级上都是不同的表达式（命题）的相应组成部分。因而，我们可以看到，奥卡姆实际上是提供了一种思想语言（Language of Thought）的语义学模型，即建立起了一套为他的唯名论（Nominalism）奠基的语言哲学或心灵哲学理论。为了反对共相的存在的本体论许诺，奥卡姆将普遍性归入语言和思想之中，而否认其实际存在。

1341 年版《逻辑大全》中的威廉肖像

资料来源：https://commons. wikimedia. org/wiki/File: William_of_Ockham_-_Logica_-_1341. jpg。

在奥卡姆的定义中，词项（Terms）首先是一个命题的组成部分，词项不仅限于主词，而奥卡姆之义者且也包括谓词。这是与当代弗雷格为代表的只规定主词为词项类别的专名理论所不同的，所以有学者认为，奥卡姆实际上是提出了一种有别于当代单名理论的双名理论。同时，奥卡姆认为，在词项理论中最重要的区别就是可单独使用的实义符号（Categorematic）与不可单独使用的非实义符号（Syncategorematic）词项之间的区别。如“狗”和“人”就是可单独使用的，而“所有”“一些”“只有”只是语言中的功能性符号。实义符号区分为绝对的词项和内涵的词项，绝对的词项直接指称事物，并有一个真正的定义。而内涵词项如“白色”“公正”能够应用于不同的情况，仅仅拥有一个名义的定义。另一个值得提出的区分是在“公正”和“白色”这样的有形词项与“正义性”与“白色性”这样的抽象词项之间，前者指称一个性质，而后者则指称某种本质。奥卡姆认为有形的词项实际上就是抽象的词项，哲学家们往往提出后者作为共相的代表物，而实际上，后者在语言中起作用的方式与前者相同。例如，“人”与“人性”，斯各脱等人设想有一个位于“人”背后的“人性”实体，这种观点是错误的。

同时，奥卡姆按照古典的区分，将作为假定的（supposition）即可在命题中代表事物的实义符号分为三种：实质的、人称的和绝对的。他认为第三种假定，即绝对假定是没有意义的，因为绝对假定是概念，概念是人头脑中的东西，而不是实在中的。哲学史家认为奥卡姆实际上在这里提出的是一种概念主义（Conceptualism）的唯名论，即将共相的实存在物质世界中抹去，而将其作为用来描述或表征物质世界的语言世界（心灵世界）之中的概念，将其作为次一级的表达方式，用来修饰第一级的表达方式，因而通过语言路径表达了自己的唯名论立场。

奥卡姆作出的另一个区分是第一等级与第二等级的命名（Imposition）与意向（Intention）。在这里，命名的意思是指给一个对象一个名称，而意向的意思是指概念或心灵的词项。在这里奥卡姆给各种不同的论说或语言表达式分级，我们使用第一等级命名，并且我们可以谈论第二等级命名，第一等级命名指称不同于语言的实在，而第二等级命名则指称语言内的部分。我们使用的如“人”“石头”“白色”“共相”“意向”等是第一等级命名，而“形容词”“命名”等是第二等级的命名。第二等级的命名通过指称第一等级的命名而有意义。第一等级与第二等级意向的区分在于，第一等级意向指称并非意向的概念，第二等级意向指称第一等级意向而有意义，例如“人”“石头”是第一等级意向，而“共相”“种”是第二等级意向。第二等级意向是第一等级意向的谓词。这里我们可以看出，奥卡姆认为心灵中的概念才是理想的语言，而口语或文字都由于有表面形式的问题而有着指称共相这类不存在的东西的可能性，而在心灵中的概念世界中，共相这类名称不指称实在，只是作为第一等级意向的谓词却是清清楚楚的。奥卡姆清楚地区分了概念与语言形式之间的差别，可以看作是语言哲学批判的先声。

（三）奥卡姆剃刀——本体论上的最小化原则

奥卡姆首先是一位神学家，他将自己主要的研究工作都集中于宗教领域，对于奥卡姆来说，世界上只有一个绝对者，一个完全自足的上帝。上帝是这个世界上唯一重要的东西，代表着智慧、爱与公正，全能的上帝全然独立于世界，上帝是绝对的复合和绝对的简单，上帝的人格有三重位格。奥卡姆信仰上帝，既包括启示的真理，也包括教堂的规范。作为神学家的奥卡姆，同时也是一位逻辑学家，甚至是中世纪最伟大的逻辑学家。他相信理性，认为理性是上帝给予人类的一件礼物，他认为让人们去相信一件他的理性无法接受的事情是危险的，这也体现在他与教廷的辩论中所捍卫的理性辩护的立场。基于对全能上帝的信仰和对人类理性的相信，奥卡姆采取了一种在中世纪哲学中罕见的经验主义态度，他认为上帝是全知全能的，世界的存在对于上帝来说是一件偶然的事情，我们不能从人类的有限理性推知关于世界的真理，对世界中的真理的认识，要依赖于经验的观察才能达到。

按照博讷（Philotheus Böhner）的分析，我们可以从以下五个方面入手，粗略地描述奥卡姆的神学形而上学。①对上帝来说，一切事实和事物都是可能的，除了矛盾不可能以外。即上帝可以创造或者创生一切不包含矛盾的事物。因而，凭借人类的有限理性，不能事先对世界中的事实作出论断。②上帝由次因（Secondary Causes，如创生）的方式创造的一切东西，上帝可以随时随地立即创造和保留它们，并且不借助于它们帮助。因此，世界中出现的任何事实（除了作为第一因的上帝）都不需要作为次因的因果律来为其提供支持。上帝并不依赖于创生的原因的因果律，而是仅仅基于上帝自身的理由。③上帝可以造成、制造和保存任何实在，使任何实在以与其他任何实在无关的方式成立或者不成立。④除非我们依赖证据，启示、经验或由显然的真理或观察而得到的命题进行的逻辑推论，否则我们不能被允许断言任何陈述的真或任何事物的存在。这条原则就是著名的“奥卡姆剃刀”原则的真正含义，用奥卡姆自己的话说：“多样性没有必然性就不能成立”，“可以用更少事物的假设的解释的东西不能被更多事物的假设所解释”。“实体不应该在没有必然性时被多样化”(Entia non sunt multiplicanda sine necessitate)。奥卡姆在这里强调的是“充足理由”律对形而上学的知识论和方法论意义。⑤所有真实的并且不同于上帝的事物，它的存在视情况而定。奥卡姆的这种形而上学立场，很容易让人想起20世纪维特根斯坦在《逻辑哲学论》中所阐述的可能事实本体论。事实上，奥卡姆正是用可能世界中的事实的概念来取代中世纪哲学中一般接受的现实存在的事实观念，这一概念的转变为近代以来的理性主义和科学兴起的思潮奠定了逻辑上的基础。

有学者认为，从以上对奥卡姆的形而上学的讨论中，我们可以得到两个要点：第一个是对于共相存在的拒斥，这是他的唯名论立场。第二个要点是本体论最小化原则，即“奥卡姆剃刀”，两个要点之间是互相独立的。拒斥共相存在，不一定要在本体论上严格意义上控制存在实体的数量。这两个要点之间表面上看起来是互不相干的，但是如果我们将第二个要点看作是奥卡姆哲学的用意所在的话，那么我们就可以看到，对于共相的拒斥以及极端唯名论并不是奥卡姆哲学的终点，排除掉多余的实体，才能保证本体论上的可靠性。

（四）直觉知识——一切知识来源于经验

对奥卡姆来说，科学是关于普遍命题的学问，而演绎性的论证是严格意义上的科学理性。但是这并不意味着奥卡姆认为科学知识是天赋原则或观念的先天发展，正相反，直觉知识是首要的和基本的。比如，如果我们思考整体比部分更重要这个命题，只有当我们认识到这些词项的意义的时候，我们才能知道它的真值，没有经验成分地融入，我们没办法确切地说明这个命题，也没法理解词项的意义。而且任何一种将一个属性归于一个主体的描述，都需要我们凭借经验或直觉知识知道有这样一个主体。如果我们想要描述一个人的特性，那么就假设了关于人的直觉知识，直觉的知识是一切其他类型的知识的先决条件。因而，我们也不可能对于上帝有着一种科学知识，因为我们没有关于上帝的直觉，奥卡姆的认识论可以用一句话来总结：一切的知识基于经验。

那么在奥卡姆看来，什么是直觉知识（Intuitive Knowledge，Notitia Intuitiva）呢？“直觉知识是人可以无论事物存在与否而知道的知识，如果它存在，那么认识者立即判断出它的存在，并且做出它存在的结论，除非它偶然地在那种知识中被不完善所阻碍。”比如，如果苏格拉底真的是白色的，能够很明显地通过知道苏格拉底和白色而得知苏格拉底是白色的，那么这种知识就是直觉知识，直觉知识是由对存在的事物的当下感知和领会造成的。

很明显，奥卡姆在这里并不只是指的感觉，他在讨论的是对于个体事物的理智直觉，这种直觉并不仅限于可感知的物质事物，而是所有可被认识的事物，通过我们的直觉性的认识行动，而造成的命题化的理解。由于直觉知识先于抽象知识，奥卡姆认为，感觉—感知与内省是我们关于实在的知识的两个源泉，在这个意义上，奥卡姆比其他支持先天内在知识的中世纪哲学家们更加

“经验主义”。

奥卡姆同时认为上帝能够给我们带来并不存在的事物的直觉。那么，如何平衡两种意义上的直觉呢？这明显与他对于直觉知识不同于抽象知识的定义相反。我们可以从以下几个方面来理解这一点：第一，如果对星星的直觉一般情况下很自然地由星星的出现而导致，那么这只是上帝的次因的结果，而上帝也可以直接以第一因的方式给予我们这种直觉，而这是与次因的方式不矛盾的。第二，这种方式是如何可能的呢？上帝不能在当星星不存在时给予我们星星存在的知识，那么奥卡姆认为，上帝实际上通过造成某物实际存在的心理和生理条件的意义上造成实际存在的影响。比如，上帝可以不给予我们一个白色物体的实际视觉，而是给予我们所有可以看到一个白色物体的心理—物理条件，使得我们能够认识到它。第三，以上这一点表面上看起来是令人困惑不解的，因为我们会问，是否这种知识还能称得上是直觉知识，奥卡姆的说法实际上并不意味着上帝造成的是直觉知识，因为这种知识显然不是明显的。奥卡姆举了一个例子，“一个怪物可以被直觉的知道是一个矛盾”，但是“只要能够造成影响，或有时候能成为一个事实，那么在外在于灵魂的实在中不能被看到就不是一个矛盾”。如果上帝消灭了所有的星星，他依然可以造成看到星星的影响，就仿佛上帝可以制造一个在未来发生的视觉印象。但是实际存在的被直觉认识到的事物，不也可能是上帝制造出来欺骗我们的吗？奥卡姆认为，区分对象性的证据与心理状态是重要的，拥有后者不能等同于拥有前者。第四，上帝不是一个以事实或事物起作用的方式来作用于世界的，奥卡姆认为上帝以他的全能作用于世界。上帝的全能不是被证明的，而是靠信念得到的。如果我们从证据的角度出发，就会认为上帝造成不存在的东西的知识是矛盾的。这显示出奥卡姆作为神学家的特点，以及融合哲学思辨与启示信仰两者的目标。也显示出认识论的基本问题，即作为认识的行为与被认识的对象之间的分裂。在二十世纪哲学中，以"盖梯尔"问题出现的难题，在奥卡姆哲学中也出现了，而他用上帝的存在来填补两者之间的间隙也是中世纪哲学的一般倾向。

在讨论了奥卡姆的认识论一般想法后，我们可以继续在上文中提到过的关于共相问题的讨论。对于奥卡姆来说，共相不是外在于心灵的实体，因为任何外在于心灵的事物都是殊相。在奥卡姆对《箴言四书》的评注中，他否认了上文中提到的四种实在论理论后，提出了两种可能的理论，第一种理论认为共相是表象真实的或想象出来的存在的心灵对象（Ficta），是一种"模型"（Model），共相并不具有主体性的存在，而是处于主体之中的具有客体性存在的被觉知对象，也就是被知道（Known）的对象。这是如何成立的呢？奥卡姆认为我们可以在知觉到外在于心灵的事物的时候，在心灵中构建一个最大化的类似于外物的事物，因而我们拥有了两件非常相似的事物。奥卡姆用一个比喻来说明这一点：当我们看见一匹马后，一个人可以在心中构建出一匹马，这匹马非常类似于他看到的那一匹，但是在数字次序上就不同于第一匹马，在这个人心中出现的这匹马就成了其他马的一个模型，同样，奥卡姆认为共相就是由抽象构成的模型，我们用它来指代外在于心灵的个别事物。由于共相与外在于心灵的事物的最大化的相似性，因而我们可以用它来代表那些东西。[①]奥卡姆认为这样思考的好处在于，没有任何一个殊相不能被落入共相之内，同时，也可以很好地适用于谓词理论，以及它很好地解释了概念形成的过程，即解释了概念的任意性。

奥卡姆认为这种理论依然有问题：首先是对于认识的被动性的忽视，因为很多概念不是我们主动形成的。其次是会导致无穷后退，无法解释概念的形成。最后，这玷污了奥卡姆剃刀，提出了一种新的实体。在否认了这种被称为个人行为理论（Fictum-theory）的学说后，奥卡姆提出了智识理论（ Intellectio-theory），这种理论认为共相是一种理智行为，我们用一般化的特征来觉知事物中已经或多或少包含着的一般化特征。因而可以避免格言理论的一些不足。这种观点允许本体论上所有的共相都具有质的属性。而且能够避免共相的偶然性，从而防止一件事情在多种不同范畴中被发现。奥卡姆虽然区分符号学和本体论的特征，共相是心灵的特质，但是这并不意味着偶然的自然符号，而是具有客观性的特质。奥卡姆通过一种本体论上的对于特性的设定，避免了一系列由于第一人称视角而导致的怀疑论的认识论困境，捍卫了知识的客观性。

（五）“专制主义”——上帝制定道德戒律

奥卡姆批评传统论证上帝存在的许多学说，他认为其中包含着许多心理学错误，我们能够经验到理解和意图行为，但是我们却没有理由将这些归于非物质的形式或灵魂，然而我们可以有足

① Ordinatio, I d. 2 q. 8, 1970, pp. 271-272.

够的理由将这些行为归于肉体。非物质的不朽的上帝是不能被经验和观察所触及的，因为即使我们能够证明理解和意图行为是非物质的实体行为所造成的，也不能认为这个实体是身体的形式，因而论证宣告失败。如果不能用哲学理性和经验证明非物质和不朽的灵魂的存在，就无法证明这些灵魂是上帝创造的。奥卡姆不是说，我们不拥有不朽的灵魂。他讨论的是我们不能证明我们拥有不朽的灵魂，我们只能通过启示的真理来显示不朽的灵魂。

虽然奥卡姆同意非物质的与不朽的灵魂的存在，他并不打算承认这些形式是被直接给予我们的。他认为我们应该假设除了认识和思考中的灵魂之外还有一个“感知形式”（Sensitive Form），在人和动物身上都只有一个感知形式，感知形式随着肉体的死亡而消失，感知形式的不同部分的作用是能够使得人类躯体的不同部分更完善。例如，使得视力更完善的部分给予视力以能力，使得听觉更完善的部分使听力更完善。这与我们会失去某种能力的例子不同，因为奥卡姆认为，按照奥卡姆剃刀的经济原则，我们不需要假设对应于感官的不同的感知形式，唯一的感知形式能够贯穿所有的感觉器官。尽管在感觉形式与理智灵魂之间的关系上，奥卡姆在著述中有不一致的地方，但是他一直承认在人身上有三种不同的形式：理智灵魂、感知灵魂和肉体灵魂。承认肉体灵魂的形式存在是奥卡姆对弗兰西斯修会传统的继承，即能够解释基督死去的躯体与他活着的躯体的同一性。由于肉体形式的存在，并且由于理智灵魂不如感知灵魂具有直接性和优先性，奥卡姆继续对阿奎那的逻辑理性优先说进行批驳。而且虽然他认为人是具有复数性的多种形式，他并不因而认为人不是统一体，同时并不拒斥理智灵魂是身体的形式，虽然他认为这一点是不能被哲学所证明的。

同一性问题对奥卡姆来说始终是重要的问题。当讨论感知灵魂与理智灵魂是否具有同一性时，奥卡姆认为虽然基督的感知灵魂总是与神同一，但在基督的死亡与复活时依然保留着。但是在这一过程中，感知灵魂与身体还是与理智灵魂在一起，只有上帝才知道。如果感知灵魂与理性形式及身体形式分离，那么很难说人的统一体还能保留。绝大多数中世纪哲学家都承认理性灵魂与身体灵魂是互相区分的，但是很少有人会认同区分感性形式与理性形式。因为区分理性灵魂与身体灵魂并没有伤害到人的统一性，然而如果区分感性和理性灵魂，那么似乎人的同一性就遇到了障碍。奥卡姆由于经济原则否认了斯各脱的形式区分，但是他又支持了感性与理性灵魂的区分，并认为这是一种真正的区分，原因是他的“经验主义”原则，诉诸经验的话，我们可以清楚的区分理性、感知和肉体。而斯各脱的形式区分更多地受到柏拉图而不是亚里士多德的影响。

虽然奥卡姆断言形式的复数性，他不会承认一个形式中具有实质性的区分，在感知灵魂、理性灵魂中不能具有复数性。他举理性灵魂作为例子，理性灵魂造成行动，但是无论是理智能力还是功能，都并没有指示出理性灵魂的本质，理性灵魂是完整的，不能区分成各个能力或功能，它们在行动中是一致的，同一的理性灵魂造成不同的行动。虽然主动的理智不同于被动的理智，但是在同一的理智中不需要主动行为和被动行为的参与。

在断言了形式的复数性之后，奥卡姆始终遇到的一个问题就是人的同一性的问题，但是在对于《箴言四书》的评论中，奥卡姆依然坚定地认为人格（Person）是一个理智的完整的本质，人（The Human Person）是人（Man）的总和的存在，而不仅仅是在阿奎那意义上的理性存在者，是人的全部构成了人，而不仅仅是理性形式。

我们在这里可以看到，经验主义与理性主义色彩的哲学始终会遇到不同的困境，如同理性主义哲学始终能够维持理智和人格的同一性，经验主义始终面临这样一个用经验的“多”如何与主体的“一”联络的问题。一种方式是按照休谟的路径，直接否定掉人格同一性，另外一条进向就是如奥卡姆所做的，坚持用语义分析的方式维持人格同一性，如同洛克用自我意识来定义人格。奥卡姆的方式是通过思维的经济原则，以不再设立新的实体的方式来阻止否认自我同一性的进向的可能性。虽然我们有三种不同的（distinct）灵魂形式：理智、感知和肉体，但是我们没有必要因此设定在背后有复数的人格。

奥卡姆认为：人作为理性存在者，一个首要的特征是自由，自由是一种“靠它我们可以毫不疑虑地并据此以我能或不能造成影响的方式造成影响，而不关心这种力量的得来”的能力。拥有这种力量不能由先天的理性得来，而是由经验得出，通过每一个人经验到的他的理性能够控制他意图的某物，或不能意图它的程度的经验而得出。而且，我们赞赏或者归罪某人的事实，以及我们对行为的责任的归因，体现出我们将自由存在的事实。奥卡姆认为，意志能够意欲或者不意欲幸福，它并不必然地意欲它。因为只有上帝才能排除掉所有的恐惧与不安，而人则不可能做到，人只能意欲带有恐惧与不安的事物，而且神圣的本质的慰藉不可能用哲学的方式证明，只能通过信仰达到，而且我们并不必然信仰上帝，我们有自由意志来选择是否相信上帝的荣光。因为人可能相信完美的幸福对人们来说是不存在的，对我们来说唯一可能的条件是发现我们自己，但是人如果相信完美的幸福是不可能的，它能控制意志让它不要意欲不可能的，以及与实在不融贯的东西。在这个例子中，意志也可以不意欲理智告诉它不应该意欲的东西。因而，理智的判断在涉及信仰这类问题的时候，是完全错误的。意志并不必然遵守理性的判断，但是它可以遵守理性的判断。这一点上，奥卡姆依然是追随着弗兰西斯修会哲学的传统。奥卡姆认为，如果意志是自由的决定是否意欲幸福的，它不可能成为一种计算最终末日与行为的善好之间关系的计较。在承认意志绝对自由的前提下，奥卡姆承认在意志中有习惯和感官的欲望的存在，但是自由意志又不同于习惯和感官的欲望。

一个被创造出来的自由意识受到道德责任的制约。上帝则不可能有任何责任制约，但是人完全仰仗于上帝，在人的自由行为中他对于上帝的这种仰仗表达其自身为一种道德责任。他在道德上被要求去意欲上帝要他意欲的和不去意欲上帝不让他去意欲的。道德命令的本体论基础是人对于上帝的仰仗（Dependence），即作为上帝的造物，道德律令的内容是来自于上帝的置入。善就是履行上帝给人设立的道德责任，恶就是人去做与道德律令相反的事情。个人对于道德的概念连接着奥卡姆对于上帝万能和自由的坚持。由于消除了任何来自于人的关于上帝的概念，奥卡姆也就消除了任何本质上不可改变的自然和道德法则，在阿奎那看来，人的存在来自于上帝的自由选择，但是上帝无法创造出我们称之为人的存在，并且给予他们不考虑内容的戒律。戒律与人的存在一同被给出来，善的行为被允许因为它是善的，而恶的行为被禁止因为它是恶的，而不是因为它们被禁止才是恶的。对于奥卡姆来说，神圣的意志就是道德的规范。道德律的基础在于上帝的选择，而不是神圣的本质。上帝可以做任何事情，命令任何事情，只要不包含逻辑矛盾，因此在爱上帝和爱一个邻人之间没有上帝禁止的意义上的矛盾，除了上帝禁止爱邻人以外。同理，我们拒绝爱上帝这种不可能性不是一种逻辑上的不可能性，而是一种伦理学上的不可能性。由于这种对于戒律的内容的确定性的规范性态度，奥卡姆的这种伦理学观点被后世学者称之为“专制主义的”（Authoritarian）道德理论。

（六）与教廷论战——为世俗世界争取地位

公元1328年，奥卡姆和弗兰西斯修会的一些主要成员开始认为教皇约翰二十二世是异教徒，并非真正的教皇。从那时候起，直到公元1347年去世，奥卡姆几乎没有再写作任何关于逻辑、自然哲学的作品，而是把所有的精力投入到政治写作上，控诉教皇与他的继承者们，如本尼迪克特十二世、克莱门特五世等的不义。这场旷日持久的笔战，始于教皇约翰二十二世对于弗兰西斯修会关于贫困的观点的攻击。在我们今天，即使是基督徒，也不会认为贫困有任何神圣性。上帝赐予我们智慧，让我们自给自足，获取金钱和财产，以及权利来为值得的目的服务。然而在《新约圣经》里，许多章节却似乎将贫困与不节约神圣化了。耶稣本人很穷，他说：“狐狸有洞，而鸟儿有天空和巢穴，但人之子无处容身。”他称赞贫穷：“如果你将是完美的，去吧，卖掉你的财产，分给穷人，你将在天堂中拥有财富。来吧，跟随我。”他反对关心未来：“看着天空中的鸟儿，他们既不耕种，也不收割，或者将粮食收入谷仓中，但是你们的圣父喂养它们。你难道不比它们更有价值吗？因而，我告诉你，不要焦虑你的生活，你将吃什么或喝什么，你的身体将穿什么，你的圣父知道你需要的东西，先寻求他的国和正义，这些东西将会是你的，因而，不再担忧明天。”依靠这种资源的贫困，基督徒们可以使得自己卑微并赎罪，以及获得超过世间价值的精神超越性，从而从世间的关注中解脱，服务上帝。对于弗兰西斯修会来说，贫困是他们识别是否对信徒进行布道的方式之一。

在公元1322年和公元1323年，教皇约翰二十二世发布了他的告示：以后，不再承认弗兰西斯修会的任何被给予事物的所有权。这实际上摧毁了作为一个组织不具有财产的宣言。教皇可以拥有弗兰西斯修会永久使用的东西的观点，与罗马法中拥有权与使用权不能永远分离的律条相违背，弗兰西斯修会从而是永久贫困的。因为例如像食物这样的东西，使用与拥有是不可能有任何分离的。在罗马法的意义上，“使用”是不包含毁灭其实存的使用权利，具有消耗和毁灭的权利就是具有所有权。在公元1328年，奥卡姆仔细研究了教皇的这些公告，他发现了其中的错误和荒谬，并决定与教皇决裂，逃离阿维农。

虽然奥卡姆的主要目的是反对教皇的公告并指出其错误，但是他始终是以一种哲学的方式来进行的，即通过缜密和仔细的理性来推进问题。例如，我们很难在奥卡姆的论述中找到他的观点，因为他以一种更加自制而且非个人的方式来进行一个重要问题的讨论。奥卡姆首先指出，人具有贫困的自然权利，上帝给人力量，让人在恰当的理性的指引下处理世间的事物，因为恰当的理性显示出，对于暂时性的事物的人格式占有是必然的。因而，贫困是一项自然权利，被上帝所意欲，而且在任何人都不能以世间的力量来摧毁它的意义上是不可违背的。国家拥有管理个人的财产的权利，使得财产在社会中流动，但是它无法在违背他们意志的情况下剥夺他们的权利。奥卡姆并非否认犯罪可以剥夺一个人的财产权利，但是贫困的权利是一种并不基于社会的正面约定而确立其本质的权利，只有一个人自己才能够剥夺自己的这项权利。

奥卡姆认为这项权利是一项立法权力（Potestaslicita），遵从着恰当的理性，同时他区分立法权力与基于人类约定的权力，前者比后者更优先。因为恰当的理性指引着在道德堕落的状况下，人类得救的方式。因为作为一个人，被允许具有自己的财产并且使用它，避免他人强取，这是人具有私人财产的自然权利。但是并非所有的自然权利都属于同一种类，例如，有的自然权利在相反的约定被做出之前，是可行的。比如，第一类自然权利是罗马人具有选举自己的主教的权利，这取决于他们拥有一位主教的责任。第二类自然权利是在人类堕落之前获得的，是一种曾经存在的完美，而现在已经不再存在，它的条件是人类的完美状态。第三类自然权利是道德戒律中的永恒权利，财产所有权是其中一种。但是在第三类自然权利中，有一些具有永恒性，没有人想要谴责这些自然权利。因为谴责它们等同于对抗道德法则。例如，人们有保存他们自己的责任，如果他们饿死自己，就违反了道德法则。但是如果他们被要求去保存他们的生命，他就有一种权利这样做。但是私有财产的权利不是这一种。事实上，有一条戒律告诉人们暂时性的事物应该被人所分配和占有；但是并非每一个个体的私有财产的权利都应该得到满足。而且，人可以谴责所有的对于财产的占有。奥卡姆的主要观点是，这样的谴责必须是自愿的，如果它是自愿的，那么它就具有了立法性。

教皇约翰二十二世坚持认为，使用暂时性的食物与拥有使用它们的权利之间的区分不是真实的。因而，弗兰西斯修会被给予使用，例如食物和衣服这样的暂时性事物，那么他们必须拥有使用它们的权利。梵蒂冈教廷拥有任何东西，弗兰西斯修会不能拥有任何权利。这样一个回应使得谴责拥有权被剥夺而拥有使用权的想法。弗兰西斯修会弃绝所有的财产权利，甚至是使用的权利。他们并非如同没有一片土地的农民，可以使用土地和享受果实，而是仅仅享有一项“不稳定的”（Precarious）对于暂时性事物的权利。奥卡姆认为，我们必须区分拥有使用暂时性事物，但没有作用于它的质料（Substance）的权利与仅仅来自于他人允许的可以被推翻的权利。教皇说弗兰西斯修会在不拥有第一种权利的时候不能使用食物，但是这是错误的，奥卡姆认为，弗兰西斯教会不具有第一种权利，而是只拥有第二种权利，仅仅被获准使用事物并不意味着权利，因为这种获准是可以被推翻的。奥卡姆认为，教会贫困（Evangelical Poverty）是真实的，他举出基督和信徒的例子，他们都不具有任何暂时性的事物作为财产。

关于教会贫困的争论使得奥卡姆建立一个关于权利的理论和

对于财产权利的特殊理论。他的主要观点是私有财产的权利是一项自然权利，但是也是一项人可以自愿地弃绝的权利，这一弃绝甚至包含着使用的权利。奥卡姆的这一理论的主要意图所在是自然权利的合法性先于人类约定，特别是自然权利基于神圣意志这一点上，同时自然法与神圣意志是一致的，上帝可以免除自然法，或与自然法相违背，无论当前道德秩序是否被建立。

奥卡姆不仅参与了教会贫困的争论，而且还参与了关于教廷与国家之间的争论。公元 1323 年，教皇约翰二十二世试图干扰帝国选举，他认为教廷的任命是必需的。当巴伐利亚的路德维希皇帝当选的时候，教皇否定这次选举。但是公元 1328 年路德维希在罗马自己授予自己王冠，并任命了新的教皇。教皇与皇帝之间的这场争执在教皇约翰二十二世死后就一直持续，直到公元 1349 年奥卡姆去世。

争论的要点在于，国家与皇帝之于梵蒂冈教廷的独立性，首先就是皇帝的任命需不需要教廷的同意。在这场争执中，奥卡姆首先作出了一个区分，即精神性与暂时的力量之间的区分，这并不是一个革命式的区分。他认为教廷的权力在于精神领域，而不是世俗权威的来源，皇帝任命并不需要教廷的认可。皇帝所获得的权威，不是来自于教皇，而是来自于选举。毫无疑问，奥卡姆将政治权力看作是上帝通过人民（People）给予的，或者通过人民的直接选举，或者通过间接的人民的同意，以及其他方式。国家需要一个政府，人民不能避免地需要一个皇帝或者行政官，但是这种权威不是来自于任何精神性的权威。奥卡姆不承认教皇对于暂时性事务的更高权力。

但是如同我们知道的，奥卡姆支持暂时性的王权与教廷之间的互相独立，但是他也没有拒绝教廷的暂时性权力对于政治绝对主义的支持。人在拥有自由的权利的意义上生而自由，同时，虽然权威的原则就像私有财产的原则一样，从属于自然法，人们也拥有一个选择管理者的权利。选择一个管理者和传递权威的方法基于自然法，并且很明显，并不是每一个接任者都必须被选出，但是选择和任命暂时性权威的自由是没有人能够剥夺的。共同体可以基于自由意志，建立一种君主立宪制度，但是在这种情况下它自愿地使自己服从于君主和立法者，如果君主背叛了信任，共同体可以否弃他来肯定自己的自由。除了共同体自身的选择和同意，没有人应该位于其上。每一个民族和国家都被允诺选择它所意愿的领导人，教廷没有任何责任和权力任命这一领导人。

奥卡姆提到的以上两点，即暂时性权力的独立性和人民选择政府的自由，并不是神话，这两把剑表现出了中世纪的一般世界观。当奥卡姆对抗教皇、反抗教权的时候，他只是表达了中世纪思想家们对于精神性的与暂时性的领域必须被严格区分的共同呼声。中世纪神学家和哲学家们相信，自然权利在某些意义上将会拒斥王权和任何不加限制的权力；他们相信法律和习俗，不喜欢任何权威，任何管理者必须处于法律的框架下。

然而，即使奥卡姆坚持精神性与暂时性权力的区分在当时并不是一种革命性的创见，但是如果当作表达了抽象的原则的话，这起码在表达方式上是革命性的。从历史发展的进程来看，即使是在精神性的权力层面，国家与教廷之间也朝着互相独立的方向发展，特别是两种力量之间的平衡慢慢随着政治意识的出现而偏斜。奥卡姆对西方中世纪政治思想的主要贡献就在于，开始认为教廷或教皇的权威是不正义的，应该得到限制。他认为合适的限制这一权威的方式是建立大法庭，各个宗教团体选择代表，共同制衡教廷的权力。但是他并不拒斥教皇和其继承者的神圣地位，也并不想推翻教廷的管理机构，而是力图将其放在一定的制衡下来运行。毫无疑问，这种想法即使在当时，也是异端的，但是从长远来看，奥卡姆的思想却影响深远，为基督教的世俗化运动提出了宝贵的见解。

三、主要影响

（一）对社会历史的影响

奥卡姆去世后，他的思想被广为流传，一场名为“奥卡姆运动”（Ockhamist Movement）的潮流兴起，他作为十四世纪现代思想的先驱，影响了整个西方社会，他的经验主义和反抗教权思想，促使人们开始将目光从天上转向地下，关注世俗社会的发展，这为文艺复兴埋下了伏笔。

（二）对学术研究的影响

奥卡姆的唯名论思想和剃刀原则对近代认识论影响很大，通过怀疑建立起科学认识的基础也是近代科学世界观的一般方式，这与中世纪形成的通过神的目光以信仰的方式认识世界的方式截然不同。奥卡姆作为一位现代意义上的思想家，他的思想对近代科学的兴起产生着启发性的作用。

（三）对世俗哲学的影响

奥卡姆剃刀原则被应用到多个领域，如今包括经济学、心理学等社会科学都积极地借鉴这一原则，虽然有些情况下误解了剃刀原则的原义，但是思维的经济原则却得到了非常广泛的传播，这对于世俗社会中普通人形成良好的思维习惯是有益的。

四、启示

（一）对理智生活的启示

柏拉图的理念说的问题就在于，虽然它能够为先天认识提供形而上学的基础，但是始终不能解决的是两个世界之间的关系问题，这也导致了中世纪前期信仰与理性之间关系的问题的争执。虽然很难说经验主义和唯名论就能够从相反的方向成功地解决这一难题，但是始终，思维的经济原则作为理智生活的一种治疗型思维方法，是对于我们摆脱一些不必要的存在假定，更加现实和理智地思考问题是有益的。

（二）对道德生活的启示

奥卡姆的后半生一直处于与教廷的论战之中，这些论战并非简单的谴责和对抗，而是一种深入的哲学讨论，通过一般性问题的处理来探讨特殊的问题的处理，例如对教廷和世俗政权的关系问题、教会贫困问题等进行辩难，奥卡姆不屈从教廷的威权，而是独立地深入地对问题进行思考，并捍卫自己得出的结论。这种对学术研究和真理的热忱和忠诚，已经成了对学者的一项基本的道德要求。

（三）对社会生活的启示

作为一名哲学家，奥卡姆的生活可以算是平淡的，他的一生精彩之处都是在学术研究与学术争论中。在思想的世界里追求自己生活的真正意义，这与古往今来的圣贤是一致的。这也启示我们，作为一个卓越的人，应该找到自己所追求的人生意义和价值的着力之处，从而成就自己，不要人云亦云，而要发掘自己，以独立的人格来面对广阔的生活世界，成就卓越的人生轨迹。

五、术语解读与语篇精粹

（一）词项（Term）

1. 术语解读

奥卡姆是一个极端的唯名论者，他认为共相并非作为实体的存在，只在人的心灵世界（Spiritual World）作为概念（Concept）存在。把概念作为共相的本质，这其实是作为概念主义的唯名论。

要了解奥卡姆所说的概念的含义，首先要知道他将语言分为三类：文字语言（Written Language）、口头语言（Spoken Language）和心灵语言（Mental Language）。而心灵语言优先于前两种，并且是前两种语言的意义来源，而心灵语言将概念作为其表达形式。概念是人们的心灵世界对于客观存在的个别事物的知觉经验所形成的认识。

在语言的角度上，概念在第一性和自然的方式上指代某事物，然后才会形成口头语言和文字语言来指代该事物。当人们看到具体的个别事物后，比如马，人们就会对马的一般化特征进行总结，并在心中形成一个对于马的概念，这便是马在人心灵中的共相。而“马”这一概念，则形成了对这一具体事物的第一指称，通过“马”这一在文字或口头语言的词项，则是对它的第二指称。在传统逻辑里，词项就是直言命题的主项和谓项；能作为命题的主项和谓项的，就叫作概念。

2. 语篇精粹

语篇精粹 A

There are three sorts of terms—written, spoken and conceptual. The written term is a part of a proposition which has been inscribed on something material and is capable of being seen by the bodily eye. The spoken term is a part of a proposition which has been uttered aloud and is capable of being heard with the bodily ear. The conceptual term is an intention or impression of the soul which signifies or consignifies something naturally and is capable of being a part of mental proposition and of suppositing in such a proposition for the thing it signifies. Thus, these conceptual terms and the propositions composed of them are the mental words which, according to St. Augustine in chapter 15 of *De Trinitate*, belong to no language. They reside in the intellect alone and are incapable of being uttered aloud, although the spoken words which are subordinated to them as signs are uttered aloud. [①]

译文参考 A

有三种词项：书面的、口语的和心灵的。书面词项是写在某种物质材料上的命题的一部分，并且能够被肉眼所看到。口语的词项是口说出来的命题的一部分，能够被耳朵所听见。心灵的词项是心灵的意向或者印象，它天然地谓述或者不谓述某种东西，并且能够成为心灵的一部分，在心灵命题中指代词项所意味的东西。因而，心灵的词项和它们构成的命题就是圣奥古斯丁在《三位一体》十五章中提到心灵的词句，不属于任何一种语言。它们存在于心灵中，虽然属于它们的口头的语言是用口说出的，它们并不能被用口说出。

语篇精粹 B

The word "term" has three senses. In one sense a term is anything which can be the copula or the extreme (i. e. , subject or predicate) of a categorical proposition or some determination of the verb or extreme. In this sense even a proposition can be a term since it can be a part of a proposition. The following, for example, is true: "'Man is an animal' is a true proposition". Here, the whole proposition, "Man is an animal", is the subject and "true proposition", the predicate. In another sense "term" is used in contrast with "proposition", so that every simple expression is called a term. In a third and still narrower sense "term" is used to mean that which, when

① William of Ockham, *Ockham's Theory of Terms: Part I of the Summa Logicae*, Trans., Michael J. Loux, University of Notre Dame Press, 1974, p. 49.

taken significatively, is able to be the subject or the predicate of a proposition. Using the expression in this sense it is incorrect to call verbs, conjunctions, adverbs, prepositions, and interjections terms. Even many names are not terms in this sense. Syncategorematic names are the case in point. Although they be the extremes of a proposition when construed materially or simply, they cannot be when construed significatively. Thus, the sentence "'Reads' is a verb" is well formed and true if "reads" is construed materially; however, if we were to take the expression significatively, the proposition would make no sense.①

译文参考 B

“词项”这个词有三层意思。第一层意思，一个词项是指任何可以成为直言命题连项或者端项（也就是主项或者谓项）的事物，或者指某些指明动词或者端项的事物。在这层意义上，甚至一个命题都可以是词项，因为命题也可以是命题的一部分。例如，下面的情况就适用，“‘人是动物’是一个真命题”。在这里，整个命题，“人是动物”是主项，“真命题”是谓项。第二层意思，“词项”用于和“命题”相对应，所以每个简洁的表达都被叫做词项。第三层也是比较狭窄的意义上，“词项”用来指那些使用其意义时被用来做命题的主项或者谓项的东西。在这层意义上使用“词项”的话，把动词、连词、副词、介词和感叹词叫作“词项”是不对的。甚至很多名词都不是这种意义下的词项。助范畴

① William of Ockham, *Ockham's Theory of Terms: Part I of the Summa Logicae*, Trans., Michael J. Loux, University of Notre Dame Press, 1974, p. 51.

的名词就是这种情况。虽然当它们被实质性或者简单地解释时，可以做一个命题的端项，但是它们在含义上被解释时，它们不可做端项。因此“‘阅读’是一个动词”这个句子是合适的而且如果“阅读”做实质上的解释，它也是真的。然而，如果我们从含义上解释，这个命题就没有意义。

语篇精粹 C

In this third sense of “term” not only can one simple expression be a term, but even an expression composed of two simple expressions can be a term. Thus, the combination of an adjective and a noun and even the combination of a participle and an adverb or a preposition and its object can yield an expression that is in this sense correctly called a term, for a compound expression formed in one of these ways can be the subject or the predicate of a proposition. In the proposition “Every white man is man”, neither “man” nor “white” is the subject; rather, the compound of the two, “white man”, is the subject. The same holds in the case of the proposition “The one running quickly is man”; neither “the one running” not “quickly” is the subject; it is the compound expression “the one running quickly” that serves as subject. Nor is it only a name in the nominative case that can be a term. Even in one of the oblique cases a name can be a term, for in those cases a name can be the subject or predicate of a proposition. Still, in an oblique case a name cannot be the subject with respect to just any verb. Thus, the Latin sentence “Hominis videt asinum” is not well formed, although “Hominis est asinus” is. But the question of which verbs can and cannot take an oblique case as subject is one that belongs to grammar, the role of which is to deal with constructions of words. ①

译文参考 C

在“词项”的第三层意思中，不仅单一的表达可以是词项，甚至由两个单一表达复合成的表达也可以是词项。因此，一个名词和一个形容词的组合，甚至一个副词和一个分词的组合，或是一个介词和它的宾语的组合，在这层意思上被叫作词项都是对的。因为这些方式形成的复合表达都可以做命题的主项或者谓项。在“每个白人都是人”这一命题中，“人”和“白”都不是主项，两者的复合“白人”才是主项。对“那个跑得快的人是人”这个命题也适用；“那个跑的人”和“快”都不是主项，两者的复合“那个跑得快的人”才是主项。也不仅仅主格下的名称才可以是词项，甚至间接格下的名称也可以是主项，因为某些间接格的名称也可以做命题的主项或者谓项。然而，间接格下的名称并非可以做任何动词的主项。因此，拉丁句子“人是驴”是不对的，“人看驴”是对的。但是哪些动词可以使间接格的名称做自己的主项是一个语法问题，而语法的作用就是解决语句的结构问题。

（二）共相（Universal）

1. 术语解读

共相和殊相的关系问题开始于柏拉图和亚里士多德对于共相

① William of Ockham, *Ockham's Theory of Terms*: *Part I of the Summa Logicae*, Trans., Michael J. Loux, University of Notre Dame Press, 1974, p. 51.

的不同看法。唯名论与实在论并不代表这一问题的全部立场，这两个立场还有许多变种，还有一些立场是介于两者之间的。[①]后来的很多哲学家都对此提出过自己的理论，其中一些人认为共相仅仅是个别事物的名称，被称为极端唯名论者，如斯各脱、奥卡姆；一些人认为共相作为个别事物的共性，存在于人的思想中，被称为温和唯名论者，如阿伯拉尔。与之对应的，有极端实在论者，认为共相作为实体，先于个别事物存在，如安瑟尔谟；温和实在论者，认为共相作为实体存在，但存在于个别事物中，如托马斯·阿奎那。

唯名论作为一个反实在论（Anti-realism）的思想派别，形成于中世纪。在其不断地发展过程中，唯名论主要有两个含义。一个是否认共相（Universal）作为实体（Entity）存在，认为共相不能脱离殊相（Particular），即个别事物；另一个是否认抽象客体（Abstract Object）能够脱离时空存在。这两个含义有一定的联系，不过是相互独立的。一个哲学家可以否认共相的实在，但承认抽象客体的实在，这种情况下，他只在第一个含义上是唯名论者。

2. 语篇精粹

语篇精粹 A

Therefore, it ought to be said that every universal is one particular thing and that is not a universal except in its signification, in its signifying many things. This is what Avicenna means to say in his

① ［挪］G. 希尔贝克、N. 伊耶：《西方哲学史：从古希腊到二十世纪》，童世骏等译，上海译文参考出版社，2004 年，第 102 页。

commentary on the fifth book of the *Metaphysics*. He says, "One form in the intellect is related to many things, and in this respect it is a universal; for it is an intention of the intellect which has an invariant relationship to anything you choose." He then continues, "Although this form is universal in its relationship to individuals, it is a particular in its relationship to the particular soul in which it resides; for it is just one form among many in the intellect." He means to say that a universal is an intention of a particular soul. Insofar as it can be predicated of many things not for itself but for these many, it is said to be a universal; but insofar as it is a particular form actually existing in the intellect, it is said to be a particular. Thus "particular" is predicated of a universal in the first sense but not in the second. ①

译文参考 A

所以，应该说每个共相都是殊相，而且除了在每一个共相的意义上，即它能够指代多个事物时，它都不是共相。这就是阿维森纳在他对《形而上学》第五卷的评论中所要表达的意思。他说："思想中一个概念能联系到多个具体事物，在这个意义上，它是一个共相。因为它在思想中，这种念头与你选定的任何具体事物都有一种不变的关系。"然后他继续说："虽然这种概念在它与具体事物的关系上是共相，但它与共相本身所属的特定的心灵的关系上是一个殊相；因为它仅仅是一个人思想中众多概念中的一个。"他的意思是说共相是每个个体的心灵的一种意向。只要

① William of Ockham, *Ockham's Theory of Terms: Part I of the Summa Logicae*, Trans., Michael J. Loux, University of Notre Dame Press, 1974, p. 78.

它表示多个事物，不是它表达它自身，而是表示这些事物时，它就被认为是“共相”；但是只要它作为存在于思想中的一种特定的概念时，它就是殊相。因此，每个共相在第一层意义上而不是在第二层意义上可以被表述为“殊相”。

语篇精粹 B

No universal is a particular substance, numerically one; for if this were the case, then it would follow that Socrates is a universal; for there is no good reason why one substance should be a universal rather than another. Therefore no particular substance is a universal; every substance is numerically one and a particular. For every substance is either one thing and not many or it is many things. Now, if a substance is one thing and not many, then it is numerically one; for that is what we mean by "numerically one". But if, on the other hand, some substance is several things, it is either several particular things or several universal things. If the first alternative is chose, then it follows that some substance would be several particular substances; and consequently that some substance would be several men. But although the universal would be distinguished from a single particular, it would not be distinguished from several particulars. If, however, some substance were to be several universal entities, I take one of those universal entities and ask, "Is it many things or is it one and not many?" If the second is the case then it follows that the thing is particular. If the first is the case then I ask, "Is it several particular things or several universal things?" Thus, either an infinite regress will follow or it will be granted that no substance is a universal in a way that would be incompatible with its also being a particular. From this it follows that no substance is a universal. ①

译文参考 B

没有共相是数量为一的特定实体，如果有的话，那么就会得出结论：苏格拉底是个共相。因为没有好的解释能说明为什么一个实体是这个共相而不是另一个共相。因此，没有特定的实体是共相，每一个实体都是数量上唯一的，而且是一个殊相。每个实体要么是一个事物且不是多个事物，要么是多个事物。如果实体是一个事物而不是多个，那么它在数量上就为一，这也是所谓“数量上为一”的意思。但是另一方面，如果有的实体是几个事物，它要么是几个殊相，要么是几个共相。如果是第一种情况，那么有的实体就是几个特定的实体，结果是有的实体就会是几个人。然而，虽然我们已经区别了共相和单一殊相，但是并没有区分共相与多个殊相。如果有的实体是多个共相实体，我取其中一个共相实体问：“这是多个事物？还是一个且不为多个事物？”如果是第二种情况，那么这个事物就是殊相。如果是第一种情况，那么我会问：“这是多个殊相还是多个共相？”因此，我们要么引发无穷的循环，要么就承认没有实体是共相，否则就会形成它也是殊相这一矛盾结论。因此我们得出没有实体是共相。

语篇精粹 C

Therefore, it ought to be granted that no universal is a substance

---

① William of Ockham, *Ockham's Theory of Terms: Part I of the Summa Logicae*, Trans., Michael J. Loux, University of Notre Dame Press, 1974, p. 79.

regardless of how it is considered. On the contrary, every universal is an intention of the mind which, on the most probable account, is identical with the act of understanding. Thus, it is said that the act of understanding by which I grasp men is a natural sign of men in the same way that weeping is natural sign of grief. It is a natural sign such that it can stand for men in mental propositions in the same way that a spoken word can stand for things in spoken propositions. That the universal is an intention of the soul is clearly expressed by Avicenna in the fifth book of the *Metaphysics*, in which he comments, "I say, therefore, that the-re are three senses of 'universal'. For we say that something is a universal if (like 'man') it is actually predicated of many things; and we also call an intention a universal if it could be predicated of many." Then follows the remark, "An intention is also called a universal if there is nothing inconceivable in its being predicated of many."①

译文参考 C

因此，应该承认的是，无论怎样考虑，没有任何共相是实体。相反，所有的共相都是一种心灵的意向，这种意向最有可能被认为是等同于认知行为。因此，人们认为，我所理解的人类的认知行为是人类本质的一种表征，就像哭泣是悲伤的一种本质的表征一样。认知行为是人的本质的表征，因而可以代表思想命题中的人，就像口语的词能够表示口头命题中的事物。阿维森纳在《形而上学》第五卷中明确表示，共相是心灵的意向。在这一卷中他

① William of Ockham, *Ockham's Theory of Terms: Part I of the Summa Logicae*, Trans., Michael J. Loux, University of Notre Dame Press, 1974, p. 81.

评论道："因此我说，'共相'有三种意思。因为如果我们说某种东西（比如'人'这一概念）是共相，意味着它能够表述多个具体事物；如果一种心灵的意向可以表述很多事物，我们把它叫作共相。"接下来他评论说："如果一种心灵的意向表述很多事物，被大家普遍接受，它也被称作共相。"

（三）实体（Substance）

1. 术语解读

亚里士多德将作为"这个"的存在定义为"实体"，它是"这个"而不是"如此"，是独立的，可以分离的存在。实体在保持自身不变的同时，允许"由于自身变化"而具有不同的性质，作为数量、性质、关系、状况、时间、地点等的存在都只是它的"属性"。

新柏拉图主义者波菲利在介绍亚里士多德范畴篇的《导论》（*Isagoge*）一书时指出关于共相问题的真正重要问题，比如种与属的问题，是去探讨它们是独立于心灵的实体还是仅仅是心灵中的概念；如果它们独立于心灵，它们是物质的还是非物质的；如果它们是非物质的，它们独立于可感知的东西还是寄生于它们之中。

奥卡姆与他的同时代人的辩论的中心问题之一是关于共相的争论，奥卡姆认为只有实体和属性是真正的实体，而共相不是，对于奥卡姆来说，共相不是外在于心灵的实体，因为任何外在于心灵的事物都是殊相。

2. 语篇精粹

语篇精粹 A

It should first be noted that "substance" has many senses. In one sense substance is said to be anything that is distinct from other things. Writers use the word "substance" in this sense when they speak of the substance of whiteness, the substance of color, etc. In a stricter sense substance is anything which is not an accident inhering in something else. In this sense both matter and form as well as the whole composed of there are called substances. In the strictest sense substance is that which is neither an accident inhering in another thing nor an essential part of something else, although it can combine with an accident. It is in this sense that substance is said to be a summum genus, and according to Aristotle it is divided into first and second substance. But this should not be construed as the sort of division where the term divided can be predicated of the items dividing it, nor is the term divided predicable of the pronouns referring to the items dividing it. For when the reference is to a second substance, the proposition "This is a substance" is false. Thus, the proposition "No second substance is a substance" is true, and we can prove this by employing points established earlier. Earlier we established that no universal is a substance; but every second substance is a universal, since according to Aristotle second substances are either genera or species;

therefore, not second substance is a substance.[①]

译文参考 A

首先应该注意到“实体”这个词有多层意思。在一种意义上，实体被描述为任何与其他事物不同的东西。在提到白色属性这个实体，颜色实体等的时候，作家们是在这层意思上使用“实体”这个词。在更严格的意义上，实体是任何不是其他事物所固有的偶然性的东西。在这层意义上，质料和形式以及它们复合成的整体都被称作实体。在最严格的意义上，实体既不是其他事物固有的偶然性，也不是其他事物的本质部分，虽然实体会与偶然性相结合。在这层意义上，实体被称作最高级的属相，而且根据亚里士多德的观点，被分为第一实体和第二实体。但这种划分并不意味着分出来的词可以谓述被划分的词，也不意味着分出来的词可以谓述指代被划分词的代词。当提到第二实体时，“这是个实体”是假命题。因此，“没有第二实体是实体”是真命题，而且我们可以通过之前建立的观点来证明这一点。之前我们论证了没有共相是实体，而每个第二实体都是共相，因为亚里士多德提出第二实体是属相或者种相，所以，没有第二实体是实体。

语篇精粹 B

It is clear from this that the Philosopher sometimes calls names and signs of substances existing outside the soul first substances; for he says that second substances are said of first substances as subjects, but this could only be by way of predication. Not proposition is composed of sub-

---

① William of Ockham, *Ockham's Theory of Terms: Part I of the Summa Logicae*, Trans., Michael J. Loux, University of Notre Dame Press, 1974, p. 131.

stances outside the soul; therefore, that first substance which is the subject of a proposition with respect to second substance is not a substance existing outside the soul. Thus, when Aristotle says that if first substances were destroyed it would be possible for any of the other things to remain, he is not talking of real destruction and real existence. He means, rather, destruction by way of a negative proposition. Thus, he is saying that when "to be" is not predicated of anything contained under a common term, it is truly denied of the common term itself as well as of the properties and accidents proper to that common term.①

译文参考 B

很显然，哲学大师有时会称呼存在于心灵之外的实体的名字和符号为第一实体，因为他说第二实体是作为主项的第一实体的表达，但这只能通过谓述来实现。但是没有命题是由心灵之外的实体构成的，因此作为命题主项的第一实体相对于第二实体并不是存在于心灵之外的实体。所以当亚里士多德提出如果第一实体被毁灭，其他任何事物是有可能留存时，他并不是在讨论真正的毁灭和存在。他的意思是，通过否定命题来进行"毁灭"。因此，他说当"是"不谓述任何这个普通词项所包含的任何东西时，这是真正地否定了这个普通词项本身以及这个词的特质和偶然性。

语篇精粹 C

In the *Categories*, Aristotle mentions a property he claims is common to all substances, both first and second substances—that

① William of Ockham, *Ockham's Theory of Terms*: *Part I of the Summa Logicae*, Trans., Michael J. Loux, University of Notre Dame Press, 1974, p. 134.

substance is not in a subject. If this property is understood to apply to substances existing outside the mind Aristotle's point is clear, for none of them is present in a subject. If, on the other hand, the property is taken to hold of first and second substances (things which are names of substances existing outside the mind) then the proposition "substance is not in a subject" should be understood in terms of the following proposition, a case of an act signified, "'To be in a subject' is predicated of no proper or common name of substance taken significatively; 'to be in a subject' is denied of every such name significatively taken." Thus, every proposition like the following is true, "Man is not in a subject", "Animal is not in a subject", "Socrates is not in a subject ", "Socrates is not in a subject". Nevertheless, if such terms were suppositing for themselves and not their significata, it would be true to say that they are in a subject; for they are really just parts of propositions and consequently concepts of the mind or spoken or written words. ①

译文参考 C

在《论范畴》里，亚里士多德提到一种他宣称适用于所有实体的特质，包括第一实体和第二实体这种不出现在主项中的实体。如果这种特质被理解为适用于存在于意识之外的实体，那么亚里士多德的观点是很明显的，因为没有这样的实体会在主项中。另一方面，如果这一特质同时适用于第一实体和第二实体（就是作

① William of Ockham, *Ockham's Theory of Terms*: *Part I of the Summa Logicae*, Trans., Michael J. Loux, University of Notre Dame Press, 1974, p. 135.

为存在于意识之外的实体的名称的东西)，那么“苏格拉底不在主项中”就应该按照下面的命题理解。“‘在主项中’表示一种行为，它不谓述有含义的实体的专有名称或者普遍名称。‘在主项中’否定每一个这种有含义的名。”因此，如下每个命题都是真的，“人不在主项中”“动物在主项中”“苏格拉底不在主项中”。但是，如果这些词项指代他们自己而不是他们的所指，那么说它们在主项中是对的。因为它们确实是命题的一部分，因而是心灵的概念或者口语书面词。

（四）量（Quantity）

1. 术语解读

量是实体的属性之一。奥卡姆在本体论上主张“如无必要，勿增实体”，认为除了客观存在的个别事物之外，不应增加任何其他的实体，比如柏拉图提出的理念。这表明人们只有通过直接的经验，显明的真理或上帝的启示，才能断言一件事物的客观存在。奥卡姆剃刀成为对奥卡姆思想的一个简单概括，并逐渐引申为一种简单化（Simplicity）的方法论。

根据奥卡姆剃刀的原则，对同一现象的不同解释，人们应优先采纳比较简单的一种。理论的简单性体现在两个方面，一是词义上的简单性，即叙述上的字数较少和复杂程度较低；二是实体上的简单性，即所设定的事物较少和复杂程度较低。后来的很多哲学家都认同这一原则，在自然科学界，如物理学中，简单性原理已成为一种合理地构造科学理论体系的一个极为有用的方法论原理。①

2. 语篇精粹

语篇精粹 A

I showed that, for Aristotle, no accident really distinct from substance can admit contraries by itself undergoing a change; but if quantity were an accident and the subject of quality, it is clear that it would change in receiving qualities. By undergoing change, then, it would receive contraries. But this is incompatible with Aristotle's account. Again, as is clear in the fourth book the *Physics*, Aristotle holds that air can be condensed without changing in either all or some of its qualities. Thus, when air is condensed it is not necessary that it lose some of the qualities or at least not all of the qualities it had before. On the basis of this I argue: when air is condensed, either the whole quantity that was there before remains or it does not. If it does, then the same quantity is now less than before only in this—that the parts of the quantity lie closer to each other than they did before; but since the parts of substance, in exactly the same way, lie closer now than they did before, quantity seems to be a superfluous entity. But if the whole quantity which was first present does not remain, then some part is lost; but an accident is always corrupted when its immediate subject is cor-

① ［美］安东尼·M. 阿里奥托：《西方科学史》，鲁旭东等译，商务印书馆，2011 年，第 236 页。

rupted. It follows then that not every quality remains, and that is incompatible with Aristotle's view. ①

译文参考 A

我解释过，亚里士多德认为，真正与实体不同的偶然性，是不能通过改变自身来获得相对立的东西的。但如果量是一种偶然和特质的主体，很明显量在得到特质的时候会改变。那么通过改变，量就会得到相对立的东西。但这与亚里士多德的观点是不相符的。在《物理学》中，亚里士多德认为空气被压缩时，既不改变全部的特质也不改变部分的特质。因此，当空气被压缩时，它不会失去部分的特质，或者至少不会失去原有的全部的特质。在此基础上，我认为当空气被压缩时，要么它保留全部的量，要么全部的量都没有保留。如果它保留全部的量，那么同样的量现在比原来少了，只能是这样：一部分量相互之间比以前靠得更加紧密了。但是同样地，一部分实体也比以前靠得更加紧密了。这样，量似乎就是多余的实体了。但是如果一开始出现的全部的量都没有保留，那么有一些部分肯定失去了。但是一个偶然性总是在它的直接主体被破坏时被破坏。那么就不是全部的特质保留了，这与亚里士多德的观点是不相符的。

语篇精粹 B

God can conserve inexistence any prior absolute thing without a change in its place while destroying that which is posterior to it. On the general view a piece of wood is a substance having parts one of which

① William of Ockham, *Ockham's Theory of Terms: Part I of the Summa Logicae*, Trans., Michael J. Loux, University of Notre Dame Press, 1974, p. 142.

lies beneath a part of the quantity inhering in the whole and another of which lies beneath another part of that quantity. Further, on that view the substantial object is by nature prior to the quantity inhering in it; therefore, God could, without changing the location of the substance, conserve it in existence while destroying the quantity. If this is possible let us suppose it to happen. Either the substance has one part spatially separated from another or it does not. If it does it is quantified without quantity in which case quantity is superfluous. If it does not, then since its parts were previously separated from each other spatially, the substance has undergone a change in place; but this is incompatible with the hypothesis. Again, anything which by itself and its intrinsic parts is present to something quantified in such a way that the whole is present to the whole and the parts are present to the parts, is by itself and its intrinsic parts something whose parts lie at a distance from each other. But anything of that sort is by itself and its intrinsic parts a quantified object. Now material substance by itself and its parts is present to something quantified—the quantity which informs it (I am assuming here that there is such a thing). But by itself and its parts it really has one part spatially separated from another part; therefore, by itself and its parts it is quantified. ①

---

① William of Ockham, *Ockham's Theory of Terms: Part I of the Summa Logicae*, Trans., Michael J. Loux, University of Notre Dame Press, 1974, pp. 143–144.

译文参考 B

上帝能保留任何在绝对的事物之先不存在的东西，而不改变它的位置，也能毁灭在它之后的东西。一般的观点是，一块木头是拥有不同部分的实体。一部分存在于整体所固有的量的一部分中，另一部分存在于量的另一部分中。另外，这个观点认为实体在本性上就在它所固有的量以先，所以上帝可以保留实体消除它的量，同时不改变实体的位置。如果这是可能的，那我们假设它的确发生了。那么要么这个实体有一部分与另一部分分开了，要么就没分开。如果有一部分被分离了，那么这个实体在没有量存在的情况下被量化了，这样量就是多余的。如果没有，那么因为他的每个部分一开始在空间上就是互相分离的，所以实体进行了位置的变化，而这与假设相冲突。如果任何事物自身和本身固有的部分出现在某种量化的东西中，整体出现在量化的东西整体中，部分出现在量化的东西部分中，那么这些事物的自身和本身固有的部分就使不同部分相互在空间上隔绝。但是任何这类事物因着本身和自身有的部分而成为一个可量化的东西。那么物特质实体本身和其自身固有的部分就出现在可量化的东西中，这东西也就是实体的量（我假设有这么一个东西）。但是物特质实体本身和其固有的部分是有一部分与其他部分空间上分离的，因此，它的本身和自身固有的部分就是可量化的。

语篇精粹 C

That quantity is not an accident which lies between a substance and its qualities and which serves as the subject of those qualities can be proved by reference to the Sacrament of the Altar. For if it were such, the qualities remaining in the Sacrament of the Altar would be in quantity subjectively. The consequent seems false to many but likewise the antecedent. I prove the falsity of the consequent as follows: if the supposition were true, the qualities would not subsist by themselves, which is incompatible with the view of the Master who, in the fourth Book of the *Sentences* speaking of color, taste, weight, and other such qualities, says that such accidents subsist by themselves in the Eucharist. Likewise, if quantity were the subject of such qualities, the quantity would really be heavy, white, and of this or that taste; the consequent, however, is incompatible with the gloss "On consecration" in the second distinction in the chapter beginning "If by negligence." The gloss says "Weight remains there with the other accident; nevertheless, nothing there has weight."①

译文参考 C

量不是介于实体和它的特质之间的某种偶然性，也不是这些特质的主体，而这可以通过圣礼的圣餐饼所证明。如果它是，那么圣餐饼保留的特质就在作为主体的量中。这样的结论对很多人来说看起来是错的，但其前提就是错的。我是这样证明结论的错误的：如果这个假设是真的，那么特质就不存在于自身之中，而这与大师的观点是不相符的。他在《论辩集》的第四卷中，提到颜色、味道、重量和其他的特质时，说这样的偶然性在圣餐中是存在于自身当中的。同样的，如果量是特质的主体，那么量就会

① William of Ockham, *Ockham's Theory of Terms: Part I of the Summa Logicae*, Trans., Michael J. Loux, University of Notre Dame Press, 1974, p. 144.

确实是重的、白的，有这样或那样的味道，而这个结论和以“如果由于疏忽”开始的那一章，第二个区别中对“献祭”的注解是不符的。注解表示：“重量和其他偶然性都还在那里，但是没有任何东西有重量。”

（五）指代（Supposition）

1. 术语解读

指代就是用抽象的概念来代替具体的事物。奥卡姆认为，共相就是我们用来指代外在于心灵的个别事物的模型。由于共相与外在于心灵的事物的最大化的相似性，我们可以用它来代表那些东西。一个殊相落入共相之内，就可以很好地适用于谓词理论。

指代不同于指称，“指称”是符号凭借其自身就能够具有的代表功能，而“指代”则是符号在命题当中才具有的代表功能。一般而言，有指称功能的符号也必定会有其指代功能，但有指代功能的符号不一定都有指称功能，比如共相。具有指称和指代双重功能的符号就是关于个别事物的名称。

2. 语篇精粹

语篇精粹 A

Supposition is a property of a term, but only when it is in a proposition. First, it should be noted that “supposition” has two senses, a broad sense and a narrow sense. In the broad sense the term does not stand opposed to “appellation”, on the contrary, “appellation” is a term under “supposition”. In the strict sense the two terms stand opposed. But I do not intend to speak of supposition in this sense, only in the first sense. Thus, as I use the term both subject and predicate supposit; and, generally, whatever can be a subject or a predicate of a proposition supposits. Supposition is said to be a sort of taking the place of another. Thus, when a term stands for something in a proposition in such a way that we use the term for the thing and the term or its nominative case (if it is in an oblique case) is truly predicated of the thing (or the pronoun referring to the thing), the term supposits for that thing; or this, at least, is true when the term is taken significatively. More generally, if the suppositing term is a subject, it supposits for the thing of which (or of the pronoun referring to which) it is asserted by the containing proposition that the predicate is to be predicated. If, however, the suppositing term is a predicate, it supposits for the thing (or the thing named by the name) with respect to which the subject is asserted to be the subject. ①

译文参考 A

指代是词项的一种属相，不过只有当在一个命题中才是如此。首先，应该注意的是“指代”有两层含义，广义的和狭义的。广义上，指代和“名称”并不对立，正相反，“名称”是“指代”所包含的一个词。狭义上这两个词项是对立的。但是我并不在狭义上讨论这个指代，仅仅从广义上。因此，我用的是表示主项和谓项同时指代的东西的术语，而且，一般说来，能表示任何能成

① William of Ockham, *Ockham's Theory of Terms: Part I of the Summa Logicae*, Trans., Michael J. Loux, University of Notre Dame Press, 1974, pp. 188-189.

为命题的主项和谓项的东西所指代的。指代被描述成是对另一个事物的替代。因此，当一个词项在命题中代表某个事物，即我们用这个词来表示这个事物，并且这个词或者它的主格（如果它处于间接格的话）的确是述说了这个事物（或者它的代词述说了这个事物）时，这个词指代这个事物，或者，至少当这个词以这个意义被接受时是这样。更普遍的情况，如果指代的词是一个主项，那么它就指代（或它的主语指代）它所在的命题中谓项所谓述的东西。然而，如果指代的词是一个谓项，那么它指代的事物（或者所命名的事物）就是断定主语是什么的东西。

语篇精粹 B

Thus, by the proposition "Man is an animal" it is asserted that Socrates is an animal, so that were the proposition "This is an animal" (referring to Socrates) formed, it would be true. But by the proposition " 'Man' is a name" it is asserted that this word "man" is a name; therefore, in that proposition "man" supposits for a name. Likewise, by the proposition "The white thing is an animal" it is asserted that the thing which is white is an animal. Thus, "This is an animal" is true, referring to the thing which is white, and on account of this the subject supposits for that thing. The same sort of account holds in the case of the predicate, for by the proposition "socrates is white" it is asserted that Socrates is the thing which has whiteness; therefore the predicate supposits for the thing which has whiteness; therefore the predicate supposits for the thing which has whiteness and if nothing besides Socrates were to have whiteness, then the predicate would supposit only for Socrates. Thus, there is one general rule: a term, at least when it is significatively taken, never supposits in any proposition for a thing unless it can be truly predicated of that thing. But, then, it is false to say, as some do, that a concrete term on the predicate-side supposits for a form, so that in "socrates is white", the word "white" supposits for whiteness. For no matter how the term supposits, "Whiteness is white" is false. ①

译文参考 B

因此，在命题“人是动物”中，苏格拉底被断定为是动物，所以“这是个动物”(指的是苏格拉底)，是真命题。但是命题“‘人’是一个名称”断定的是“人”这个词是一个名称，所以在这个命题中，“人”指代的是一个名称。类似的，命题“那个白色的东西是动物”断定的是某个颜色为白色的东西是动物。因此，当这指的是那个白色的东西时，“这是只动物”是真命题，而且主项指代的就是那个白色的东西。同样的情况也出现在指代谓项时，命题“苏格拉底是白的”断定的是苏格拉底是有白色属性的事物，因此谓项指代的是有白色属性的事物。而且如果除了苏格拉底之外没有事物有白色这一属性，那么这一谓项只指代苏格拉底。因此，有一个普遍的原则，一个词项，至少当其意思被接受时，如果它不能述说某个事物时，它在任何情况下都不会指代这个事物。那么，像有些人所说的，某个处在谓项位置上具体的词项指代一个形式，是错的。所以在“苏格拉底是白的”中，

① William of Ockham, *Ockham's Theory of Terms: Part I of the Summa Logicae*, Trans., Michael J. Loux, University of Notre Dame Press, 1974, p. 189.

“白”这个词指代的是“白色属性”，而无论如何指代，“白色属性是白色的”都是错的。

语篇精粹 C

Universally, personal supposition occurs when a term supposits for the thing it signifies, whether that thing be an entity outside the soul, a spoken word, an intention of the soul, a written word, or any other thing imaginable. Thus, whenever the subject or predicate of a proposition supposits for its significatum so that it is taken significatively, we always have personal supposition. As an example of the first kind of case, in "Every man is an animal" the word "man" supposits for its significata; for "man" is not used to signify anything other than men. It does not signify something common to them. As Damascene says, it just signifies the men themselves. An example of the second kind of case is "Every vocal name is a part of speech"; the word "name" supposits only for vocal words; but since it is used to signify vocal words it supposits personally. As an example of the third kind of case, in "Every species is a universal" and "Every intention of the soul exists in the soul" the subjects supposit personally; for both supposit for the thing they appointed to signify. As an example of the fourth, in "Every written expression is an expression" the subject supposits for the things it signifies—written words; therefore, it supposits personally.[①]

① William of Ockham, *Ockham's Theory of Terms: Part I of the Summa Logicae*, Trans., Michael J. Loux, University of Notre Dame Press, 1974, p. 190.

译文参考 C

一般来说，当一个词项指代它所意味的事物时，人称指代就出现了。无论这个事物是一个外在于灵魂的实体，一个口语的词，一个心灵的意向，一个书面的词，或者任何其他能想到的东西。因此，不论何时，当一个命题的主项和谓项的意义被接受，指代其所意味的东西时，我们就会用人称指代。作为第一种情况下的例子，在“每个人都是动物中”，“人”这个词指代它所意味的事物，因为“人”不能指代除了人以外任何其他的事物。它并不指代人们共有的东西。正如达姆森所说，它仅仅指代人本身。第二种情况下的例子是，“每个口语的名称都是言语的一部分”，“名称”这个词指代仅仅指代的口语的词，但是因为它被用来指代口语的词，它就是人称指代。第三种情况下的例子是，“每个种相都是共相”和“每个心灵的意向都存在于心灵中”的主项都是人称指代，因为两个都指代了它们所意味的东西。第四种情况下的例子是，在“每个书面的表达都是一个表达”中，主项指代了它所意味的东西——书面语，因此它是人称指代。

（六）命题（Proposition）

1. 术语解读

命题是指一个判断或者陈述所表达的意思。当不同的判断和陈述具有相同语义的时候，他们就表达了相同的命题。奥卡姆的《逻辑大全》是一部逻辑学巨著，包含词项理论和命题理论两方面内容。奥卡姆认为，无论是说出的、写下的还是心灵中的，它们在自己的层级上都是不同的表达式（命题）的相应组成部分。

奥卡姆认为，科学是关于普遍命题的学问，真正的科学处理的是命题，命题显然代表着事物的集合，而非共相的集合。对于奥卡姆来说，人的理智所能把握的概念是人类理智对于个别事物之间相似性的一种把握方式，概念并不是真正的存在，真实存在的只是个体，直觉能感觉到的客观事物是思想中事物的不完全的反映，命题中的词项是理智概念对于个别事物的指代，仅仅是一种思维中的虚设（Fiction）。

2. 语篇精粹

语篇精粹 A

On this point it should be noted that a proposition is called modal because of the addition of a mode to the proposition. But not any mode is sufficient to make proposition modal. Rather, it is necessary that the mode be predicable of a whole proposition. Therefore, properly speaking, the mode of a proposition is, as it were, truly predicable of the proposition itself. And it is in virtue of such a mode or the adverbial form of such a predicable—if it has an adverbial form—or its verbal form that a proposition is said to be modal. But there are more such modes than the four mentioned above. For just as one proposition is necessary, another impossible, another possible, another conting-ent, so too one proposition is true, another false, another known, another not known, another spoken, another written, another thought, another believed, another opined, another doubted, etc. Therefore, just as a proposition is called modal in which the mode "possible" or "necessary" or "contingent" or "impossible" or the adverbial form of any of them occurs, so too a proposition in which one of the above mentioned modes occurs can just as reasonably be called modal. ①

译文参考 A

在这一点上应该注意的是，一个命题被称为有情态的，因为有一种额外的情态模式加诸命题。但是并非任何的情态模式都足以使一个命题成为有情态的。情态模式必须是描述整个命题的才可以。因此，确切地说，一个命题的情态模式可以说是，确实是描述命题本身的。正是由于这样一种情态模式或者它的状语形式（如果它有状语形式），或者它的动词形式，一个命题可以说是有情态的。但是情态模式并不只是上文提到的四种。一个命题可以是必然的，不可能的，可能的，或然的，也可以是真的，是假的，是已知的，是未知的，可以是书面的，是口头的，是被思考的，被相信的，被认同的，被怀疑的，等等。所以，正如把含有"可能的""必然的""不必然的""不可能的"或它们的任何其他表现形式的命题称作有情态的，也理所应当把含有上文提到的情态模式的命题称作有情态的。

语篇精粹 B

We will first discuss singular non-modal present-tense propositions whose subjects and predicates are both in the nominative case and which are not equivalent to hypothetical propositions. On this point it should be noted that for the truth of such a singular proposition which is

① William of Ockham, *Ockham's Theory of Propositions Part II of the Summa Logicae*, Trans., A. J. Freddoso & H. Schuurman, St. Augustine's Press, 1998, p. 80.

not equivalent to several propositions it is not required that the subject and predicate be really identical, or that the predicate be in reality in the subject or that it really inhere in the subject, or that the predicate be united to the subject itself outside the mind. Thus, for the truth of "This is an angel" it is not required that the common term "angel" be really identical with what is posited as the subject, or that it be really in that subject, or anything of this sort. Rather, it is sufficient and necessary that the subject and predicate supposit for the same thing. And, therefore, if in "This is an angel" the subject and predicate supposit for the same thing, the proposition will be true. ①

译文参考 B

我们首先讨论这样的单权非模态现代时命题，它的主项和谓项都是主格形式，而且不等同于假言命题。在这一点上我们首先应该注意到这种不等同于几个命题的单称命题的真值，并不要求主项和谓项是同一的，或者谓项事实上在主项之中，或者谓项是主项所固有的，或者谓项和主项本身在心灵之外联合，这些都不要求。因此，"这是个天使"的真值，并不要求"天使"这个普通词项和主项所代表的完全同一，或者完全在主项中，或者任何类似的条件。事实上，主项和谓项所代表的是同一的事物对于真值才是充分必要的。因此，在"这是个天使"中，如果主项和谓项代表的是同一事物，那么命题就是真的。

---

① William of Ockham, *Ockham's Theory of Propositions Part II of the Summa Logicae*, Trans., A. J. Freddoso & H. Schuurman, St. Augustine's Press, 1998, pp. 86-87.

语篇精粹 C

Admittedly, in the interests of good grammar, we must frequently pay attention to the gender of a name. Thus, whereas the Latin sentence "Homo est albus" is well formed, "Homo est alba" is not, the difference being traceable only to a difference in gender. But good grammar aside the gender and declension of the subject or predicate are irrelevant. On the other hand, to know whether a proposition is true or false one must attend to the number and case of the subject and predicate. Thus, while "Man is an animal" is true, "Man is the animal" is false. The same point holds in other cases. Thus, while spoken and written names have some grammatical features of their own, they share others with mental words. The same is true in the case of verbs. Grammatical features that are common include mood, number, tense, voice, and person. In the case of mood this is clear, for distinct mental propositions correspond to the spoken propositions "Socrates reads" and "Would that Socrates read". This is true also in the case of voice, for we must assign different mental propositions to the spoken propositions "Socrates loves" and "Socrates is loved" . Nevertheless, mental verbs exhibit only three voices, for the common and languages do not effect the significative power of language. Common verbs are equivalent to verbs in both the active and passive voice; whereas, deponents are equivalent to verbs in the middle or active voices; but, then, we need not attribute those grammatical forms to mental verbs. [①]

译文参考 C

必须承认的是，为了要保证句子的语法是正确的，我们必须时刻注意名词的阴阳性是否正确。比如，“Homo est albus”（“人是白色的”）这个拉丁语句子的表述是正确的，而“Homo est alba”（形容词应为阳性）这个句子在语法上是不正确的，而两个句子的区别就在于同一个词阴阳性的不同选择。但是如果不涉及正确的语法，主项和谓项的阴阳性和词尾变化是不相关的。另一方面，要知道一个命题是真还是假，人们必须考虑主项和谓项的单复数和语义格。例如，“Man is an animal”（“人是动物”）是真的，而“Man is the animal”是假的（冠词不正确）。其它命题也是如此。因此，口语和书面的名词有一些自己特有的语法特征，同时和思想中的名词有一些共同的语法特征。动词也是如此。共同的语法特征包括语气、单复数、时态、语态、人称。这一点在语气上体现得很清楚，因为口语的命题“苏格拉底读书”和“苏格拉底会去读书吗”相对应的是不同的思想中的命题。语态方面也是如此，我们必须用不同的口头命题来表达不同的思想命题，比如“苏格拉底爱”和“苏格拉底被爱”。然而，思想中的动词只表现出三种语态，因为口头语言中的普通动词和异态动词并不影响语言的意义。普通动词相当于主动和被动语态的动词，异态动词相当于中性或主动语态的动词；在这种情况下，我们没必要将这些语法形式赋予思想中的动词。

---

① Michael J. Loux, *Ockham's Theory of Terms Part I of the Summa Logicae*, University of Notre Dame Press, 1974, p. 53.

参考文献

一、中文文献

1. ［古罗马］奥古斯丁：《论灵魂及其起源》，石敏敏译，中国社会科学出版社，2004 年。

2. ［古罗马］奥古斯丁：《论三位一体》，周伟驰译，上海人民出版社，2005 年。

3. ［古罗马］奥古斯丁：《恩典与自由》，奥古斯丁著作释译小组译，江西人民出版社，2008 年。

4. ［古罗马］奥古斯丁：《上帝之城：驳异教徒》(上)，吴飞译，上海三联出版社，2007 年。

5. ［古罗马］奥古斯丁：《上帝之城：驳异教徒》(中)，吴飞译，上海三联出版社，2008 年。

6. ［古罗马］奥古斯丁：《上帝之城：驳异教徒》(下)，吴飞译，上海三联书店，2009 年。

7. ［古罗马］奥古斯丁：《忏悔录：珍藏本》，周士良译，商务印书馆，2009 年。

8. ［古罗马］奥古斯丁：《论信望爱》，许一新译，生活·读书·新知三联书店，2009 年。

9. ［古罗马］奥古斯丁：《道德论集》，石敏敏译，生活·读书·新知三联书店，2009 年。

10. ［古罗马］奥古斯丁：《论自由意志》，成官泯译，上海人民出版社，2010 年。

11. ［古罗马］奥古斯丁：《论原罪与恩典：驳佩拉纠派》，周伟驰译，商务印书馆，2012 年。

12. ［法］阿伯拉尔、爱洛依丝著，［法］蒙克利夫编：《圣殿下的私语》，岳丽娟译，广西师范大学出版社，2001 年。

13. ［法］阿伯拉尔：《劫余录》，孙亮译，商务印书馆，2013 年。

14. ［意］托马斯·阿奎那：《论存在者与本质》，段德智译，商务印书馆，2013 年。

15. ［意］托马斯·阿奎那：《神学大全》，段德智译，商务印书馆，2013 年。

16. ［意］托马斯·阿奎那：《论独一理智》，段德智译，商务印书馆，2015 年。

17. ［德］埃克哈特：《埃克哈特大师文集》，荣震华译，商务印书馆，2003 年。

18. ［英］奥卡姆：《逻辑大全》，王路译，商务印书馆，2010 年。

19. 赵敦华：《基督教哲学 1500 年》，人民出版社，1994 年。

20. 黄裕生：《西方哲学史，学术版，第三卷 中世纪哲学》，凤凰出版社，2005 年。

21. 周伟驰：《彼此内外：宗教哲学的新齐物论》，宗教文化出版社，2008 年。

22. 张志刚：《宗教哲学研究 ：当代观念、关键环节及其方法论批判》，中国人民大学出版社，2009 年。

23. 王路：《读不懂的西方哲学》，北京大学出版社，2011 年。

24. 佘碧平：《中世纪文艺复兴时期哲学》，人民出版社，2011 年。

25. 赵敦华,傅乐安：《中世纪哲学》，商务印书馆，2013 年。

26. 徐龙飞：《形上之路：基督宗教的哲学建构方法研究》，北京大学出版社，2013 年。

27. 段德智：《中世纪哲学研究》，人民出版社，2014 年。

28. 朱东华：《宗教学学术史问题研究》，清华大学出版社，2016 年。

29. ［英］吉尔比：《经院辩证法》，上海三联出版社，2000 年。

30. ［美］保罗·蒂利希：《基督教思想史——从其犹太和希腊发端到存在主义》，东方出版社，2008 年。

31. ［法］吉尔松：《中世纪哲学精神》，上海人民出版社，2008 年。

32. ［美］大卫·福莱：《从亚里士多德到奥古斯丁（第二卷）——劳特利奇哲学史》，中国人民大学出版社，2004 年。

33. ［英］约翰·马仁邦：《中世纪哲学（第三卷）——劳特利奇哲学史》，中国人民大学出版社，2009 年。

34. ［英］大卫·瑙尔斯：《中世纪思想的演化》，商务印书馆，2012 年。

35. ［美］罗杰·奥尔森：《基督教神学思想史》，上海人民出版社，2014 年。

36. ［美］阿尔文·普兰丁格：《基督教信念的知识地位》，北京大学出版社，2004 年。

37. 傅乐安：《托马斯·阿奎那基督教哲学》，上海人民出版社，1990 年。

38. 张荣：《神圣的呼唤：奥古斯丁的宗教人类学研究》，河北教育出版社，1999 年。

39. 江作舟，靳凤山：《经院哲学的集大成者阿奎那》，安徽人民出版社，2001 年。

40. 张传有：《幸福就要珍惜生命：奥古斯丁论宗教与人生》，湖北人民出版社，2001 年。

41. 周伟驰：《记忆与光照：奥古斯丁神哲学研究》，上海财经大学出版社，2001 年。

42. 林鸿信：《评〈记忆与光照——奥古斯丁神哲学研究〉》，社会科学文献出版社，2002 年。

43. 周伟驰：《奥古斯丁的基督教思想》，中国社会科学出版社，2005 年。

44. 翟志宏：《阿奎那自然神学思想研究》，人民出版社，2007 年。

45. 刘素民：《托马斯·阿奎那自然法思想研究》，人民出版社，2007 年。

46. 徐弢：《托马斯·阿奎那的灵魂学说探究》，上海人民出版社，2007 年。

47. 黄裕生：《宗教与哲学的相遇：奥古斯丁与托马斯·阿奎那的基督教哲学研究》，江苏人民出版社，2008 年。

48. 董尚文：《阿奎那存在论研究》，人民出版社，2008 年。

49. 黄裕生：《宗教与哲学的相遇：奥古斯丁与托马斯·阿奎那的基督教哲学研究》，江苏人民出版社，2008 年。

50. 罗明嘉：《奥古斯丁《上帝之城》中的社会生活神学》，中国社会科学出版社，2008 年。

51. 张荣：《自由、心灵与时间》，江苏人民出版社，2010 年。

52. 白虹：《阿奎那人学思想研究》，人民出版社，2010 年。

53. 濮荣健：《阿奎那变质说研究》，人民出版社，2011 年。

54. 李锦纶：《奥古斯丁论善恶与命定》，中国社会科学出版社，2012 年。

55. 陈越骅：《跨文化视野中的奥古斯丁：拉丁教父的新柏拉图主义源流》，浙江大学出版社，2014 年。

56. 周小结：《阿伯拉尔伦理学研究》，浙江工商大学出版社，2014 年。

57. 刘素民：《托马斯·阿奎那的伦理思想研究》，中国社会科学出版社，2014 年。

58. 董尚文：《阿奎那语言哲学研究》，人民出版社，2015 年。

59. 张荣：《罪恶的起源、本质及其和解——阿伯拉尔的意图伦理学及其意义》，文史哲，2008（4）：140-148。

60. 李毓章：《德国近代泛神论繁荣的精神缘由——以埃克哈

特与斯宾诺莎为中心》，安徽大学学报（哲学社会科学版），2009，33（5）：1-7。

61. 周锴：《埃克哈特的作品考据及研究建议》，理论月刊，2009（6）：62-64。

62. 周锴：《论埃克哈特的神秘主义思想》，湖北社会科学，2009（7）：131-133。

63. 张荣：《论阿伯拉尔的至善与德性观》，哲学研究，2010（2）：65-70。

64. 周小结：《阿伯拉尔德性观研究》，华中科技大学学报社会科学版，2012，26（4）：38-43。

65. 张荣：《论阿伯拉尔的榜样伦理学》，宗教与哲学，2013（00）。

66. 梁玉春：《中世纪的对话精神——阿伯拉尔对话伦理学探析》，原道，2013（2）。

67. 章启群：《李泽厚与阿伯拉尔——作为中西思想史比较研究的个案》，云南大学学报社会科学版，2013，12（5）：85-91。

68. 刘素民：《浅析经院哲学的“在物共相”》，哲学动态，2015（8）：67-75。

二、外文文献

1. Augustine S B O H, Gibb J, Montgomery W, *The confessions of Augustine*, Garland Pub, 1980.

2. Augustine S, *The City of God Books* 1-10, NEW CITY PR,

2012.

3. Brower J. E. , Guilfoy K. , *The Cambridge companion to Abelard*, Cambridge University Press, 2004.

4. C. J. Reason and Belief in the Age of Roscelin and Abelard, by Constan J. Mews Reason and belief in the age of Roscelin and Abelard, *Ashgate*, 2002：243-264.

5. Campion N. *Augustine of Hippo Biographical Encyclopedia of Astronomers*, Springer New York, 2014：119-121.

6. Chadwick H. , *Augustine*：*A Very Short Introduction*, Oxford University Press, 2001, 3 (4)：23-29.

7. Chiavaroli, Neville, *The lost love letters of Heloise and Abelard*, St. Martin's Press, 1999.

8. Compayré G, *Abelard and the origin and early history of universities*, C. Scribner's Sons, 2012.

9. Copleston, Frederick, *A History of Philosophy-Ockham to the Speculative Mystics* (*Christian Library*), Image Books, 1993.

10. Davies B. , *The Thought of Thomas Aquinas The thought of Thomas Aquinas*, Clarendon Press, 1995.

11. Eleonre Stump & Norman Kretzmann edited, *The Cambridge Companion to Augustine*, Cambridge University Press, 2006.

12. Henry Chadwick, *Augustine-a very short introduction*, Oxford University Press, 2001.

13. Jean-Pierre Torrell, *Saint Thomas Aquinas*：*The Person And His Work Washington*, D. C：CUA press, 2005.

14. John Marenbon, *The philosophy of Peter Abelard*, Cambridge University Press, 1997.

15. Jorge J. E. Gracia and Timothy B. Noone, edi ted. *A Companion to Philosophy in the Middle Ages*, Blackwell Publishing, 2002.

16. Kent B., *Thomas Aquinas on Human Nature Thomas Aquinas on human nature*, Cambridge University Press, 2002.

17. Lerner, R. E.. New Evidence for the Condemnation of Meister Eckhart, in Speculum, *A Journal of Medieval Studies* 72, 1997.

18. Luscombe, *D. E. Peter Abelard's Ethics a*, Clarendon Press, 1971.

19. Meister Eckhart, *The Complete Mystical Works of Meister Eckhart*, Crossroad Publishing Co, 2010.

20. Oberman H A, Hagen K. Augustine, *The harvest, and theology* (1300 – 1650) *essays dedicated to Heiko Augustinus Oberman in honor of his sixtieth birthday*, E. J. Brill, 1990.

21. Ockham William, *Philosophical Writings*, The Bobbs-Merrill Company, 1964.

22. Paul Vincent Spade, *The Cambridge Companion to Ockham*, Cambridge University Press, 1999.

23. Peter Abelard, *A Dialogue of a Philosopher with a Jew and a Christian*, The Pontifical Institute of Mediaeval Studies Publications, 1979.

24. Peter Abelard, *A Dialogue of a Philosopher with a Jew and a Christian*, The Pontifical Institute of Mediaeval Studies Publ ications,

1979.

25. Radice, Elizabeth, *The Letters of Abelardand Heloise*, Penguin Books, 1974.

26. David Vincent Meconi, Eleonore Stump (eds.), *The Cambridge Companion to Augustine*, Cambridge University Press, 2001.

27. Schtlrmann, R. Meister Eckhart, *Mystic and Philosopher*, Indiana University Press, 1978.

28. Summerell, O. F., *Self-causality from Plotinus to Eckhart and from Descartes to Kant*, *in Quaestio*, Annuario di storia della metafisica 2, 2002.

29. Teresa M., Fumagalli B B, *The Logic of Abelard*, Springer Netherlands, 1969.

30. William J. Courtenay, Ockham and Ockhamism: Studies in the Dissemination and Impact of His Thought, Brill, 2008.

后 记

“西方哲人智慧丛书”是我于2014年在美国佛罗里达州立大学（Florida State University）从事国际访问学者项目期间策划的选题，也是我在主持完成国家社会科学基金项目《西方后现代主义哲学思潮研究》(天津人民出版社，2003年）和天津市哲学社会科学重点项目《全球化与后现代思潮研究》(天津人民出版社，2012年）及《当代西方生态哲学思潮》(天津人民出版社，2017年）基础上继续探索的新课题。

我在美国从事国际访问学者项目期间，天津外国语大学原校长修刚教授、校长陈法春教授、原副校长王铭钰教授、副校长余江教授等对我和欧美文化哲学研究所的学科建设和科研工作给予了真挚的帮助，在此深表敬谢！本丛书得以出版要感谢天津外国语大学求索文库编委会的大力支持。

我在美国佛罗里达州立大学从事学术研究期间，得到了该校劳伦斯·C. 丹尼斯教授（Professor Lawrence C. Dennis）、斯蒂芬·麦克道尔教授（Professor Stephen McDowell）和国际交流中心交流访问学者顾问塔尼娅女士（Ms. Tanya Schaad，Exchange Visitor Advisor，Center for Global Engagement）的热情帮助，他们为我提供了良好的科研条件。佛罗里达州立大学图书馆为我从事项目研究，提供了珍贵的经典文献和代表性的有关资料。美国佛罗里达州立大学蓝峰博士和夫人刘哆（Dr. Feng Lan and Mrs. Duo Liu）等给予了多方面的关照和帮助，在此一并致谢。

天津外国语大学欧美文化哲学研究所设置的外国哲学专业于2006年获批硕士学位授权学科。2007年至2018年已招收培养11届共71名研究生。2012年外国哲学获批天津市“十二五”综合投资重点学科，2016年评估合格。在外国哲学学科基础上发展为哲学一级学科，主要有三个学科方向：外国哲学、马克思主义哲学、中国哲学。2017年获批“天津市高校第五期重点（培育）学科”。2018年获批教育部哲学硕士一级授权学科。

十余年的学科建设历程，我们得到了南开大学陈晏清教授、周德丰教授、阎孟伟教授、王新生教授、李国山教授、北京大学赵敦华教授、北京语言大学李宇明教授、中国社会科学院黄行研究员、山西大学江怡教授、北京师范大学王成兵教授、河北大学武文杰教授、中山大学陈建洪教授、天津大学宗文举教授、天津医科大学苏振兴教授、美国中美后现代研究院王治河教授、清华大学卢风教授、北京林业大学周国文教授、天津社联副主席张博颖研究员、原秘书长陈跟来教授、天津社科院赵景来研究员、秘书长李桐柏、天津市哲学社会科学工作领导小组办公室主任袁世军、天津社联科研处处长杨向阳等同志的关怀、帮助和支持，在此深表敬谢！

山西大学江怡教授（长江学者特聘教授、中国现代外国哲学学会荣誉理事长）在百忙之中应邀为本丛书作序，是对我团队全体编写人员的鼓励。江怡教授学识渊博，世界哲学视野宽广，富有深刻的哲学洞察力和严谨的逻辑思想，在学界享有赞誉，短短几天，洋洋洒洒万言总序，从宏观上对西方两千五百年的哲学史做了全面概括，阐述了深刻的哲学思想并做了实事求是的评价，值得我们认真学习。江怡教授对书稿有关内容提出了宝贵的修改意见，感谢江怡教授对我们工作的支持和鼓励！

特别要感谢授业恩师南开大学车铭洲教授对我一如既往的关怀和帮助。记得每次拜望车先生，聆听老人家对西方哲学的独到见解，总有新的收获。祝车先生和师母身体健康！

本丛书能顺利出版，要感谢天津人民出版社副总编王康老师。本丛书的出版论证、方案设计、篇章结构、资料引用、插图（包括图片收集的合法途径）及样稿等，均得到天津人民出版社的帮助和认可。特别要感谢王康老师曾把我们提交的样稿和图片咨询了天津人民出版社法律顾问和有关律师，目的是尊重知识产权，尊重前人成果，以符合出版规范和学术规范。天津人民出版社责任编辑郑玥老师、林雨老师、王佳欢老师等为本丛书的出版做了大量编审工作，在此深表敬谢！

我希望通过组织编写这套丛书，带好一支学术队伍，把“培养人才，用好人才”落实在学科建设中，充分发挥中青年教师的才智，服务学校事业发展，而我的任务就是为中青年才俊搭桥铺路。外国哲学的研究离不开外语资源，把哲学教师和英语教师及研究生组织起来，能够发挥哲学与外语学科相结合的优长，锻炼一支在理论研究和文献翻译方面相结合的队伍，在实践中逐步凝练天津外国语大学欧美哲学团队精神，“凝心聚力，严谨治学，实事求是，传承文明，服务社会”，同时为“十三五”学科评估积累科研成果，我的想法得到了学校领导和有关部门的大力支持和帮助，在此深表致谢！

编写这套丛书，自知学术水平有限，只有虚心向哲学前辈们学习，传承哲学前辈们的优良传统，才能做好组织编写工作。我们要求每一位参加编写的作者树立敬业精神，撰写内容必须符合学术规范和出版规范；要求每一位作者和译者坚持文责自负、译文质量自负的原则，签订郑重承诺，履行郑重承诺的各项条款，严格把好政治质量关和学术质量关。由于参加编写的人数较多，各卷书稿完成后，依照签订的承诺，验收“查重报告”，组织有关教师审校中文和文献翻译，做了数次审校和修改，以提高成果质量。历经五年多的不懈努力，丛书终于面世了，在此向每一位付出辛勤劳动的作者，深表感谢！

由于我们编著水平有限，书中一定存在诸多不足和疏漏之处，欢迎专家学者批评指正。

佟　立

2019 年 4 月 28 日